1ª. EDICIÓN

© José María Ávila Román , 2013

Depósito Legal: AB-308-2013
I.S.B.N.: 978-84-15788-72-0
Impreso en España

1UNO
EDITORIAL
unoeditorial.com
info@unoeditorial.com

NO SUS FIEIS DE LAS HORQUILLAS

Teoría inédita del hermano de carga cacereño

J O S É M A R Í A Á V I L A R O M Á N

ᴜ

PRÓLOGO

No puedo hacer otra cosa, para comenzar el prólogo de este libro, que agradecer profundamente a José María Ávila Román que se haya vuelto a acordar de mí para esta tarea. He de reconocer que, después de haber prologado su anterior obra, es un auténtico orgullo que haya querido darme una segunda oportunidad.

El libro que el lector ha tenido la inteligencia de adquirir, y que ahora va a leer, es profundamente cofrade. Pero, por supuesto, no es uno de tantos. En la Semana Santa cacereña hay muchas y muy buenas publicaciones. Se ha escrito mucho, y la mayoría muy bien escrito, pero esta nueva obra sobre nuestra Semana Santa viene a aportar un punto de originalidad muy particular, y a la vez muy necesario. No vamos a leer otro trabajo más sobre la riquísima historia de nuestra celebración pasionista. Hoy tenemos en nuestro poder un ejemplar tremendamente diferente, original, y cuya literatura nos hacía falta.

Redactado desde el particularísimo estilo de José María Ávila, el libro bucea con acierto en los sentimientos del mundo de la carga en nuestras Cofradías. Y no tiene un punto de reflexión concreto, no fija su mirada en un único aspecto, sino que hace un recorrido muy amplio y global sobre los pensamientos, teorías, vivencias y, en definitiva, la vida del mundo de abajo, del mundo del varal. Eso sí, el hermano de carga con solo leer el título del libro -toda una declaración de intenciones- intuirá que se va a encontrar con relatos altamente motivadores.

Desconozco si con *No sus fieis de las horquillas* el autor ha querido rendir homenaje a los hermanos de carga y todo lo que los rodea, pero lo que sí sé es que todo aquel que lea el libro y haya cargado alguna vez va a verse reflejado en algún momento. Con lo que ello conlleva de homenaje no necesariamente pretendido, al que el autor es capaz de llegar incluso a través de la crítica.

Quiero reseñar un aspecto que me llama la atención del libro, y del modo de proceder de su autor: José María, aunque joven, es un cofrade ya con muchas horas de vuelo, bastantes años de experiencia y numerosas procesiones sobre sus hombros. Muchas, puedo certificarlo, porque en un gran número de ellas nos hemos batido el cobre bajo el mismo varal. Ha vivido las peores y las mejores épocas de muchas cofradías. Ha presenciado cambios, transformaciones, transiciones de toda índole, y ha participado activamente como miembro de juntas directivas. Quiero decir con esto que tiene la autoridad suficiente como para hablar por sí mismo, sin recurrir a la opinión de terceros, fijando su propia posición sin necesidad de acudir a nadie. Y sin embargo, en este ejemplar veremos cómo es capaz de proponer sus propias teorías y vivencias, combinándolas con las opiniones de personas con las que ha consultado y a las que ha entrevistado para esta obra, por cierto con la capacidad de preguntar tocando las teclas que más suenan.

El resultado, de nuevo, es un libro imprescindible para todo buen cofrade. Entre otras cosas porque gustará tanto al hermano que carga como al que da escolta o realiza otra de las muchas funciones que pueden llevarse a cabo en una Cofradía y en una Procesión. El hermano que comienza a cargar aprenderá mucho sobre lo que le va a suceder en la experiencia que le queda por vivir bajo el varal. El que lleve cargando mucho tiempo disfrutará con momentos, sentimientos y descripciones que se pueden leer en este libro, porque sin duda va a identificarse con muchas de las cosas que aquí se cuentan. El que no ha cargado nunca o realiza otras funciones conocerá más de cerca lo que piensa, siente, sufre y disfruta un hermano de carga, y podrá acercarse a este mundo desde una perspectiva certera.

Reflexión aparte merecen los Jefes de Paso, nomenclatura cofrade, especie singular que el autor ha querido tener muy presente en el libro, y a quien le dedica jugosas páginas.

Tiene el lector ante sí un compendio amplísimo sobre el hermano de carga y su hábitat. No puede resumirse en un sencillo acto de prólogo todo lo que va a encontrar, pero desde luego sí que puede decirse, con toda seguridad y con todo acierto, que el libro es realmente bueno. En mi opinión, tras leerlo me he dado cuenta de que es una obra escrita desde múltiples ángulos, de los cuales quiero señalar dos: el conocimiento y la sinceridad.

Escrito desde el conocimiento, porque obviamente el autor tiene un recorrido y experiencia fuera de toda duda. Lo van a comprobar porque cuenta cosas que les van a provocar una sonrisa, un gesto de reconocimiento, un asentimiento. Porque lo que cuenta es verdad. Y escrito desde la sinceridad, porque José María expresa en él su verdad, su vivencia, su manera de entender la vida cofrade y el microclima propio del hermano de carga. Sin ahorrar pensamientos, sin escatimar sinceridad, se expresa con una claridad que verdaderamente se agradece. A la vez, pone de relieve cuestiones que siempre han estado ahí, que siempre las hemos vivido, las hemos pensado, las hemos hecho y sentido, pero sobre las que nunca antes se había teorizado, al menos de manera escrita y formal.

Emplazo al lector a que se sumerja con pasión en su lectura, que disfrute del libro y que comparta sus reflexiones con su familia cofrade.

Que empiece la fiesta.

David Remedios Solís.
Hermano de carga.

A Elena y Noa.

*A todos los cacereños
que calzaron en su hombro un varal.*

Índice

PREFACIO

La Semana Santa... qué cerca, pero a la vez qué lejos. Siempre llega y siempre está terminando. Cuanto más nuestra la sentimos, más rápido se nos escurre entre los dedos. Una cruda manifestación de las contradicciones del hombre, que de tan vívida se antoja insolente. Con la excusa de conmemorar la Pasión y Muerte de Jesucristo, los cofrades nos mostramos al desnudo en un fenómeno incomprensible e inabarcable, cuyas ramificaciones superan por mucho las fronteras de la razón o de la fe. La Semana Santa es devoción y es realidad, la fábula de lo glorioso y lo cotidiano, la anécdota vulgar y la historia escrita con letras de oro, el arte y la liturgia, la muerte y la vida danzando al calor de las llamas, la explosión popular y la plegaria íntima, la lágrima y la risa, el blanco de pureza y el luto en el lubricán de un Viernes Santo, la lucha de la razón contra los sentidos, ver y dejarse ver, la bulla contra el silencio absoluto, la memoria mirando siempre hacia delante, lo sutil y lo desmedido, la locura de no pensar durante ocho días, una magna obra de teatro ante la que los siglos y los pueblos continúan rindiendo honores.

Quizás la mano que sostiene este libro sostuvo algún día también la gruesa empuñadura de una horquilla. Quizás esa otra mano con la que el lector pasa las páginas pasó también el cíngulo por el lazo y se lo ciñó a la cintura quince minutos antes de salir en procesión. Quizás los ojos que examinan estas líneas quedaron alguna tarde presos sin poder encontrar la salida en los agujeros del verduguillo. Quizás por eso, amigo lector, hermano cofrade, cuentas ahora con esta obra en tu poder. Quizás porque sabes que vamos a hablar de las cosas que nos gustan.

I

EL HERMANO Y SUS ORILLAS

¡Qué esperanza más amarga,
y qué amargura más larga
por tu llanto y por tu risa!
Mientras te sirve la brisa
de suave hermano de carga.

1

Ya estaban aquí

ELLOS, EN VERDAD, no acuden a nuestras calles por estos días. Moran aquí, todo el tiempo. Aguardan con la ropa puesta en esa coqueta sacristía de la memoria esperando a que suene la Marcha Real, a que la primera gota de cera se escape resbalando de su prisión de cirio, a que los faroles del paso besen por fin el aire a la voz de todos conocida. Ellos ya estaban aquí, retadores, cuando Fernando II de León entregara la vetusta Cáceres al cuidado de los Fratres. Ellos ya estaban aquí, desafiantes, cuando el cónsul Balbo asentara sus campamentos en las tierras rudas de los llanos. Ellos ya estaban aquí, cuando la Plaza Mayor yacía cubierta por el pasto, cuando la muralla del adarve era apenas una frontera

19

imaginaria y San Jorge un menudo corralón. Presentábanse erguidos y altivos, con la suficiencia propia de quien ha paseado por Cáceres los pasos con más solera de la historia de la humanidad. Eran porteadores de fardos tensados con saco grueso, henchidos, tan pesados que al romperse no derramaban vino, sino ruegos y plegarias. Venían a librar una desigual batalla. Plantaban cara a su modo como turno único de gladiadores, anchos como la Torre de Bujaco, duros como aquel muro del pilón de los Balbos, fuertes como los cimientos de la concatedral. De sus torsos de piedra no prendían túnicas ni distintivos, pero sí la cruz orgullosa de los fieles. Traían sobre su acostumbrado cuerpo incontables primaveras de varales, de sudores, de obediencia marcial, de susurros y gritos en un idioma indescifrable. Traían, en su primitivo tatuaje amoratado en las clavículas, los rostros de veintiocho Cristos y doce Vírgenes enhebrados con una saeta de La Navera. Seguían guardándole fidelidad a un credo único. Y traían sobre sí una cofradía de ida y vuelta en un viaje de veinte siglos sin relevo.

Ellos se decían hermanos. A su frente marchaba un jefe, que se hacía llamar de paso. Vestía igual que ellos, pero los pliegues del rostro y el espejo del cabello proclamaban que había superado, tiempo ha, el tránsito de obedecerlo todo a mandarlo todo. Sus arengas vigorosas eran los ojos de los hermanos. Este respetado lazarillo, de nervios bien temperados, hablaba y callaban todos los demás. Nadie como él sabía hacerlo: rotundo, cariñoso, atrevido, atento, literato, todo a un tiempo. Y nadie supo jamás de dónde venían aquellos hombres, porque ya estaban aquí. Siempre habían estado aquí. Caminaban airosos y con despreocupación, mezclándose con el pueblo, a los sones de una marcha que no frisaba el viento pero sí corría por sus venas. Se dirigían a la pelea con sus aires de leyenda. Venían armados hasta los dientes, con la voluntad pétrea de empujar hacia el cielo la esperanza y el futuro de su patria chica, y con una recia lanza que asían con rabia y que en su glosario de antigüedades figuraba con el nombre de horquilla. Se sabían cercados por decenas de miles de ojos inquisidores, jueces ansiosos por asistir al divino espectáculo de la lucha de la fe contra la belleza poética. Y aguardan con flema y júbilo para entregarse a este su momento. Cuando el sol tiñe de cobre aquella noble fachada de casa fuerte, cuando la chova y el gorrión aletean desde el nido, cuando la cigüeña descansa su perfil de nácar sobre la espadaña, cuando la fauna menor volátil se echa una rebequita por lo alto y colorea el alero de primera fila, cuando pardean los guantes blancos, cuando los pulsos aceleran el riego del deseo y la naturaleza estalla en el campo, en la urbe, en el cielo, en los sentidos y en la sangre, cuando lento se apaga el rumor de esa muchedumbre que asiste puntual al génesis inacabado, a la concepción de una ancestral maquinaria de sueños que aquí llamamos Semana Santa.

A una voz el paso vuela, como si le atravesara una repentina intención de ascender al Reino de Dios. Los hermanos colman su pecho con una bocanada donde cabe entera la Pasión y Muerte de Jesús. Y ellos, como una yunta de gruesos bueyes entregados a su oficio, obran el milagro de gobernar lo sagrado. Capaces de convocar a la danza y ejecutarla acompañados por un coro de gozosas masas, vibrantes a su mismo son y persistentes en la adoración a la armonía y el amor al ritmo. Díjole Jesús a Lázaro: «*Levántate y anda*», y ahora es él quien recibe la orden con golpe acompasado. Quiso caminar Jesús las aguas del océano, y ahora los hermanos le llevan en volandas: *«Caminemos juntos bajo el Arco de la Estrella»*. Porque el primer mandamiento de su catecismo cofrade les exhorta: *No dejarás que el Señor camine solo*. Y ellos cumplen como el soldado más capaz y el siervo más solidario que jamás pisara la faz de la Tierra. Si no descansa Cristo con su cruz a cuestas, ¿cuánto tiempo lleva él con su varal al hombro? Si por tres veces va Cristo caído, ¿cuánto tiempo lleva él sin poder ponerse derecho? Si Cristo es azotado, ¿cuánto duelen las agujetas, los hematomas, las hernias, las operaciones? Si Cristo es negado, ¿cuántas veces habrá sido él señalado y excluido de una sociedad que jamás le ha sabido comprender?

Y nace entonces la primavera. Atentos, arriba, unos metros tras la mano tendida de la dicha, abajo, posarlo y no tirarlo, vamos arriba otra vez, la caricia tímida del clavel en la coronilla, venga que ya estamos cerca, marchas y más marchas, rezos y más rezos, vítores, silencios, carcajadas, dolor contenido en el nudillo prieto, metros y metros de una procesión que no conoce fin y que cada año se asoma al mismo rincón. Se suceden las tardes, las noches, las madrugadas, las amanecidas, las mañanas de azul radiante. Y su trabajo no acaba. Se apaga la música y el vacío les abraza como el hermano traidor que les reserva una pausa envenenada. Vencidos por la fatiga, su reino de gloria y postín se retuerce desparramado entre el sudor, la arruga, la molestia y el desaliño. Hasta que las lágrimas acuden a confortar el dulce sabor del tiempo invertido. Uno pensaría que bajo sus ojos se esconde ahora un pozo inacabable, repleto de profundas reflexiones que duermen allí y extienden sus brazos con parsimonia hasta el mismo centro de la Tierra. Pero en la superficie centellea vívido el presente. Sin tiempo para sacudirse, atrona aquella misma voz que despierta a los muertos y a los vivos, y vuelve a comenzar su penitencia. Volverán a ser todo lo que no son, ni soñaron ser el resto del año: alfombra de carne para aliviar las penas de Cristo, cirineos que llevan su peso, profetas que extienden su mensaje, ángeles cuyas alas son el arrojo y el anonimato, alcaldes de su reino en la tierra, pescadores de almas, presos expuestos al juicio del sanedrín popular. Serán incluso, a su pesar, Iglesia. Y serán también en ese instante altavoz de la identidad más profunda y cuajada de la ciudad que los acoge. Son ellos, tan solo gente de aquí, los eternos atlantes de una tradición inexplicable. Son ellos, los reales esclavos del Señor, el gremio de los hermanos de carga.

Cáceres, entre lo humano y lo divino

PODEMOS REFERIRNOS A CÁCERES como un antiquísimo asentamiento paleolítico, desde que hace más de un millón de años sus primeros pobladores dejaran constancia de su paso por las grutas de las caleras de Maltravieso. Podemos hablar de los primitivos vestigios neolíticos de ocupación en la cueva del Conejar y del muy heterogéneo desfile de civilizaciones que hollaran estas tierras a lo largo de la historia. Los campamentos romanos, el sometimiento de los visigodos, el levantamiento musulmán, las minorías judías, almohades, moriscas o lusitanas, o la villa de realengo que conociera su mayor esplendor a raíz de la reconquista cristiana, y abandonara su carácter defensivo y militar para convertirse en un señorial emplazamiento y residencia para las nobles familias emigradas del norte de la península. No es casualidad que las cofradías cacereñas hundan sus raíces en los albores de aquellos siglos del medievo. Podemos hablar de Cáceres acudiendo a un prolijo vocabulario arquitectónico colmado de aljibes, desmoches, sillares, mamposterías, contrafuertes, ajimeces, ojivas, matacanes... y abrazar, queramos o no, los tópicos de la Historia, de la piedra y del crisol de culturas. Podemos rescatar las pretéritas denominaciones de Norba Caesarina o Hizn Qazris, o las turbias peripecias de reyes y linajes que colonizaron su piel de piedra y losa inerte. Podríamos hacer todo esto, y mucho más, al tiempo que agarramos la pala y enterramos en la fosa del olvido la realidad del Cáceres de hoy.

Cáceres, ciudad declarada en 1986 Patrimonio de la Humanidad por la UNESCO, y reconocida como el tercer conjunto histórico mejor conservado de Europa tras Praga y Tallín. Cáceres, desapasionada capital de provincia que sobrevive amarrada al sector servicios, importante núcleo universitario y foco de creciente actividad cultural. Ciudad integrada en diversas redes turísticas españolas y que lucha desde hace varios en la encrucijada de conjugar una oferta moderna de servicios turísticos, culturales y de ocio con su asombrosa y desbordante herencia histórico–artística, que obliga tanto a nativos como a visitantes a sumergirse en un inevitable viaje al pasado.

Y Cáceres, también, ciudad eminentemente cofrade. Aunque quizás no tanto como pensamos los propios cofrades. Villa alegre que transforma el dolor en bullicio, pero también opaca donde la Semana Santa permanece ignota para muchos de sus paisanos. Una Semana Santa reconocida con gran justicia por multitud de galardones, el último el de Fiesta de Interés Turístico Internacional, y que también recibiera las concesiones previas de Interés Turístico Nacional (2002) y Regional (1995). Y cabe cuestionarse, sin embargo, si Cáceres sigue teniendo una asignatura pendiente de puertas adentro. Cabe preguntarse si su Semana Santa ha sido realmente capaz, a estas alturas, de conquistar el interés turístico local. El del rellano de la escalera. No el del cofrade, no el del espectador intencional, sino el del curioso ocasional, el de aquellas conciencias que viven su día a día tan ajenas a esta celebración como lo hicieron aquellos homínidos primarios de Maltravieso. El respeto y comprensión de sus propios vecinos. Reflexionemos si en algún momento hemos conseguido dar a conocer nuestra Semana Santa a los muchos cacereños que no la sienten de cerca. Si todos los magníficos informes y trabajos que enviamos a delegaciones, consejos y ministerios, deberíamos remitirlos primero a nuestros colegios, a los institutos o a nuestras asociaciones de vecinos. Si antes de procurar hermanamientos con cofradías de otros pagos, deberíamos buscarlos primero con nuestros gremios de hosteleros y comerciantes. Cabe pensar si en algún momento deberíamos, quizás, organizar una presentación de la Semana Santa de Cáceres, en Cáceres.

El sincero propósito de esta obra nace precisamente de esta postrera reflexión. No va más allá de identificar, analizar y presentar siquiera un modesto hatillo de pinceladas de este lienzo desmesurado: tan solo aquellas que surgen desde la paleta noble y esforzada de los hermanos de carga.

3

Preliminar del hermano de carga

SEMANA SANTA, PROCESIONES Y COFRADES encomendados a la misión de portar pasos los encontramos en casi cualquier lugar de España y en algunos del extranjero. Pero para comprender del todo tanto su razón de ser, es necesario circunscribir el análisis de cada uno de estos sucesos a un entorno social y geográfico estrictamente local. La Semana Santa cacereña camina ya por el sexto siglo de Historia y cuenta con unas maneras totalmente personales y definidas a lo largo de su longevo trayecto. Una de ellas es, sin duda, el andar característico de sus pasos, y por extensión todo lo referido al movimiento, la peculiar y secular mecida que es seña de identidad nuestra, la silueta que se ve venir a lo lejos acunándose de balcón a balcón, la sombra en una inmensa fachada, las flores que sobresalen airosas, incluso los sonidos acompasados y machacones de la horquilla que también desfilan en su particular estación de penitencia. Todo en Cáceres se mueve de una manera reconocible, podríamos decir autóctona.

En la capital cacereña los hermanos de carga son un colectivo numeroso que agrupa en torno a mil quinientos hombres y mujeres que cada año salen en procesión, cargando bajo los pasos. Con los números en la mano, es innegable que su conjunto no ha dejado de crecer en los últimos años. Es cierto que también ha aumentado el número de pasos procesionales que las cofradías ponen en liza, y ello quizás conlleva ciertas apreturas. Pero eso, y sin intención de hacer juegos de palabras, ya es harina de otro costal. Pensemos que gracias a este impulso es posible admirar en Cáceres muchas más cofradías, más pasos, más imágenes, y en definitiva disfrutar de una labor catecúmena y evangelizadora de mayor dimensión que antaño. En consecuencia, la demanda de hombros se ha duplicado en la era moderna de la semana santa cacereña: hace treinta años desfilaban en la ciudad veintitrés pasos, mientras que en la actualidad la cifra asciende a cuarenta y cinco. Todo ello sin contar los llamados *infantiles,* ni los nuevos pasos que algunas hermandades tienen ya proyectados. Y pese a esta mayor demanda, la presencia de hermanos de carga, lejos de convertirse en un problema, aumenta todavía en mayor proporción. No solo hay hermanos suficientes para cubrir todas las necesidades, sino que ahora en cada paso entran más hermanos que antes, fundamentalmente por el uso extendido de varales con almohadillas corridas.

El papel del hermano de carga mantiene una estrecha ligazón con el crecimiento y con el posterior desarrollo de la Semana Santa de Cáceres, y con certeza influirá también en el devenir de esta durante los próximos años. Las conexiones del oficio con la sociedad cacereña son evidentes, y en cierto modo son también reflejos de ella. Bajo las andas concurren gentes de muy diversas condiciones, ideologías, y estratos sociales y laborales. Al trascender la cuestión religiosa, por tanto, resulta imposible agrupar a los hermanos de carga bajo ningún otro símbolo más que aquel que llevan sobre sus hombros. No admiten más etiquetas que la túnica, la horquilla y su devoción. Una de las mayores bellezas que encontramos en el mundo de los pasos es precisamente su capacidad para igualar a todo el mundo, sin distinciones. Si un hermano no hace el trabajo que le corresponde, otro lo tendrá que hacer por él. No caben alternativas ni recursos de ningún tipo; los pasos no perdonan un solo gramo.

En Cáceres, más que en cualquier otra ciudad, los hermanos de carga son instrumentos de apoyo del Señor y de su Santa Madre. Son sus pies, y también el bastón que lo sostiene. Porque el Dios de Cáceres no se sostiene solo. Nos lleva, nos empuja, nos obliga, pero cuando descansa es el propio hermano de carga quien le sirve de cayado. Cáceres acuna al Señor entre los cuernos de su horquilla. A veces se confía y lo suelta, porque sabe que hay otros hermanos ayudándole. Dios cuando baja a Cáceres guarda silencio, porque sabe que la horquilla habla por él y anuncia su llegada. ¿Qué mejor pregonera que la horquilla? No existe Cáceres sin la horquilla, el cacereño bien lo sabe, y nuestro Dios también.

Así pues, tenemos una pequeña capital de provincia, tenemos cofradías, tenemos horquillas, tenemos pasos y tenemos personas que salen debajo de ellos. ¿Nos falta algo? En verdad, nos falta todo. Ninguno de estos elementos tiene valor por sí mismo. Es preciso confinarlos dentro de un hábitat donde encuentran las relaciones, las interacciones y los medios necesarios para desarrollarse y cobrar sentido. Solo de esta manera caracterizan y dan forma al ecosistema final donde subsiste el hermano de carga: el mundo de los pasos. ¿Quiénes son realmente los hermanos de carga? ¿En qué consiste cargar un paso? ¿Cuáles son sus motivaciones para hacerlo o para dejar de hacerlo? ¿Qué sienten y qué piensan cuando van debajo? ¿Cómo se relacionan entre ellos? ¿Qué ayudas y qué obstáculos pueden encontrarse para un correcto desempeño de su labor? Responderemos estas y muchas otras preguntas a lo largo de esta obra, pero sobre todo, y lejos de conformarnos con un propósito meramente didáctico, trataremos de arrojar luz sobre el estatus actual de la figura del hermano de carga cacereño. De dónde viene, dónde se sitúa, y adónde se dirige. Hurgaremos en cada recoveco del hermoso oficio de cargar pasos por las calles de Cáceres, un universo tan popular como desconocido todavía para muchos de sus paisanos.

4

Un arte incomprendido

Arte: Manifestación de la actividad humana mediante la cual se expresa una visión personal y desinteresada que interpreta lo real o imaginado con recursos plásticos, lingüísticos o sonoros.

Real Academia Española ©

CUANDO LA BELLEZA ASOMA, la vista se detiene y desaparece todo lo demás. No existe nada más plástico que un paso meciéndose en la lejanía y exhibiendo una perfecta comunión con su banda de música. Nada más interpretable que los misterios de la Pasión y Muerte de Jesucristo, ni nada más personal y desinteresado que la voluntad del cofrade que pasea a su cofradía por la calle. Cargar, qué duda cabe, es un arte. Pero se antoja injusto limitar su esencia a tan noble consideración. Cargar no consiste únicamente en el ejercicio litúrgico de sacar la fe del templo. No es tan solo cumplir una penitencia a través del sufrimiento. No consiste en exhibir esfuerzos o alardes físicos. Es muchísimo más que todo eso. Muchísimo más, seguro, que un *simple* arte.

La carga comienza como un generoso acto de ofrenda, una expresión irracional de la entrega más humana. Un copioso tejido de hombres y de prácticas ancestrales, inseparable de la primera floración del año. Cuando uno se mete debajo de un paso, está en realidad entregando su físico por una causa, donando su esfuerzo a sus compañeros y regalando a miles de personas aquello que por tan largo tiempo esperan: contemplar su devoción en la calle. Cargar es también un espectáculo de puro ilusionismo, un exigente escaparate. El hermano de carga ejecuta con maestría un truco irrevelado cuando coge una imagen -a la sazón, un objeto inanimado- y le dota de respiración, de cadencia, de expresividad, de sentidos. Le otorga, en definitiva, capacidad de comunicación. Permite que la imagen se comunique con el pueblo, y pone los medios para que el pueblo se comunique con ella, en una explosión de júbilo tan solo contenida por el rito. Este es, en ocasiones, el único lazo que une al gentío con lo trascendente. Y como máxima expresión del ilusionismo, la carga es también un oficio, entendido éste como profesión de un arte mecánica. No podemos ignorar que la carga también se convierte a veces en un burdo escenario de chascarrillo y caricatura, por las cosas que alguno de pronto te cuenta por ahí debajo. O, por qué no decirlo, quizás hasta de exhibicionismo y de afán por demostrar un falso estatus social. La carga resulta incluso un fiable medidor que nos permite comprobar si las tradiciones y el patrimonio de un pueblo continúan vivos en el tiempo. Una locura que solo puede explicarse desde la propia idiosincrasia y cultura popular. Sin embargo, diríase que ninguna de estas acepciones, que apenas rebasan la calificación de superficiales, nos bastan para abrazar el verdadero núcleo de la cuestión. Camuflado bajo el cieno, obstruido por la espesura de la sucia fronda, encontramos un último estrato en la insondable profundidad de este pozo.

La carga, en su más hondo significado, es un proceso cruel que termina por destruir al individuo. Ese es el verdadero peso que oprime a los hermanos: la negación de su esencia individual. Y aquel incapaz de soportarlo dura más bien poco debajo los varales. ¿Sabe usted por qué? Porque debajo de un paso un hermano no es absolutamente nada sin sus compañeros. Depende por completo de ellos. No importa que sea nuevo, no importa que llegue tarde, no importa que no conozca a nadie. Un hermano necesita que le coloquen el verduguillo por detrás, o que le sujeten la bolsa mientras anuda el cíngulo. Uno no puede saber si está bien colocado hasta que un compañero le mide el hombro con el de enfrente. No sabe en qué dirección debe caminar si el jefe de paso no se lo dice. Ni siquiera la horquilla le pertenece: va y viene trajinando de mano en mano por todo el relevo, como mancebas de la corte tan desprovistas de afecto como serviciales con su pasajero dueño. Durante una procesión, el hermano de carga es una partícula tan minúscula que si en un instante desapareciera, la mole continuaría su marcha sin variar ni un ápice la velocidad o la trayectoria. Y es que, durante el tiempo que transcurre debajo de un paso, se dan suficientes circunstancias y situaciones como para que todos los hermanos, sin excepción, dependan en algún momento de los demás. Todos acabamos necesitando a los compañeros. Eso es, al fin, cargar.

5

Ayer y hoy

Una aproximación histórica

Nos sumergimos a continuación en un somero repaso histórico con la intención de situar al hermano de carga en su adecuado contexto social y temporal. Conociendo sus orígenes, el lector podrá comprender mejor cuál es la realidad de esta figura en el entorno de la Semana Santa en nuestros días. A modo de aderezo, salpicarán este recorrido los testimonios de numerosos cofrades entrevistados durante la elaboración de la presente obra, y que tuvieron la fortuna de vivir en primera persona parte de la época y de los hechos referidos. Omito sus nombres a propósito, tanto aquí como en el resto de citas en las que intervienen, para evitar relacionar personas con opiniones, y porque considero que el valor debe aportarlo el comentario y no su autor. En todo caso, puede consultarse la relación de todos los colaboradores en la página final de agradecimientos.

El origen de los hermanos de carga en la ciudad de Cáceres se pierde en el medievo y extiende sus raíces de manera muy difusa. Las primeras cofradías cacereñas, cuyas ordenanzas están fechadas en el siglo XV, centraban su labor en obras piadosas y se ocupaban sobre todo de enterrar a los muertos, ya fueran cofrades, pobres o ajusticiados. Las procesiones de estas primitivas cofradías se reducían al interior de los templos o a desfiles de disciplinantes sin más representación icónica que algún crucifijo, de pequeño tamaño, portado por un solo hombre cuya labor no puede considerarse ni remotamente antecesora del oficio de la carga. Eran aquellas cofradías de sangre, o de penitencia. Esta rigorista disposición procesional, unida a la escasa documentación que se conserva de la época, nos impide encontrar referencias fidedignas de procesiones de Semana Santa con imágenes portadas a hombros antes del siglo XVI. No era norma común en aquel tiempo sacar a las imágenes de sus templos. Sí existen datos, aunque confusos, acerca de procesiones extraordinarias durante el siglo XV en las que las Santas Imágenes salían a la calle por alguna rogativa o circunstancia de fuerza mayor, normalmente en épocas de sequía o epidemias. Si bien carecemos de fundamentos para asegurarlo, es de suponer que estas tallas serían portadas en andas por varias personas. En cualquier caso, al salirse fuera del ámbito penitencial de la Semana Santa y no poder hallar confirmación alguna de la participación de hermanos portadores, decidimos no tomar estos hechos en consideración para nuestro estudio. A partir del siglo XVI estalla por toda la península un impetuoso brote del espíritu cofradiero. Los motivos de este impulso son diversos, pero debemos citar por encima de todos el capital influjo que las doctrinas del Concilio de Trento (1545-1563) imponen sobre el culto a las imágenes, el ejercicio de la penitencia pública, y el uso de la estética en los desfiles procesionales como instrumento para promover la devoción en los fieles que no acudían a los templos.

La vida no entiende de principios ni de finales sino que está compuesta de hebras que se proyectan y entrelazan entre sí a lo largo del tiempo. Convenimos, sin embargo, que toda historia necesita un punto de partida, y la nuestra lo encuentra aquí. La primera referencia textual y concreta a la existencia de hermanos de carga la hallamos en la primitiva cofradía de la Misericordia (matriz de la actual cofradía de Nuestro Padre Jesús Nazareno), que a finales del siglo XVI ya procesionaba a su titular Nuestra Señora de la Misericordia a hombros de cuatro diputados. Años más tarde, el 12 de abril de 1609, la cofradía estrena la venerada imagen de Jesús Nazareno, igualmente portada a hombros por cuatro hermanos. La indumentaria para estos pioneros portadores consistía en una túnica morada -que se conserva hasta nuestros días- ceñida a la cintura con un cíngulo de esparto, que en la actualidad ha sido sustituido por uno de lana amarilla[1]. Pocos años más tarde encontramos una nueva referencia en el *libro de cabildos y elecciones* de la cofradía de la Vera Cruz, volumen que recoge con todo lujo de detalles la composición de la por entonces denominada Procesión de la Sangre desde 1634 hasta 1778. En ella procesionaban las imágenes del Señor de la Columna, el Cristo de la Sangre, y Nuestra Señora del Buen Fin, todas ellas portadas a hombros por cuatro hermanos cofrades que vestían con túnicas de color negro[2]. Concluimos, por tanto, que la existencia de hermanos de carga en los desfiles procesionales cacereños data de una inexacta horquilla temporal situada entre finales del siglo XVI y principios del XVII.

Evolución del hermano de carga en la era moderna

Durante la segunda mitad del siglo XX, concretamente a finales de la década de los sesenta y principios de los setenta, la Semana Santa de Cáceres atraviesa una grave crisis participativa en cuyas causas y desenlaces el hermano de carga tiene

1   http://www.nazarenocaceres.com. Historia de la Cofradía.
2   Historia de la Ilustre y Real Cofradía de la Santa y Vera Cruz. p. 40.

un papel decisivo. Pese al fabuloso resultado final, el curso de todo aquel proceso fue de extrema dureza. Los factores que lo desencadenaron son muy diversos, aunque podemos citar como ejemplos la emigración, la motorización de las familias con la fiebre del Seat 600, y sobre todo el complejo tejido social de la época y el poderoso influjo que aún ejercía el extinto régimen franquista. Por si esto fuera poco, tras la marejada que trae de fondo el Concilio Vaticano II, algunos sectores del clero erosionaron todavía más la confianza puesta en la labor de las hermandades, entonces consideradas instituciones anacrónicas y molestas para la doctrina de la Iglesia. No dudaron en situarlas en el mismo centro de su punto de mira. Las hermandades cacereñas no escaparon a estas convulsiones, y sufrieron un paulatino desgaste que llegó a comprometer muy seriamente la continuidad de los actos cofrades en la ciudad. Uno de los hermanos entrevistados nos ilustra estos sucesos con precisión: *«En aquellos años sufrimos un desinterés casi total por nuestras tradiciones religiosas, tal vez provocado por acontecimientos de tipo social, cambios políticos, aconfesionalidad de nuestro ejército, etc. Las tradiciones parecían perdidas en el túnel del tiempo sin opción a ser recuperadas. Solo unos cuantos "locos" e "ilusos" intentábamos mantener, con un cierto anhelo, lo que la mayoría parecía querer dejar caer en el saco del olvido».*

Esta era también una época de graves apreturas económicas. No solo escaseaban los hermanos, sino que además las cuotas que abonaban eran muy reducidas, hasta el extremo de que pudieran verse algunos pasos en la calle adornados con flores artificiales. Con todo, ninguna hermandad padecía carencia más acusada que la de hermanos de carga. Las corporaciones se veían en el terrible trance de no saber, hasta el mismo momento, si contarían con suficientes hermanos de carga para sacar todos los pasos a la calle. Y sin hermanos de carga no hay procesiones. Valga un ejemplo como muestra: el Miércoles Santo de 1976, la emisión televisada de un partido de la Copa de Europa de fútbol entre el Real Madrid y el Bayern de Munich está a punto de provocar la suspensión del desfile procesional del Cristo de la Buena Muerte y la Virgen de la Esperanza, de la cofradía de los Ramos. Mientras la Semana Santa sobrevivía a trancas y barrancas, poco a poco se van incorporando a los varales hermanos de carga cada vez más jóvenes, que con el paso de los años son los acabarán tirando del carro y devolviendo a la Semana Santa el esplendor y empuje de otras épocas. El testimonio de este cofrade, referido a la década de los setenta, así nos lo confirma: «*En la burrina del Domingo de Ramos, yo tenía trece o catorce años si no recuerdo mal, y éramos todos más o menos de la misma edad*».

Esta tendencia decadente y comatosa se revierte a partir del año 1982 gracias a un espontáneo movimiento de resurrección cofrade, cuya cabeza visible son precisamente los hermanos de carga. Un grupo de cofrades que a fuerza de sudor y empeño nos dieron una historia, un presente y un futuro. Se abre de este modo una fractura muy nítida respecto a un pasado prácticamente virgen, mucho menos desarrollado que la ulterior secuencia. ¿Cómo sucedió todo aquel proceso? Acudimos para contarlo a las palabras de un cofrade de la época: «*El motivo que en un principio nos movía a aquel grupo de hermanos, que coincidíamos varal tras varal, era evitar que nuestra Semana de Pasión desapareciera por la poca participación de sus cofrades. La Semana de Pasión sobrevivió en aquellos años precisamente gracias a la unión de sus escasos participantes. Esto hizo que no hubiera rivalidad. No había una cofradía mejor que otra, ni una procesión mejor que otra, ni un paso más bonito o más feo que otro. Allí estábamos nosotros para sacar aquello adelante».* La unión a la que alude este hermano queda retratada con viveza en esta magnífica anécdota: «*Recuerdo en cierta ocasión que un grupo de hermanos nos prestamos para ayudar a la Cofradía del Espíritu Santo a procesionar sus pasos en la noche del Jueves Santo, aun no siendo hermanos de la misma. Improvisamos el hábito a base de vestir la túnica de la cofradía del Cristo de las Batallas y el cíngulo, la capelina y los guantes de la cofradía de los Estudiantes. Daba igual el nombre de la cofradía, el templo del que saliera, o los pasos que procesionaran: para nosotros era un privilegio poder sacar los pasos a la calle».* Que además queda refrendada por este otro relato: «*En la cofradía del Cristo de las Batallas algunos teníamos amistad con el mayordomo de la cofradía del Humilladero. En una ocasión vino a preguntarnos si podíamos echar una mano para cargar con ellos, y le dijimos que no se preocupara, que de allí mismo le sacábamos un turno completo de carga. Nos hicimos hermanos de la cofradía ese mismo año, pusimos algo de dinero para las flores del paso de María Corredentora, y les ayudamos a sacar sus pasos por la parte antigua».*

Del mismo modo que la Semana Santa cacereña ha sufrido importantes cambios en los últimos treinta años, la figura del hermano de carga y su labor en las cofradías también se ha transformado de manera muy notable. Se trata de un proceso similar al que sucede de forma paralela en otras ciudades de España, donde la labor de portar pasos no ha gozado históricamente de popularidad ni buena fama, y donde a partir de los años setenta u ochenta del siglo XX hierve hasta convertirse en la última meta para la mayoría de cofrades o aficionados a la Semana Santa. En cuestión de dos décadas, el oficio de llevar pasos, que ya ni siquiera era foco de atención, llegó a cobrar un protagonismo incluso excesivo a los ojos de algunos sectores cofradieros. En el caso particular de Cáceres, como ya hemos apuntado, los vaivenes de popularidad que sufre la actividad de los hermanos de carga van parejos a los de la propia celebración pasionista: la Semana Santa agoniza y revive de la mano de los encargados de pasear sus imágenes. Podemos asimilar este período de transformación a una frontera temporal que divide con claridad a la Semana Santa cacereña en dos épocas: la antigua y la moderna. Para retratar estos años y ahondar en los cambios que trajeron consigo, nos apoyaremos de nuevo en las vivencias de los propios cofrades.

Los siguientes testimonios nos ilustran vivamente cómo era el escenario de los hermanos de carga a finales de la década de los setenta, así como alguna de las principales diferencias que se observan con el actual: *«Los recorridos se acortaban para no destrozar a los pocos hermanos que acudíamos a la procesión. Recuerdo que formábamos prácticamente el mismo turno de carga procesión tras procesión, sin relevos. Empezando el Domingo de Ramos formábamos un varal y con pocas variaciones se repetía cada día de la Semana Santa (recuerdo a Paco Ríos, Antonio García Cantos, Fernando Montes, Valeriano...) y esta situación se repitió durante varios años. Ahora la situación es totalmente distinta: existen nuevas cofradías, los itinerarios de los desfiles se alargan, hay hermanos de carga de sobra, se celebran desfiles magnos cada cinco años...».* La cohesión entre aquel puñado de hermanos es un detalle reforzado y confirmado por las opiniones de otros veteranos:

—*«Las relaciones entre los hermanos en los turnos eran buenas, ya que nos conocíamos de sobra».*

—*«Hoy día detecto mucha falta de compañerismo en general, aunque habrá honrosas excepciones. Y eso se combate gracias a la confianza y la camaradería debajo del paso».*

43

—«*Antes no éramos ni mejores ni peores. La única diferencia que veo es que, como éramos tan pocos, todos teníamos un único objetivo común: ningún paso se podía quedar en casa. Los turnos de carga eran siempre los mismos, y por tanto si faltaba alguien en un primer momento se le guardaba el sitio. Prácticamente nos conocíamos todos. Y nos pegábamos aquellos palizones de sobra conocidos y contados por todo el mundo*».

Otro hermano nos confiesa que no encuentra diferencias en los aspectos esenciales, pero sí apunta que «*según avanzaron los años ochenta (yo empecé en el 82) se incorporaron más jóvenes a las cofradías, y así los que habían hecho la "travesía del desierto" empezaron a sentir el alivio del aumento de hermanos de carga*». Y con idéntico trasfondo nos comenta este otro: «*Había más participación de los hermanos de escolta, hoy van muy pocos. Pero en lo esencial era todo igual. Lo que sí recuerdo era que en los años setenta no teníamos relevos, y los hermanos que comenzábamos cargando en la Iglesia eran los mismos que terminábamos de regreso al templo. No se descansaba. Y al día siguiente, lo mismo*».

Sin embargo, no todo han sido ventajas o cambios a mejor. En opinión del siguiente hermano: «*Aunque el boom cofrade fomentó la reactivación y el resurgimiento de la Semana de Pasión en general, desde mi punto de vista ha tenido también algo negativo: la separación de sus miembros. Ahora sólo se mira por la propia hermandad y, salvo honrosas excepciones, no se quiere saber nada de la de al lado. Y eso separa y rompe la unión que existía entre los hermanos de las distintas cofradías*». Otro antiguo hermano de carga, que vivió en primera persona los años más duros de la Semana Santa cacereña, aporta esta interesante reflexión: «*Lo que te puedo decir es que antes se ponía mucho corazón. Ahora, al disponer de más hermanos, van todos más relajados, y la penitencia es algo que no se debe relajar».* En esa misma línea, otro nos comenta: *«En mi época no existían pasos infantiles. Los más livianos eran La Magdalena, La Verónica y el Calvario Vacío, de la Cofradía del Nazareno, y el Amarrao, de la Cofradía de la Vera Cruz. Estos denominados "pasos pequeños" tenían su truco, y es que las almohadillas y los varales eran engañosos, con el sano propósito de curtir los hombros para los pasos grandes».* Y concluye: *«Con los pasos infantiles, estamos haciendo a los chavales de mantequilla, y no se enfrentan a la dureza de los pasos desde el principio. No digo que haya que meterlos con pasos como La Caída o El Calvario, pero sí que pienso que los pasos infantiles están haciendo más daño que beneficio».* Y dejamos para la reflexión esta contundente afirmación de un cofrade curtido en mil batallas: *«Ahora se quejan más que antes. Yo he llegado a cargar, como muchos de mi edad, en el propio varal sin almohadilla, ya que el hombro, debido a su hinchazón, estaba completamente dormido y me podía permitir ese lujo. En mi hombro derecho tengo una especie de callo enquistado desde entonces».*

Esta compilación de opiniones, revisadas y analizadas desde la perspectiva del tiempo, nos permite trazar una idea bastante fiel de cómo era el escenario en el que los hermanos de carga desarrollaban antaño su labor, así como desgranar las principales diferencias que se observan con el entorno actual, vértice central del estudio que comenzamos a partir del siguiente capítulo.

II

RETRATO PSICOLÓGICO

¿Me hablas y gritas
callado silencio?
Sí. Por el adarve,
moldeada en silencio,
ha pasado Cáceres
llevando un madero.

6

¿Qué sientes tú?

¿QUÉ SIENTES TÚ, HERMANO DE CARGA, cuando el peso no es dolor sino dicha, cuando el varal es vida nueva y tu hombro cuna para darle cariño? ¿Qué sientes tú, cuando contemplas tu obra viva de pasada en los reflejos de un escaparate? ¿Qué sientes tú, cuando subes caminando en la noche entre caballos por una fría carretera de campo, muda, desierta, buscando el Amparo en esa ermita? ¿Qué sientes tú, al hincar tus pies pesadamente sobre las piedras lacerantes de la ciudad monumental? ¿Qué sientes tú, al arrastrar tu fatiga por las calles de vuelta a casa con el orgullo de haber cumplido el deber y la palabra del Padre? ¿Qué sientes tú, hermano de carga, sabiendo que decenas de miles de ojos clavan su mirada sobre ti antes que sobre la divina figura?

¿Qué sientes tú, borrico de Jerusalén, cuando entre palmas y ramos arribas dichoso para traernos sobre tu lomo la semana de Dios? ¿Qué sientes tú, señor de las Penas, cuando la caña y la clámide se bastan para perfumar el aire de la noche con tu aroma encendido de humillación y de valentía? ¿Qué sientes tú, Salud de Santo Domingo, al renacer en mil almas cada primavera? ¿Qué sientes tú, Cristo de las Batallas, en tu llanto hecho canto, pregonando que la muerte no es el final? ¿Qué sientes tú, Jesús del Perdón, cuando cruzas tus manos e impartes cátedra de serenidad contra el cruel desprecio de una soga? ¿Qué sientes tú, Cristo del Amparo, al traspasar la cancela y contemplar bajo tus pies postrada la ciudad entera? ¿Qué sientes tú, tintineo de los varales de la Virgen, cuando cargas con la responsabilidad de proclamar a tu pueblo que ya vienen la Esperanza y la Misericordia? ¿Qué sientes tú, Santo Crucifijo, cuando siendo el más viejo del lugar ante ti los siglos siguen guardando silencio? ¿Qué sientes tú, Señor de la Eucaristía, cuando erguido en tu barco eres, más que nunca, patrón de marineros y pescador de hombres? ¿Qué sientes tú, Cristo del Amor, al enseñarnos que tu mirada es el bálsamo y tus clavos la medicación que nos alivia? ¿Qué sientes tú, Dolorosa de la Cruz, paseando delante de todo Cáceres ese brillo frío y doliente de tu espada por la calle Ancha? ¿Dónde encontrar las palabras para describir con justicia ese dolor? ¿Qué sientes tú, viejo Cristo del Humilladero, al cruzar los dinteles y fundir siglos distantes, el gótico antiguo con la barriada joven? ¿Qué sientes tú, Jesús Condenado, paseando tu condena orante por callejuelas sin nombre? ¿Qué sientes tú, Cristo del Calvario, al echarte en los brazos de los estudiantes que mecen con paso dulce tu agonía? ¿Qué sientes tú, Jesús de la Expiración, exhalando tu último aliento a los pies de San Mateo? ¿Qué esponja es capaz consolar una agonía de más de cinco siglos, un alma que acaso ya muriera cientos de miles de muertes? ¿Qué sientes tú, Cristo Yacente, cuando ya has dejado de sentir? ¿Qué sientes tú, Señora del Buen Fin, aireando tu soledad infinita a los pies de la Santa Cruz; volviendo a subir sola en la tarde más triste, por el adarve donde mataron a tu hijo? ¿Qué sientes tú, Señor del Dulce Nombre, predicando la humildad y esperando el prendimiento? ¿Qué sientes tú, Cristo de la Victoria, victoria eterna de la vida sobre la muerte, cuando al mismo tiempo que tu cruz abrazas desde el puente la devoción de un barrio entero? Y qué no sentirás tú, Jesús de Nazaret, caminando desde Santiago para teñirnos las murallas de carey, para llevar la cruz de este pueblo que descalzo sigue tus pasos hasta verte crucificado en Santa María. Tú que vienes a morir a San Mateo y construyes, con tu resurrección, la Semana Santa de Cáceres en ocho días.

7

Iniciación

Por qué soy hermano de carga

Embutido en una fila interminable, pasa una mano fugaz rozándote el brazo. Te cuentan. Este frágil toque de separación, este preciso momento, es el primero del año en que uno deja de ser persona común y por fin se siente, con todas las letras, hermano de carga. Es el instante en que culmina una plomiza espera y aquello que tanto anhelas comienza, por fin, a terminar. La eterna paradoja del cofrade: esos ratos de gloria que tardan tanto en llegar como poco en disiparse tras la cuarta hoja del calendario. Es el momento culmen en que las túnicas, los cíngulos, las fajas, los guantes, se desperezan y cobran sentido. Salen de altillos y cajoneras en estampida, como el lentisco puebla el matorral, como el esclavo abandona la galera, ansiosos de besar la calle y arrojarse gozosos a su hábitat natural. Es el preludio de unas pocas horas en las que tú ya no vas a ser tú. Vas a diluirte como parte de un hermoso fin común. Nunca te van a pedir autógrafos, no te darán ninguna medalla, no aparecerás en los diarios, no obtendrás dinero ni glorias futuras... ¿dónde reside entonces la esencia de la carga? ¿Por qué meterse debajo de los pasos? ¿Por qué sufrir?

Por qué.

Este tópico dilema, confinado en dos palabras de arrogante cortedad, es el peor que puede plantearsele a un hermano de carga, sea de donde sea y reciba el nombre que reciba. Su resolución es compleja. Consultamos a un cofrade que se lo cuestiona para sí: *«Muchas veces me he preguntado cuál es el motivo fundamental por el que una persona se siente atraída a participar en la celebración de una procesión penitencial. Cuando era joven, el sentimiento surgía con una fuerza inusitada, casi desmedida. Recuerdo que escuchar una simple saeta, o una marcha procesional, me hacía saltar literalmente de mi asiento, como si el flujo sanguíneo se alterara con los latidos del corazón y este empezara a latir al ritmo acompasado de los tambores. Aún hoy me sigue quedando algo de aquello. Y siempre me he preguntado: ¿Por qué? ¿Por qué esa reacción? ¿De dónde surge ese sentimiento que aflora desbocado a la superficie, y te hace participar desfile tras desfile, estación de penitencia tras estación de penitencia, independientemente de la hora del día o la noche a la que se celebre? ¿Qué extraña mezcla de sensaciones y pensamientos se activa para que, a pesar del cansancio, del sueño, del dolor, uno permanezca allí, al pie del cañón, cargando sobre sus hombros esas imágenes que representan la historia de una injusta muerte, de una tortura tan despiadada y horrenda que lo normal sería que nos sintiéramos repelidos, y no atraídos hacia la representación de aquellos acontecimientos?».*

A partir de esta pregunta pueden obtenerse decenas de respuestas variopintas, cada una de ellas con infinidad de matices y enfoques. Sin embargo, todas ellas coincidirán en un pilar único y fundamental: te gusta, y punto. Es algo imposible de explicar para quien no lo siente. No se puede explicar el origen de la entrega, de la disciplina, del respeto al compañero. Muchas veces ni siquiera el propio hermano tiene las respuestas. Se sale porque Cáceres lo merece. La Semana Santa lo merece. Se sale porque Él, Aquél en el que todos creemos, también lo merece.

Al recoger las vivencias de los propios hermanos, se observa de igual modo una composición heterogénea. Un cofrade, que comenzó su etapa bajo los pasos en la década de los setenta, nos habla así: «*Durante muchos años pude ver cómo la amenaza de tener que dejar algún paso en el templo se cernía sobre las cofradías por la falta de hermanos de carga. Fue uno de los motivos por los que cambie el capuchón y la capa del hermano de escolta por la capelina del hermano de carga. De este modo fue como empecé a cargar en varias cofradías de la ciudad, con un primer objetivo en mi ánimo: que ningún paso se quedara en su casa*». Otro hermano nos explica que su debut bajo los varales se produjo de una manera bastante menos resuelta: «*El primer paso con el que cargué fue algo fortuito. Fue en la tarde del Domingo de Ramos del año 1996, salía el paso de la Sagrada Cena (con las imágenes del Señor de la Eucaristía, San Judas Tadeo y San Juan), con la Cofradía del Nazareno, y existió la posibilidad de meterme por dentro del paso a arrimar el hombro*».

Si bien hemos visto que al debut se llega por varios caminos, una vez alcanzado ese primer reto cada persona sigue un dilatado proceso vital salpicado de hitos y etapas, más o menos universales, que recorreremos a lo largo de los siguientes capítulos. Practicaremos un minucioso análisis de las conductas del hermano de carga para desgranar qué causas inciden, de manera directa o indirecta, sobre su labor. Trataremos de sistematizar estas causas en factores, e identificar cuáles de ellos actúan como elementos motivadores, cuáles como inhibidores parciales, y cuáles como anuladores. El propósito final será obtener una radiografía lo más exacta posible del espectro psicológico del hermano de carga, y reflejar cómo afecta su conducta al trabajo que desarrolla debajo de los pasos.

De niño a hombre

Examinados desde la óptica infantil, aquellos hombres aparecen rodeados de una suerte de aura mitológica. Es aquí donde el sentimiento enraíza con mayor fuerza, en una época de observación y descubrimientos necesarios para poder sembrar más hondo el grano. Uno de pequeño ha visto tantas y tantas veces a esos señores cargando pasos, que al final algún día quiere ser como ellos. Cíclopes, colosos, protohombres legendarios, difusas entidades de otro planeta. Es una consecuencia lógica de la evolución natural: ningún mozuelo aficionado a las cofradías se imagina cumplir la mayoría de edad y seguir saliendo con el capuchón y el cirio a cuestas. No al menos en Cáceres, donde el papel del hermano de escolta languidece en continua devaluación y las propias hermandades, lejos de poner remedio, lo rematan permitiendo cargar a niños cada vez de menor edad. Así pues, el objetivo primordial que tiene en mente un joven cofrade cacereño es llegar a salir algún año como hermano de carga. Y las cofradías, tan contentas. Ellas contribuyen dirigiéndole de manera sigilosa e inadvertida hacia un único fin a través de un único camino: aquél que desemboca bajo el terciopelo granate de la almohadilla.

Ocurre en Cáceres una graciosa y abrupta transición de niño a hombre: cuando uno cumple los quince o, como mucho, los dieciséis años, automáticamente se convierte en hermano de carga de su hermandad. No existe un grado, o un examen, siquiera una inspección de aptitudes. No se establece, digámoslo así, una nota de corte para poder ser hermano de carga, ni tampoco un *numerus clausus* para completar los turnos de carga, salvo honrosas excepciones. Es frecuente, además, que el pujante adolescente tenga cierta *prisa* por iniciarse cuanto antes en esta lid. El capuchón ya se le va quedando pequeño, más insulso cada año, desacreditado progresivamente por muy diversas causas.

En primer lugar, podemos subrayar factores de índole social, como el tener amigos de similar edad que ya han debutado en la misma u otra cofradía, el querer de algún modo *ser como ellos* y no quedarse atrás, o incluso el presumir ingenuamente ante otros cuando se ejerce una actividad en teoría reservada a personas de superior edad y condición física. Otro factor que influye en el temprano acercamiento de un joven al oficio es el tener algún familiar cercano -padres o tíos- incrustado o bien relacionado en el seno de la hermandad. El debut del chaval siempre resulta más sencillo si se encuentra auspiciado por esta persona que si tuviera que buscar sitio en un turno por su cuenta y sin conocer a nadie, como nos cuenta por ejemplo este hermano: *«Mi padre es un experimentado hermano de carga, así que recibí de él los principales consejos. Es cierto que mucha gente no tiene esta suerte, y existen recomendaciones prácticas que deberían hacerse siempre»*. Pensemos que, en el momento de formar un turno, los responsables no siempre conocen a cada hermano ni cuentan con medios para saber si se trata o no de un debutante. Por timidez, pocos se atreven a reconocerlo *motu propio*. Por lo tanto, el joven que va a cargar por primera vez acaba integrándose en un turno sin ninguna distinción aparente respecto de sus compañeros. Pero también, en muchos casos, sin preparación y sin recibir indicaciones o consejos previos.

La precipitación y la ausencia de control a la hora de incorporar nuevos hermanos a los varales conlleva, como no podría ser de otra manera, algunos riesgos. En primer lugar, podemos encontrarnos con el joven hermano que se envalentona en un turno de adolescentes, de edad similar o inferior a la suya, debido a que ya ha tenido la oportunidad de salir aunque sea una vez en otro paso de mayor rango. Al saberse el único de su grupo con experiencia previa, este hermano puede actuar de un modo más impulsivo y arrogante ante sus compañeros, mostrando falsa seguridad e incluso a veces pecando de cierta prepotencia. Una actitud que, por supuesto, jamás podrá tener dentro de un turno de veteranos mayores que él. En segundo lugar, si este tipo de incorporaciones no se acotan puede suceder que un turno de carga de un gran paso quede descompensado por la presencia de un excesivo número de hermanos inexpertos. Al hermano debutante se le presupone falta de conocimientos técnicos, pero también se espera que los vaya adquiriendo con el paso del tiempo de manera natural. Será muy difícil anticipar este proceso si el cargador inexperto se encuentra rodeado, año tras año, de otros en su misma situación. El paso, si es de gran tamaño, no andará bien, y los hermanos bisoños no evolucionarán tan rápido como lo harían en un entorno más propicio. *«Yo debuté como hermano de carga a los quince años. Fue una experiencia muy dura. Nadie me comentó cómo se hacía y yo tampoco quise preguntar para no pasar por novato. Para colmo, me tocó en el varal derecho, delante del todo, en un turno bajo con poca fuerza, y a duras penas pudimos cumplir nuestros metros. No recuerdo el nombre del jefe de paso, pero su trato en general con el turno fue desagradable. No sabíamos ni cómo girar, nadie nos explicó nada, y aun así nos ganamos unas cuantas reprimendas. Las únicas ayudas, que recuerde, fueron las ganas de llevar el paso y la ilusión de la primera vez».*

Todo ello implica que el oficio de la carga, al ser accesible para casi cualquier persona, pueda estar quizá menos valo-

DIAGRAMA: Incorporación de los jóvenes a la carga. Factores, riesgos y consecuencias.

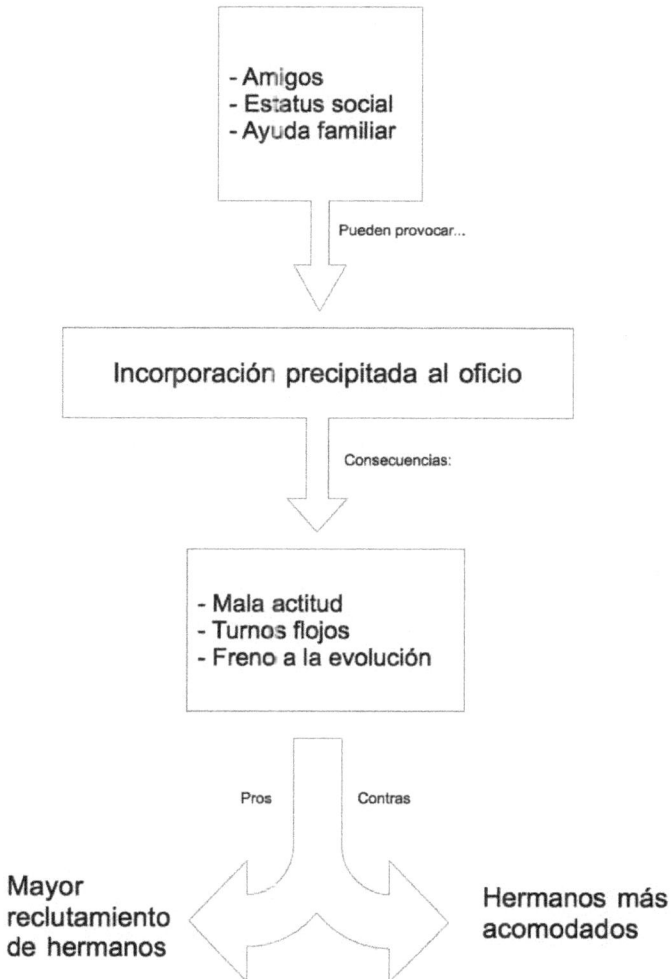

- Amigos
- Estatus social
- Ayuda familiar

Pueden provocar...

Incorporación precipitada al oficio

Consecuencias:

- Mala actitud
- Turnos flojos
- Freno a la evolución

Pros   Contras

Mayor reclutamiento de hermanos

Hermanos más acomodados

rado que en otras ciudades donde sacar un paso es un privilegio o un sueño inalcanzable para muchos cofrades. Esto confiere al hermano de carga un estatus de andar por casa bastante confortable, puesto que se le exigen pocas responsabilidades más allá de las normas de comportamiento comunes a cualquier miembro de la hermandad. Pero al mismo tiempo tiene una gran virtud, y es que permite inculcar el veneno cofrade a muchos jóvenes que de otro modo jamás se acercarían a la vida de hermandad. Es difícil determinar hasta dónde llegan los pros y los contras de estas metodologías, comunes a la mayoría de hermandades cacereñas. En tal guisa, corresponde resolver la cuestión de manera particular a cada corporación, según sus necesidades y prioridades concretas.

Aquella vez primera

La primera vez que uno se mete en un patio de carga tiene la impresión de verse atrapado en una ratonera hostil. Su párvulo corazón bombea más acelerado de lo normal. No sabe si le responden los sentidos. Los minutos pasan demasiado rápido, y se desatan sin previo aviso una serie de acontecimientos que jamás imaginaba que iban a ocurrir. De entrada, resulta que allí todo el mundo se conoce. Todos tienen algo de qué hablar, se saludan como si fueran familia, o comentan cómo les ha ido en otras procesiones de ese mismo año. Tú, entre tanto, te pierdes entre titubeos y no sabes hacia dónde mirar, qué tienes que hacer ni dónde tienes que colocarte. Observas cómo todos los hermanos se van arremolinando en grupos, mas ignoras cuál es el tuyo. Ignoras siquiera si esos corrillos tienen alguna razón de ser.

Seguro que ninguno de los allí presentes habrá amanecido con tu idéntica ilusión, pero eso no te ayuda. Lo que vaya a pasar en los próximos minutos es una completa incógnita. Te dejas llevar como la barquilla sin amarras en mitad del temporal. Nadie te ha explicado que los hermanos se disponen para formar en filas. Que cada uno ha de procurar colocarse y medirse según su altura, porque las más de las veces nadie se preocupará de colocarte a ti. Que todos los hermanos conocen una serie de normas que no están escritas en ningún sitio, y que solo se aprenden tras pasar largos años empuñando horquillas.

Al llegar, tu primera sensación es la de que van a comenzar a señalarte con el dedo. —*«¡Mira, el nuevo!»*. Nada más lejos de la realidad. Comedido y circunspecto, el novicio pulula por el patio de carga, tan delgado como un hueso de pájaro. La mayoría de las veces uno pasa extrañamente desapercibido sin recibir conversación alguna. Nadie se dirige a ti, lo cual no sabes si es buena o mala señal. Si además el destino dicta que tu estreno sea en una hermandad con verduguillo, la trampa es doble. Nadie te ha contado que ese día no eres un hermano de carga, sino un número. Debes procurar memorizarlo porque cuando te toque el relevo no vas a saber qué lugar te corresponde, ni quién estaba delante o detrás de ti. No verás caras ni rasgos. Solo números. Esas cosas pasan, han pasado y pasarán siempre. Lo normal es equivocarse de sitio, liar un poco a tus compañeros, y al final tirar para adelante en un lugar aproximado al que tenías asignado en origen. No supone un gran problema. Muchas veces los veteranos van colocados tan a ojímetro que dos posiciones adelante o atrás no van a cambiar mucho la efectividad del trabajo. Pero cuando apenas eres un mocoso de quince años atacado por el acné y por los nervios del principiante, todo esto te parece un episodio cruel más propio de los tormentos del Santo Oficio que de una metodología de organización grupal. Y eso sin entrar en que la primera vez que te colocas el verduguillo lo más seguro es que no aciertes a encontrar los agujeros para los ojos, te dejes la medalla dentro, te lo pongas del revés, o termines dejándote el babero colgando por detrás hecho un estropicio o enredado con el cordón de la medalla. No temas, a los veteranos también les pasa. Probablemente alguien termine apiadándose de ti y se afane en colocarte bien la parte de atrás de la ropa para que cargues en tu primera procesión al menos con una digna compostura.

Ya metidos en harina, el novato cae en la cuenta de que los pasos no pesan lo mismo todo el tiempo. El oficio de la carga consiste en dominar un ejército desaliñado de fuerzas que van y vienen sin arbitrio. Su fuerza, al final, incide unas veces en tu clavícula y otras en la clavícula de tu compañero. Rara es la ocasión en que la masa del paso cae repartida por igual sobre todos los hombros. Estos sucesos, triviales para el veterano, le ocasionan al tierno debutante momentos de trágica duda, ya que al principio no sabe realmente si está haciendo algo mal o es que sucede algo extraño. Y en esas lides tampoco es cuestión de preguntar por qué el paso no pesa, o por qué parece que te has metido debajo de un camión. Callar y continuar. Es probable que cometa el error infantil de ponerse de puntillas o empujar con el hombro hacia arriba para llegar mejor al varal, en vez de esperar que los kilos lleguen solos. No dudes de que llegarán. Te los traen los hoyuelos del adarve, la caída de la plaza hacia los soportales, la cuesta de Pintores, el barranco de la Plaza del Socorro, y tantos y tantos rincones donde aguardan, escondidos, los kilos de Cáceres. Y aunque en momentos como aquél te parezca un horizonte imposible, algún día navegarás con el aplomo de quien ya se ha visto docenas, cientos de veces en la misma rutina. Mientras tanto bien harás en fomentar esas relaciones, a veces pasajeras, que dentro de algunos años te harán sentir como en familia y mirar con otros ojos a ese novato, torpe y confundido, que un día también fuiste tú.

Elegir cofradías

En Cáceres es frecuente que un cofrade pertenezca a varias hermandades, pero no siempre elige de manera directa aquella en que tendrá lugar su debut. Entre una miscelánea de causas, sobresale una en concreto: posiblemente el cofrade inicie su trayectoria de cargador en la hermandad donde ha salido siempre de capuchón, aquella en que sus padres le apuntaron de pequeño, quizá recién nacido. Tal y como nos cuenta este hermano: *«Las cofradías en las que primero salí fueron la de Nuestro Padre Jesús Nazareno y la de los Ramos. Fue mi padre el que me inscribió en ambas el mismo día en que nací. Más tarde fue creciendo en mí la ilusión de estar en las cofradías, el sueño de poder llevar sobre mis hombros una imagen, y me fui incorporando a muchas más».*

Otros hermanos, con el tiempo, quizá consigan salir cargando en el paso en el que siempre ha ido su padre. Incluso, si la estatura es propicia, es posible que comparta varal y reciba los consejos de última hora en el mismo turno que su progenitor, algo que siempre es motivo de orgullo. Más adelante, si el oficio le llama, el hermano ya decidirá por cuenta propia si quedarse solo con las primeras, o apuntarse a otras hermandades que bajo cualquier pretexto le atraigan o despierten su devoción. Esto ya es una cuestión interna y racional de cada uno. Otro cofrade, por ejemplo, nos confiesa así su punto de vista: *«Yo soy hermano únicamente de dos cofradías porque, respetando a todo el mundo, pienso que si eres de una cofradía es para trabajar en ella y por ella, para vivir plenamente todo lo que ser cofrade implica y no para ceñirse solo a desfilar en Semana Santa. Si dispersamos el esfuerzo, terminamos desvaneciéndonos como arena de la playa entre los dedos».*

En circunstancias menos habituales, como son las de aquellos hermanos de carga que debutan ya con una cierta edad, sí es frecuente elegir por iniciativa propia la cofradía en la que uno va a salir. Es posible incluso inscribirse como hermano en ese mismo año de debut, con el único y expreso deseo de cargar. Veamos en los siguientes testimonios dos ejemplos de cofrades que sí gozaron de cierto poder de decisión sobre las cofradías en las que iban a comenzar su andadura: *«Yo empecé de niño como hermano de escolta en la Cofradía de los Ramos. ¿Por qué la de los Ramos? Por un motivo puramente logístico. Era la Cofradía que más veces salía a la calle, y además se la invitaba a participar en la Cofradía de la Vera Cruz y en la de la Soledad. Es decir, que podías participar en cinco procesiones cada Semana Santa con el mismo hábito, lo que a nuestros ojos era bastante atractivo».* Otro hermano nos confiesa que *«mi padre, que no era cofrade, me llevaba a ver las procesiones y a mí la que más me gustaba era la de la Madrugada, por eso ingresé en la cofradía del Nazareno».* Más difícil es encontrar en Cáceres hermanos que desarrollen su actividad cofrade en una única hermandad: *«Nunca me había apuntado a una cofradía porque mi madre no vive en Cáceres y pasábamos casi toda la Semana Santa en su pueblo. Además, en mi familia nadie pertenecía a ninguna hermandad penitencial. En una ocasión un amigo me preguntó si quería entrar en la cofradía de las Batallas, ya que necesitaban gente para poder sacar los tres pasos a la calle, y me convenció. La verdad es que, desde fuera, Batallas siempre me había gustado por su sobriedad».*

En resumen, ya sea por decisión libre o movidos por influencias de otras personas -normalmente padres o abuelos-, los motivos para que un hermano se inicie en una determinada cofradía son difíciles de categorizar, variopintos y siempre muy particulares.

Elegir pasos

El trance del estreno de un hermano de carga no termina en la elección de su cofradía, sino que continúa al verse en la tesitura de tener que elegir su sitio dentro de ella. Las cofradías suelen procesionar varios pasos y en principio el abanico está abierto para comenzar en cualquiera de ellos. ¿Qué motivos inducen a un hermano a empezar cargando en un paso o en otro? ¿Por qué se mantienen durante muchos años en el mismo paso, o cambian a otro en un momento dado? En las cofradías que solo procesionan un paso, como es lógico, no hay elección posible, pero entre las que poseen varios podemos encontrar diversos métodos de organización y distribución de los hermanos. Reconozcamos que la norma común es el libre albedrío. En la mayoría de cofradías, cada hermano puede elegir libremente el paso en el que quiere cargar. Detengámonos pues en las excepciones, ya sean regladas (normas de antigüedad o normas que figuran en los estatutos de la corporación) o no regladas (pasos muy pequeños o muy grandes donde personas de una determinada edad o condición física no encajarían bien). Citamos un ejemplo concreto: los dos turnos de carga de Jesús Nazareno están reservados únicamente a los hermanos más antiguos de la cofradía, y solo se puede acceder a ellos mediante convocatoria expresa de la hermandad. Hace ya algunos años, con muy buen criterio, la corporación de la madrugada decidió abrir la mano y aliviar las listas de espera para permitir la entrada de nuevos hermanos de carga en el paso de Jesús Nazareno. De este modo también evitó la presencia de algunos hermanos muy mayores, con excesivo apego al varal y visibles dificultades para aguantar el rigor del esfuerzo en un desfile de este calibre. En la actualidad, la antigüedad mínima para ser llamado a los varales del Señor de Cáceres es de treinta y cinco años. Antiguamente, en la misma cofradía de Nuestro Padre Jesús Nazareno, el resto de pasos también estaban asignados por antigüedad de manera correlativa. Así, un hermano iba pasando de uno a otro según le tocaba o iba cumpliendo etapas en la cofradía. Tal como manifiesta un veterano cofrade: *«Yo no los elegía [los pasos]; a mí me mandaban»*. También puede suceder que la cofradía asigne los hermanos directamente a un paso determinado sin posibilidad de elección o disconformidad, bien por conveniencia de la carga o mediante un sistema rotatorio de turnos para que todos los hermanos puedan llegar a cargar todos los pasos en años sucesivos. En la década de los setenta, por ejemplo, la necesidad de contar con hermanos para cargar los pasos provocaba situaciones como esta: *«El primer paso que cogí en realidad no lo elegí yo, sino que fue por imposición: en la cofradía del Nazareno, con trece o catorce años, me sacaron de la fila de los niños y me metieron dentro del Calvario Vacío».* *«Cuando uno entra en una cofradía sigue los consejos de los mayores, y sobre todo de los directivos»*, apostilla otro hermano.

En algunos casos encontramos también reglas de antigüedad o edad que, sin ser inflexibles, perviven escritas desde tiempos inmemoriales en los cánones cofradieros cacereños. No veremos nunca a un hermano demasiado joven cargar, por ejemplo, en el paso de la Dolorosa de la Cruz, de la cofradía de la Vera Cruz. Un segundo ejemplo lo encontramos en aquellas cofradías que procesionan dos pasos, uno de ellos claramente más pesado o dificultoso que el otro. En estas situaciones, los hermanos de menor experiencia tenderán a acudir siempre al paso más ligero por iniciativa propia. Si no es así, la directiva puede conminar al hermano de carga a cambiarse de paso en aras de la coherencia y de una eficaz distribución del personal dentro de los turnos.

Algunas cofradías procesionan pasos con imágenes y andas de menor tamaño, que son un buen sitio para que los hermanos más jóvenes vayan curtiéndose y aprendiendo el oficio. Tales son los pasos de la Magdalena, La Verónica o la Exaltación de la Cruz de la cofradía del Nazareno, o del Cristo de la Salud de la cofradía de la Vera Cruz, portados por una mayoría de hermanos adolescentes de entre catorce y dieciocho años aproximadamente. Es frecuente que los hermanos de carga de estas cofradías debuten en uno de estos pasos, por el único y lógico motivo de que al ser jóvenes e inexpertos no les conviene afrontar retos de mayor envergadura. Sirva como ejemplo el siguiente testimonio: *«Yo comencé en la Verónica o en la Magdalena, como todos los chavales que empezamos a cargar en la Madrugada. Entonces, te daban un carnet de uno de los dos pasos y luego ibas pasando a La Caída, El Calvario, etc... hasta llegar a Jesús Nazareno».* Estamos hablando de pasos completos, de menor peso que el habitual, pero pasos procesionales con todas las letras. No hemos de confundirlos con la reciente y denostada moda de los pasos infantiles, que en todo caso tampoco consideramos que estén en la órbita de nuestro estudio.

La decisión de escoger paso no es baladí, pues los comienzos marcarán en gran medida la evolución posterior del joven como hermano de carga. Quizás su elección le marque para siempre, quizás viva una mala experiencia y abandone el oficio prematuramente, o quizás no acabe satisfecho pero intente probar durante varios años en distintos pasos hasta encontrar *el suyo*: aquél en el que es capaz de construir, con el tiempo, una vinculación especial, bien por la imagen que representa o bien por el grupo de hermanos que se va gestando bajo sus varales. En estos casos, la identificación es de tal firmeza que el hermano ya no concebirá ni la Semana Santa ni la cofradía dentro de un paso diferente: «*Yo comencé en la Oración en el Huerto, por el mismo motivo por el que sigo en él desde entonces. Me parece un paso auténticamente precioso, que quizás no sabemos valorar debido a su sencillez. Los dos rostros son espectaculares, y la sencillez de los ropajes, junto con la luz y las flores (olor a Semana Santa), hacen de él un paso mágico*».

8

Consolidación

Senda y camino

«Aquello me envolvió, y me prometí que yo seguiría haciéndolo mientras Dios me diera salud».

El oficio de la carga es una trampa que, una vez que te atrapa, ya no te deja salir. Sabemos de dónde proviene, pero aún ignoramos qué es lo que provoca que un cofrade ejerza esta actividad durante cuarenta o cincuenta años de su vida. O por qué tantos hermanos se resisten a la rendición a pesar del esfuerzo, de los dolores, del maltrato al cuerpo o de los cientos de horas robadas a su familia y amigos.

Pocos casos se conocen de cofrades que hayan probado este veneno y acabaran renegando de él. Lo habitual, tras unos primeros años de tanteo, es que con el tiempo uno se vaya apuntando a más cofradías y saliendo en más pasos. Es difícil encontrar ejemplos de fidelidad única y exclusiva a una sola imagen, y además el cuerpo, a esas edades todavía tiernas, aguanta lo que le echen. Años más tarde, cuando ya asoman los cuarenta y pico o las primeras molestias en las espalda -lo que primero suceda- el hermano puede comenzar a dosificarse y seleccionar más las procesiones en las que carga. Y terminará su carrera, bien entrados los sesenta, en algún paso señero de la Semana Santa cacereña. Es ley de vida cofrade. Este largo camino discurre en paralelo al proceso vital de la persona que subyace bajo el hermano de carga. Este dejará atrás la adolescencia y la juventud, formará una familia al margen de su cofradía y posiblemente abrace otras prioridades en su vida. Quizá el trabajo le lleve a otra ciudad o la enfermedad le condicione su labor más de lo que él mismo podría esperar. Múltiples avatares, unidos a la singularidad de cada persona, provocan que muchos cofrades sufran violentos altibajos en sus vínculos afectivos con la Semana Santa. Sin embargo, pocos son los que abandonan, y quienes lo hacen suelen verse obligados por causas de fuerza mayor. Los motivos de tan extensa continuidad viajan dentro de cada hermano de carga, pero podemos definir sin riesgo a equivocarnos una serie de rasgos comunes a todos ellos, que abordaremos con mayor profundidad más adelante.

En primer lugar debemos reseñar el impulso de la fe, una motivación básica e insobornable capaz de unir a un hermano con su paso sin atender a ningún criterio racional. Tampoco podemos obviar el agradable sentimiento de participar en una celebración que tiene una importante presencia social y económica en la capital cacereña. De alguna manera, los hermanos de carga tienen la sensación -cuando no la certeza- de que contribuyen con su esfuerzo a construir algo importante para su ciudad. Otros factores como la tradición o la influencia de familiares cercanos, que sí aparecen con gran fuerza en las primeras etapas de la vida del hermano de carga, se diluyen en esta fase y no podemos mencionarlos como claves para que un hermano prolongue su actividad a lo largo del tiempo. Pero por encima de todo, tengamos muy presente que al hermano de carga *le gusta* lo que hace. Disfruta cargando, aferrándose a un varal, encontrándose con sus amigos o compañeros de año en año, andando al son de su marcha favorita o simplemente acompañando a sus titulares. La actividad de la carga le proporciona, en formas muy diversas, placer.

Curva de aprendizaje

Existe en sectores profanos la creencia de que la Semana Santa es un evento acomodado e inmóvil. Que vista una procesión, vistas todas. Que todos los años es lo mismo, que no deja de mirar al pasado, que de tan previsible aburre. Y este sambenito solo puede colgárnoslo la iletrada mente que mira pero no ve. Las cofradías contienen tal cantidad y variedad de matices que, desde la óptica del espectador, más que duplicarse de un año para otro, uno diría que no se repiten ni contemplándolas en distintos ángulos de la misma calle. Figúrense entonces hasta dónde llega esta diversidad cuando se viven desde dentro.

En el mundo de los pasos todo va cambiando, con parsimonia, tal vez de modo imperceptible, pero inexorable. Como aquel glaciar que cada año le come a la montaña algunos metros con su lengua de hielo. Como el paso que avanza pulgada a pulgada para no dejar atrás el canto del saetero. Las andas cambian, la música cambia, las costumbres cambian. Los compañeros, los jefes de paso, los horarios, los recorridos, las normas de la cofradía, todo muta con el tiempo. Incluso dentro de cada procesión se producen imprevistos y situaciones nuevas que un hermano de carga debe saber aprovechar para mejorar en su desempeño. Nada es igual que hace veinte o treinta años, y nadie nace sabiendo. Incluso el cofrade más experimentado y curtido en mil batallas fue novato alguna vez, y las pasó canutas sin saber qué hacer en sus primeros golpes de horquilla. No hay más remedio que ser autodidacta, pues este oficio no lo enseña sino el paso de los años y las experiencias labradas en la propia carne. No tiene escuela ni libro de instrucciones. Muchas son las asignaturas pendientes en la carrera de los varales: dominar el plano técnico, no ir a buscar los kilos sino esperar

71

a que lleguen, saber detectar un fallo en el trabajo y corregirlo anticipándose a las órdenes del jefe de paso, conocer cómo es el terreno de cada calle, saber cómo tienes que actuar en cada momento para ayudar a tus compañeros, o interiorizar el axioma de que el mejor hermano de carga es el que hace hermano de carga a otro. Esto es; el que se preocupa de los que empiezan, el que arrima el hombro físicamente y moralmente, el que no da problemas debajo del paso, el que sabe cuándo debe hablar y cuándo debe callarse. Sirvan los ejemplos.

Por todos estos motivos, el aprendizaje es una cualidad imprescindible para todo cofrade que pretenda ser portador de pasos. Y no tanto la capacidad de aprender, sino la voluntad: la disposición natural a empaparse y obtener rédito de cada singular vivencia. Un hermano de carga, sea novel o veterano, debe tener la suficiente humildad y presencia de ánimo para aprender de cada instante que viva bajo un varal. No terminará de exprimir el conjunto de sus capacidades hasta que entienda que su oficio precisa de instrucción y reciclaje continuos.

De los nervios

Los momentos previos a la salida procesional siempre se presentan revueltos en un cóctel de sensaciones y matices personales. El cofrade respira un familiar perfume con esencias de melancolía, toques de alegría, notas de responsabilidad y también de orgullo... aromas muy variados entre los cuales, al menos en nuestra ciudad, no encontramos lo que comúnmente conocemos como *nervios*. Tal vez en situaciones excepcionales, como hermanos que debutan en el oficio o en un determinado paso, pero no desde luego en el caso habitual. En Cáceres es mucho más frecuente el estado de nervios, por ejemplo, en los jefes de paso: una figura que es responsable ante la hermandad de todo lo que le suceda a la imagen durante su recorrido, y que al mismo tiempo debe velar por la seguridad y el bienestar de las personas a su cargo. Uno de ellos nos dice: «*No hay forma humana posible de controlar esos minutos antes de comenzar la procesión. Eso sí, una vez que se levanta el paso y comienza a caminar, parece que hay algo que continuamente te anima y te tranquiliza, dándote golpecitos en la espalda y diciéndote "Para adelante, que este año será mejor que el anterior"*».

El hermano de carga cacereño no está preocupado o nervioso antes de comenzar su desfile penitencial, y sí muy preparado para el disfrute. Las causas de esta placidez son variadas, y dependen mucho del carácter de la persona, aunque sí podemos señalar algunos rasgos que predominan en casi cualquier procesión. En líneas generales, el hermano de carga puede disfrutar de su labor en una ausencia casi total de presión. Suele ser perro viejo y conocer perfectamente tanto su oficio como las complicaciones que le aguardan. Sabe que se enfrenta, por decirlo de algún modo, a una combinación de improvisaciones controladas. Por otra parte, el hermano pocas veces tiene la sensación de que su desempeño sea crítico para el discurrir de la cofradía en la calle. Como repetimos varias veces a lo largo de la obra, la carga es una labor de equipo, y ello implica que tanto los aciertos como los errores individuales queden disimulados dentro del conjunto. Y con ello se diluye también la responsabilidad. De este modo, ya desde mucho antes de la salida el ambiente en los patios de carga es bastante distendido. Durante la formación de los turnos, o incluso cuando se aguarda dentro del templo el momento de iniciar la marcha, no se palpa un ambiente de gran tensión, ni siquiera recogimiento. Existen excepciones, claro está, circunscritas a pasos con imágenes muy veneradas en la ciudad, o a desfiles con un marcado carácter penitencial y de silencio. Antes de salir es habitual hacer la última visita al cuarto de baño, escuchar por el pinganillo el partido de fútbol en la radio, o continuar de forma animada con la conversación que se empezó mientras se formaba la fila. Y esto no podemos considerarlo en modo alguno menoscabo o desprecio hacia el colectivo de hermanos de carga. Muy al contrario, el trabajo que desarrollan después bajo los varales resulta igualmente eficaz y competente, y la distensión que por momentos gobierna su psique obedece más a la tradición, o al ritual costumbrista, que a una hipotética desidia frente a su cometido. Considerémoslo un rasgo que en Cáceres define nuestra idiosincrasia y conforma nuestra identidad como cofrades.

Tipologías del hermano de carga

Hermanos de carga, como cofrades, los hay de muy variada condición. Se trata de un colectivo amplio, tan disperso y heterogéneo como pueda serlo la misma sociedad que lo alimenta. No es posible definir un patrón único donde encuadrar a la persona que decide salir debajo de un paso. Ignorar la pluralidad de los individuos que participan en ella supone distorsionar el propio significado de la Semana Santa como ritual de masas y como manifestación de fe; una fe que tiende siempre a descansar sobre las circunstancias personales de cada cual, mucho más que sobre el dogma o las doctrinas teológicas. En este apartado vamos a profundizar en el análisis de dicha pluralidad. Estableceremos distintos estratos del ser humano que nos servirán para catalogar, siquiera de modo superficial, al colectivo de los hermanos de carga. Agruparemos estas tipologías a su vez en tres grandes ámbitos de aparición: fuera de la cofradía, dentro de la cofradía, o relacionadas con la cofradía.

Comenzamos por los tipos que se presentan fuera de las cofradías: aquellos ajenos al mundo de las hermandades y vinculados únicamente a la naturaleza humana del cofrade. En primer lugar, cabe subrayar la tópica concurrencia de profesiones y estatus sociales debajo de un paso. Entre los hermanos de carga se pueden encontrar desde jóvenes estudiantes hasta profesionales con dilatada experiencia o reputación en su ámbito laboral, pasando por expertos en ciencia o en letras, trabajadores jubilados y obviamente también desempleados. Respecto a la propia condición humana, y debido a las especiales características de nuestro oficio, se cumple la máxima de que para ser buen hermano de carga primero hay que ser buena persona. Dentro de un espectro social tan amplio, lógicamente es posible encontrar ejemplares de muy variado pelaje. Así las cosas, la condición noble y solidaria es la que abunda bajo los varales, sin ningún género de dudas. La categorización resulta igualmente extensa si nos adentramos en los perfiles de comportamiento. Un hermano de carga, aunque tenga buen corazón, no tiene por qué ser necesariamente un modelo de conducta en su vida privada. Lo importante es que cuando esté dentro de su turno sea buen compañero y ayude como todos a llevar a buen puerto la tarea que se le encomienda. Valga como ejemplo esta cita textual que tomamos prestada de un costalero de Sevilla, y que ilustra muy a las claras la amplitud de esta tercera tipología:

—«*[Salir debajo de un paso] ...para mí es un concepto muy humano. Yo soy un hombre, me gustan las mujeres, soy un golfo, bebo... y pesar de eso voy y me meto aquí debajo, y trabajo, y a lo mejor hasta creo en Cristo. La gente dice... "—¿Y este? Este es un golfo, un tunante, un*

mujeriego ¿y dice que cree en Jesucristo? ¿Tendrá cara el tío?" —Pues
sí. Porque a mí Jesucristo me quiere como soy».

Pepe Pardo
(Documental Los Hombres Fuertes de María, 1997).[3]

El segundo nivel de tipologías lo constituyen aquellas que no se presentan dentro de las cofradías, pero sí están ligadas o muy relacionadas con la actividad cofrade. Encontramos, por ejemplo, múltiples variantes en la forma en que un hermano de carga vive la Semana Santa o se ha acercado a ella. Un porcentaje significativo de hermanos lo es por transmisión familiar, porque han vivido y mamado el sentir cofrade desde su infancia, y el buscar sitio bajo los pasos es simplemente una consecuencia natural de aquella primitiva vivencia. En el otro extremo están los hermanos que se unen a las cofradías ya con mayor edad, en plena madurez y totalmente conscientes de abrazar una experiencia nueva de la que apenas tienen referencias anteriores. No podemos olvidarnos en este capítulo de los capillitas, término que por abuso ha terminado derivando en un significado peyorativo, pero que nosotros vamos a emplear tan solo para identificar a los cofrades que viven la Semana Santa de manera especialmente intensa. Por supuesto, también encontramos capillitas entre el colectivo de hermanos de carga. Aquellos que se pasan los doce meses del año contando los días, las horas, los minutos que faltan para que llegue la procesión. Los que consumen las tardes de agosto devorando vídeos de cofradías en Youtube, o aquellos que el Lunes de Pascua caen sin remisión en un angosto pozo depresivo cono-

---

3 Se puede consultar el documental en: https://www.youtube.com/watch?v=INUtdLXJGoQ

cido como síndrome post-semanasantero. Pero no todo van a ser cofrades enfermizos de esos que están deseando matar al Señor recién nacido, enterrarle y resucitarle en cuanto ven despedirse a la carroza de Baltasar. En la otra punta de la cuerda encontramos a los hermanos más desprendidos, que viven sin duda mucho más tranquilos y apenas repararán en la cercanía de la Semana Santa cuando reciban en su domicilio el primer boletín o comunicación de su hermandad. Entre los hermanos de carga cacereños predomina esta última especie sobre la tendencia capillita. Existen, cómo no, hermanos meticulosos que tienen preparada su túnica y sus avíos desde la misma Cuaresma. Al llegar el día de procesión, lo tienen todo perfectamente dispuesto, limpio, planchado y metido en su correspondiente bolsa de plástico. Bolsa de Tambo, en la más alta jerarquía de cacereñismo. Pero también tenemos al hermano apresurado que justo la misma tarde de procesión se acuerda de que tiene que salir con su cofradía. Se levanta gozoso de la siesta, se pone a buscar la túnica por todos los armarios y cuando la encuentra la arroja improvisadamente al interior de la primera bolsa que pilla de la cocina. No se sabe si tiene más arrugas la bolsa o la túnica. Como tercera y última tipología, dentro de aquellas relacionadas pero no presentes dentro de la actividad cofrade, podemos hablar del grado de compromiso que demuestra cada persona. El hermano de carga cacereño es, por lo general, desapegado a su hermandad pero bravo y acérrimo como el primero cuando llega el día de calzar el varal. Es difícil verlo en un culto, en un montaje o en un traslado de andas. Pero cuando llega la procesión, no se siente precisamente un extraño. Allí está como pez en el agua, saludando a los mismos compañeros, poniéndose la misma túnica, recibiendo las mismas órdenes, frecuentando los mismos rincones en el patio de carga que todos los años. Aunque no pise su cofradía en doce meses, ese día el hermano de carga se encuentra en su hábitat natural. Territorio más que familiar. Pero también podemos encontrar al cargador que acude de forma regular a los cultos, traslados, participa en el montaje de los pasos -o en particular del paso que luego va a cargar- o se deja ver en cualquier acto que organice la hermandad. Esta por desgracia no es la actitud que predomina dentro de esta tipología, ni en Cáceres ni en cualquier otra ciudad semanasantera.

Una vez calzada la túnica y asida la horquilla, podemos identificar un tercer nivel de tipologías de hermanos de carga, que se presentan únicamente dentro de la actividad cofrade. Vienen definidas según el comportamiento que demuestran *durante* el ejercicio de su labor. La primera de ellas viene dada por la actitud que cada persona demuestra mientras está cargando. Hay hermanos que trabajan de una manera discreta y callada, que prefieren no relacionarse mucho con sus compañeros, ya sea por seriedad o porque tampoco tienen excesiva confianza con ellos. No levantan la voz por ningún motivo y simplemente se centran en hacer su trabajo lo mejor que saben y pueden. En contraposición encontramos al típico hermano que no puede evitar comentar continuamente las incidencias de la estación penitencial, hacer observaciones con ánimo constructivo o destructivo, hablar con sus compañeros para ayudarles o realizar sugerencias tanto a los jefes de paso como a otros hermanos. Dentro de este último grupo podemos definir además al hermano crítico, resoplador por naturaleza, que se caracteriza por mostrar siempre su disconformidad respecto al modo de hacer las cosas debajo del paso. El blanco de sus críticas suelen ser los jefes de paso o los altos mandos de la cofradía. Sus quejas van desde los lugares o la frecuencia de las paradas, hasta la forma de andar el paso con una determinada marcha o el desempeño de la banda de música que les esté acompañando. En segundo lugar, encontramos una evidente tipología caracterizada por la experiencia y el bagaje técnico que atesora cada cofrade bajo un paso. Sin ningún ánimo de querer etiquetar a nadie como *buen* o *mal* hermano de carga, no podemos negar las visibles diferencias de comportamiento, rendimiento, e incluso comunicación, que cada persona aporta a la labor de la carga en función de sus conocimientos. El ecosistema de los varales presenta una riquísima biodiversidad y en él hallamos desde inexpertos debutantes hasta hermanos de más de sesenta años con varios cientos de procesiones sobre sus hombros. Todo ello condiciona de manera notable, no tanto el lucimiento del paso en la calle, sino sobre todo el trabajo del jefe de paso, que no puede dirigirse a sus hermanos en los mismos términos según cada caso. Para terminar, podemos distinguir en una última tipología a los hermanos más atentos y cuidadosos durante la carga, frente a aquellos que se comportan de una manera más despistada. Todos hemos compartido varal en alguna ocasión con el hermano que siempre lleva el cordón del zapato desatado, al que se le cae la horquilla durante los descansos por no sujetarla bien, o el que no se preocupa de llevar la túnica o las enseñas de la hermandad en las condiciones más adecuadas.

A continuación adjuntamos un gráfico resumen de las distintas tipologías de hermanos de carga que identificamos en este apartado, y los tres ámbitos en que se pueden presentar. Así todo, no debemos olvidar que todas ellas son complementarias y nunca disjuntas. Pueden convivir al mismo tiempo dentro de un turno, o incluso condicionarse unas a otras en muy diverso grado.

DIAGRAMA: Tipologías del hermano de carga

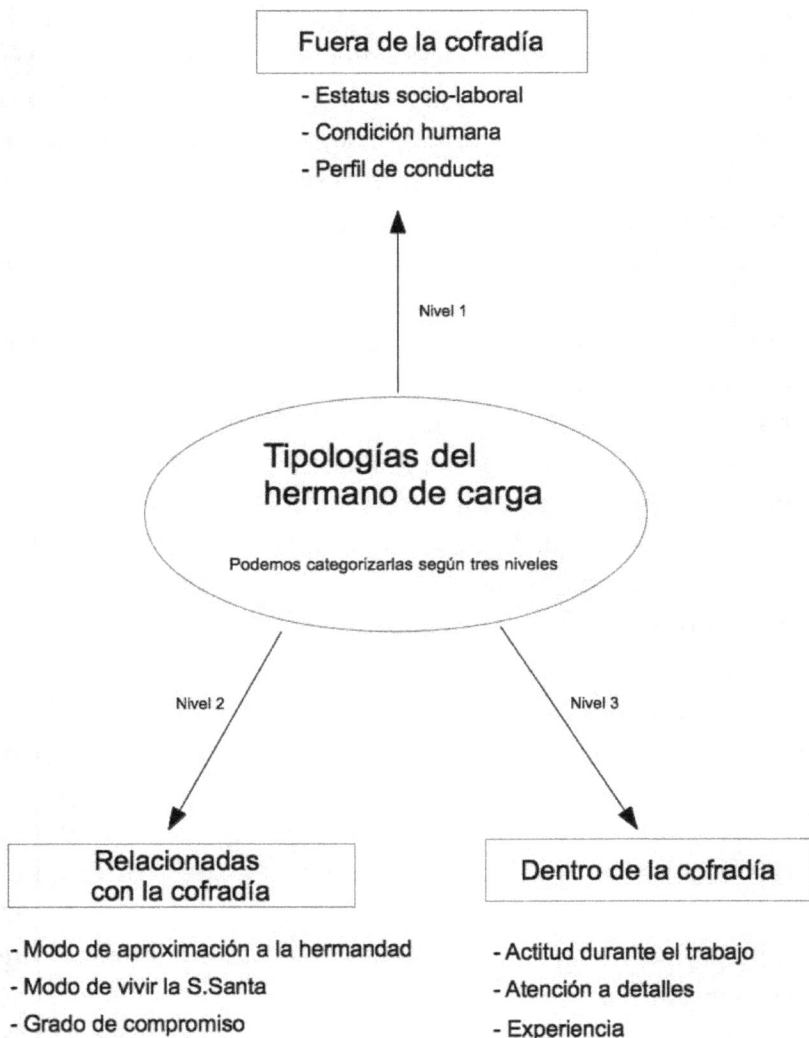

Fuera de la cofradía

- Estatus socio-laboral
- Condición humana
- Perfil de conducta

Nivel 1

Tipologías del
hermano de carga

Podemos categorizarlas según tres niveles

Nivel 2

Nivel 3

Relacionadas
con la cofradía

- Modo de aproximación a la hermandad
- Modo de vivir la S.Santa
- Grado de compromiso

Dentro de la cofradía

- Actitud durante el trabajo
- Atención a detalles
- Experiencia

9

Retirada

Por qué dejo de ser hermano de carga

En el mundo de los pasos, como todo en la vida, hay una puerta de entrada y una puerta de salida. La llave de esta última normalmente la custodia el paso del tiempo y la implacable merma de las condiciones físicas, aunque para el hermano no es nada sencillo identificar -y mucho menos, aceptar- cuándo le ha llegado ese momento. Máxime cuando se trata de una labor que ha ejercido durante una gran parte de su vida. Lo más frecuente es que el abandono de los varales sea gradual. Conforme se hace mayor, el hermano de carga suele ir dosificando sus esfuerzos y dejando de salir en determinadas procesiones, para terminar por centrarse solo en aquellas que siente más cercanas. El oficio toca a su fin como una llama que se extingue con parsimonia, como el trigo que muere sin protestar. La mayoría de hermanos coinciden en señalar que es mejor retirarse cuando uno todavía puede decidir por sí mismo, y no pasar por el penoso trance de que alguien tenga que invitarte a abandonar el oficio porque ya no eres capaz de dar la talla bajo el varal. También se puede dar el caso de que un hermano deje de salir en un paso determinado, aunque no se retire por completo del oficio; o decida poner fin a su trayectoria antes de tiempo. Estas decisiones vienen motivadas por tres factores principales, que desarrollamos a continuación:

81

En ocasiones, una mala experiencia con un jefe de paso, con un determinado turno, o incluso algún descontento con la cofradía puede ser el acicate para que un cofrade se canse y decida buscar sitio en otro paso, o simplemente alejarse de la actividad. Veamos esta experiencia que nos narran en primera persona: «*Recuerdo salir como hermano de escolta en bastantes procesiones, en la época en la que se admitían a cofrades con la túnica de otras hermandades. Poco a poco fui ayudando en los traslados y todo eso, pero cuando vi que el ambiente se volvía algo más turbio dentro de las propias directivas, y con los hermanos... empecé a encontrarme con todo lo opuesto a como yo creía que debía de ser. Así que me fui desvinculando prácticamente de todo*».

En segundo lugar, el cofrade puede albergar la sensación de que ha concluido ya su ciclo en un determinado paso. Cuando un grupo de hermanos de carga ha coincidido durante muchos años en el mismo turno, se crea un vínculo tan estrecho entre ellos que cuando empiezan a faltar efectivos -por los motivos que sean- la ilusión de los que permanecen ya no es la misma. Ya no están con sus compañeros de siempre; se incorporan nuevos hermanos, posiblemente más jóvenes -alimentando así una ruptura generacional que también actúa como incentivo para el cambio-, y en consecuencia el desarrollo de su labor les empieza a resultar, de alguna manera, extraño. Muchos de ellos prefieren dejar sitio y marcharse a otro paso antes que continuar en un ambiente que no es *el suyo*, el que siempre habían conocido. Es probable que estos hermanos recién incorporados atraviesen dentro de muchos años el mismo proceso, y decidan de igual modo abandonar el paso y dejar así espacio para la siguiente generación. Así transcurre el ciclo vital de la mayoría de pasos procesionales cacereños: grupos, turnos y generaciones de hermanos de carga, más o menos cerradas, que se van refrescando gradualmente y terminan por romperse y comenzar de cero cada cierto número de años. La duración media de estos ciclos, aun sujeta a muchísimas variables, podemos fijarla en una horquilla de entre ocho y doce años.

Como tercer y último factor desencadenante del cambio, debemos reseñar que en un momento determinado, y sin mediar ninguna de las causas anteriores, el hermano de carga puede sencillamente darse cuenta de que otro paso le atrae o le llama más la atención.

El día después

He aquí el gran dilema para muchos cofrades. Igual que ocurre cuando un trabajador se jubila y de un día para otro no encuentra el cobijo de su rutina cotidiana, del mismo modo que un deportista profesional debe buscar nuevos horizontes cuando acaba su carrera, un cofrade se enfrenta a un indeseado trance cuando llega ese año fatídico en que sus hombros no reciban el calor del varal. Siempre llevamos encima la fecha de caducidad, aunque rara vez pensemos en ella o nos planteemos cómo afrontarla.

Cuando un hermano de carga se ve obligado a dejar de salir, por razones de edad o por alguna lesión física, puede resultarle complicado encontrar otro sitio en la cofradía. Se ven desubicados, no cuentan con los elementos -capas, túnicas, capirotes- que pudieran ser necesarios para una nueva función, y por encima de todo su motivación baja enteros. El hermano que se retira, en su fuero interno, difícilmente conseguirá otorgarle a cualquier labor la misma importancia que a cargar pasos, por mucho que lo intente.

Como destinos más probables para él, podemos apuntar los dos siguientes:

En primer lugar, la mayoría deciden colgar la túnica y contemplan la estación de penitencia camuflados desde las filas del público, un trago áspero que sobre todo al principio suele tener difícil digestión. Otros hermanos, por el contrario, siguen vistiendo el hábito de su cofradía tras su retirada, y participan en la estación de penitencia acompañando a su paso de siempre o ayudando a los jefes de paso en lo que sea menester, si estos dan su consentimiento. Por desgracia, no se cuentan apenas casos de hermanos de carga veteranos que, tras retirarse, salgan como hermanos de escolta, cuestión que por otra parte no debería sorprendernos habida cuenta de la formidable cantidad de jóvenes que tampoco lo hacen.

Motivaciones

A TENOR DE LA PROPIA EXPERIENCIA y de los diferentes testimonios recopilados, y considerando todas las variables que hemos desglosado a lo largo de este bloque, podemos hacer una somera clasificación de las motivaciones que inclinan a una persona a participar como hermano de carga en una cofradía. Distinguimos cinco factores principales: afición, tradición, compañerismo, devoción e identidad, que podrán combinarse de muy diversas formas en la singularidad de cada individuo. Cada cofrade puede albergar uno, varios o todos ellos. Podemos encontrar algún factor que predomine sobre el resto, y otros que se presenten en muy diferente grado. Puede ocurrir también que algunos de estos factores se condicionen entre sí y originen una nueva ramificación en un árbol de variables que, si no es infinito, cerca andará de serlo. Por ejemplo, un cofrade puede llegar a disfrutar del oficio de la carga (afición) por medio de la tradición familiar, o quizás consiga una fortísima identidad con una hermandad o un paso concreto a raíz de compartir muchos años la experiencia con un grupo de personas que han terminado por ocupar un hueco en su vida personal (compañerismo). Evaluemos a continuación con más detalle cada uno de los factores mencionados:

Afición

La mayoría de hermanos de carga disfrutan cargando y se sienten orgullosos de lo que hacen. El simple ejercicio físico que se deriva de esta actividad, desnudo, despojado de cualquier otro condicionante, seguiría siendo para ellos un gran hobby. Les gusta hacer bien el trabajo y sentirse capaces de despertar emociones en sus paisanos, de resolver las situaciones difíciles que el recorrido presenta, y de solventar con éxito los imprevistos que siempre acaecen durante una estación de penitencia. Se trata de un disfrute y un orgullo íntimos, que ninguna persona ajena al colectivo comprende ni percibe, pero que penetran hasta las entrañas de uno mismo y construyen poderosos anclajes inmunes al paso del tiempo. La afición, sin perjuicio de la devoción, será con frecuencia el primer motivo que aluda un hermano de carga cuando se le pregunte por qué sale debajo de los pasos. *«Me considero creyente, pero no soy practicante ni me atraen mucho las cuestiones religiosas. Estoy en varias cofradías porque me gusta cargar y porque disfruto debajo de los pasos».* La afición a cargar es la que empuja a un hermano a salir en dos o tres cofradías consecutivas, prácticamente sin descanso entre ellas. Es la que provoca que ese mismo hermano se pase el resto del año viendo vídeos de su estación de penitencia, de otras hermandades, o de otras ciudades, para no dejar de vivir la Semana Santa en ese largo tránsito de once meses. Por último, no debemos pasar por alto que un gran número de personas solo concibe la celebración de la Semana Santa desde el punto de vista del hermano de carga. Esto es una realidad cristalina, guste o no, y es imposible obviarla si se pretende hacer un análisis riguroso del fenómeno. La actividad de cargar pasos es, en muchos casos, el único eslabón que vincula a una persona con su hermandad o con la actividad cofrade. ¿Cómo negar el componente afectivo y lúdico que tiene echarse un paso al hombro? ¿Cómo pasar por alto el único, aunque superlativo, grillete bajo el que tantas almas viven encadenadas al mundo de las cofradías?

Tradición

La tradición, sobre todo la que proviene de la familia, posee una influencia enorme sobre el colectivo de los hermanos de carga. Muchos no lo hubieran sido jamás, a buen seguro, de no haber heredado la ajada túnica de su abuelo o de no haberles apuntado su padre a la cofradía a los pocos días de nacer. Es posible incluso que usted, amigo lector, se vea reflejado con fidelidad en este ejemplo. Los cofrades en general, y los hermanos de carga en particular, repiten a menudo el tópico de que difícilmente te puede gustar este mundo si no lo has mamado desde chico. ¿Qué abuelo no ha llevado a su nieto a ver la burrina? ¿A cuántos de nosotros no nos han levantado en la madrugada del Viernes Santo y nos han llevado a ver al Nazareno con el pijama puesto bajo la ropa de calle? Las procesiones, los traslados o los actos cofrades a los que un pequeño acude de la mano de su padre son vivencias que terminan por grabarse en la mente infantil, y que ejercen después un potente influjo sobre el cofrade que empieza. El niño quiere repetir lo que ha visto de sus mayores. Ahí se fragua un hermano de carga para toda la vida. En otro ámbito de tradición, ya más ligado al anclaje sentimental, encontramos los casos en los que algún familiar cercano, o alguna persona especialmente querida, pertenecía a la misma cofradía, y sacaba el mismo paso que el actual cofrade. Este último sin duda abrazaría en su momento los varales de ese paso en concreto a modo de homenaje, o para continuar la tradición familiar, por encima de cualquier otro motivo.

El arraigo sostenido de determinadas actitudes o relaciones provoca que florezcan con el tiempo otros factores que pueden llegar a convertirse, por sí mismos, en causas únicas para la continuidad de un hermano de carga en el oficio. En el siguiente apartado veremos cómo el compañerismo y la amistad, fraguados con los años y con los sudores, son componentes de gran valor para nuestro trabajo. Y estos componentes se amamantan en exclusiva de los pechos de la tradición: la confluencia año tras año de varios hermanos en un mismo turno de carga o en distintas cofradías a lo largo de la Semana Santa. Es esta misma tradición la que provoca que un hermano no disfrute igual de la estación de penitencia cuando se entera de que ese año no podrá acudir alguno de estos compañeros. Enseguida nota que *le falta algo*. En conclusión: el cofrade suele extrañar elementos que tradicionalmente le han acompañado en el curso de su penitencia.

Compañerismo

La relación con otros hermanos de carga, que al principio son desconocidos pero con el paso de los años llegan a convertirse en verdaderos amigos, es un factor clave para que a un cofrade le guste lo que hace. Constituye un ingrediente más de ese inexplicable veneno que torpemente identificamos con el apelativo de "gusanillo". Quizás el compañerismo no sea el principal factor de motivación entre los hermanos de carga cacereños, pero sin duda sí tiene el suficiente peso como para no pasarlo por alto. Incontables hermanos se han inscrito en una cofradía porque sus amigos o conocidos de otra se lo recomendaron. Nada reconforta más que el alivio de un compañero que mete el hombro y tira para arriba cuando ve que vas mal. Todos vamos más o menos cómodos en un turno según la confianza que tengamos para hablar y comentar las cosas con nuestros compañeros. Y todos sabemos de alguien que se cambió de un paso a otro porque sus compañeros de toda la vida ya dejaron de salir en él. La continuidad y comunión entre los hermanos se convierte, incluso, en una valiosa ayuda para el trabajo de los jefes de paso, como nos comenta este entrevistado: *«Al ser cada año los mismos hermanos, se van dando ánimos entre ellos continuamente. No es el jefe de paso el que determina lo que se debe hacer, sino que son los propios hermanos en conjunto los que deciden: ellos son los verdaderos protagonistas».*

La más profunda expresión de lo que significa vivir la Semana Santa dentro de una hermandad es precisamente poder compartir con otros hermanos vivencias y gustos comunes -lo que viene a ser justamente la definición de cofradía: gremio o unión de gentes para un fin determinado. De esta manera, el hermano de carga se siente parte de un colectivo con sentimientos y creencias comunes, férreas, casi a prueba de cualquier cosa. El ejercicio de la penitencia en solitario, que por supuesto también tiene cabida en otras áreas de la hermandad, no parece ser desde luego lo que busca la mayoría de hermanos de carga. Este tipo de relaciones fomentadas entre varales suelen aparecer entre hermanos de similar estatura, que coinciden en un lugar concreto de los pasos y por ello cargan muchas veces juntos. Incluso se convirtieron, treinta años atrás, en uno de los pilares básicos sobre los que se construyó el renacimiento de la Semana Santa de Cáceres, tal como hoy la conocemos. Y como ya hemos apuntado, en bastantes casos terminan evolucionando hasta convertirse en amistad y perpetuarse durante todo el año, fuera del entorno cofrade.

Devoción

Se puede ser más o menos católico, más o menos practicante, más o menos creyente, pero es innegable que una parte importante de las emociones del hermano de carga proviene del respeto y el sentimiento hacia las Sagradas Representaciones de Jesús y de María que él mismo pasea por las calles. A su manera y a su modo. Se trata, si quieren, de su propia forma de rezar. La creencia, y la devoción asociada a ella, es por tanto un hecho inherente al oficio de la carga. Con frecuencia se habla de las cofradías como un instrumento, un camino tan válido como cualquier otro para acercarse a Dios o a los valores de una religión que de otro modo permanecería escondida para mucha gente. Una religión a cuyas instituciones se le achaca precisamente la falta de cercanía hacia el pueblo, y cuyos dirigentes históricamente han estado divididos y han divulgado mensajes contradictorios sobre la aceptación de estas asociaciones de hermanos. Una cuestión espinosa bajo la que subyace otra pregunta de mayor trascendencia para el objeto de nuestro análisis: ¿cómo se acerca una persona a las cofradías? Y la respuesta, en muchos casos, la encontramos aquí, en el mundo de los pasos. Para un gran número de cofrades cacereños -y, seguro, también de toda España-, su labor como hermanos de carga es la única vía que tienen para acercarse a su hermandad, y por tanto al fin último de esta.

Es cierto que la manifestación devocional no sea quizá la más evidente dentro del tiempo en que un hermano está participando en una procesión: la naturaleza del trabajo que tiene encomendado le obliga a prestar atención a otros muchos estímulos, de carácter físico o técnico la mayoría de ellos. Pero al final las horas se hacen largas y siempre se encuentra algún momento para la oración, para el recogimiento, para pensar en el sentido profundo y último de la labor que lleva a cabo. También para recordar a algún ser querido, o a todas esas personas que ya no están a su lado. Por otro lado, tampoco podemos olvidar al hermano que sale por alguna promesa o en agradecimiento por alguna circunstancia importante en su vida, y que por tanto sí encuentra en lo devocional el significado medular de su participación en el desfile procesional.

Como es lógico, cada persona abraza sus propias motivaciones, de índole muy personal, y por lo tanto siempre existirán excepciones a la regla que aquí exponemos. Habrá hermanos en quienes la devoción no exista, y en los cuales, en cambio, predominen en distinto grado cualquiera de los demás factores que mencionamos en el presente capítulo. No es difícil encontrar, por ejemplo, en Cáceres y en cualquier ciudad de España personas que salen debajo de los pasos y que se declaran sin reparo ateas. Y sin embargo, encuentran multitud de motivos para salir, igual que cualquier otro hermano, y seguramente metan los riñones y empujen para arriba con más fuerza que nadie. Se puede discutir sobre la coherencia o validez moral de su elección pero, una vez debajo del varal, ¿quién puede negarles su valía?

Identidad

Si nos quedamos únicamente en la fe y en la creencia, estaremos reduciendo a una mínima expresión las celebraciones de Semana Santa desde la óptica del hermano de carga. Nuestro análisis quedaría huérfano, como si centrásemos toda nuestra atención en las piezas sobrantes de un puzzle incompleto. Toparíamos además con incoherencias y dilemas cuya resolución dista mucho de ser trivial. No parecería lógico, por ejemplo, que un hermano sienta mucha más devoción por una imagen que por otra, si se supone que todas ellas son representaciones de la misma Madre o del mismo Dios. Y sin embargo, la realidad nos confirma que todos queremos más a una cofradía o a un determinado Cristo. Las respuestas a todos estos interrogantes son, en realidad, una sola: una talla procesional, más allá de la creencia religiosa, es también transmisora de un espeso racimo de connotaciones emocionales, particulares de cada individuo. Aunque no se trate necesariamente de la imagen más popular, la más hermosa o la de mayor valor artístico, el hermano puede llegar a sentirla como suya y defenderla por encima de cualquier causa. Se identifica con ella.

Y tal como ocurre con las Sagradas Imágenes, ocurre también con las propias hermandades y los grupos humanos que se forman en torno a ellas. ¿Cuántos hermanos cofrades han dejado de asistir a los actos de su hermandad tras haber tenido algún desencuentro con otros miembros o directivos de la misma? Para encontrar la respuesta acudimos, nuevamente, a la identidad. *«Lo que siempre admiraba, y admiro, es que un grupo de personas que generalmente no se conocen de nada decidan unirse para mover unas obras de arte alrededor de la ciudad. Pero sobre todo es que ese esfuerzo, lejos de molestarles, lo aceptan con ilusión»*. Una determinada imagen, una determinada cofradía, un determinado grupo humano, constituye aquello que nos caracteriza y nos hace sentir realizados. El mismo sentimiento de identidad que impulsa al hermano y le enorgullece de pertenecer a su cofradía es el que se desvanece cuando los problemas interpersonales traspasan su cauce natural y se traducen en riñas o desencuentros permanentes. Y el mismo hermano, antaño plenamente identificado con su cofradía, acaba desvinculándose de ella. Por último, tampoco debemos olvidar que las celebraciones de Semana Santa son actos de profundo arraigo social en Cáceres, y que en muchos jóvenes inevitablemente aflora un deseo humano de sentirse, si no *protagonistas*, sí al menos de participar en ellos lo más activamente posible. Y hoy día, la forma más sencilla que tienen de lograrlo es ser hermanos de carga.

El trabajo del hermano de carga no se puede entender sin aceptar que la Semana Santa trasciende por completo el hecho religioso. Nace de él, pero lo rebasa. Uno puede sacar por devoción una imagen, *su* imagen, pero no pasarse una semana entera aguantando de todo para terminar molido y deseando hundir las carnes en la cama durante cuarenta inviernos. ¿Alguien ajeno a este mundillo es capaz de entenderlo? Obviamente, no. Para entenderlo es necesario analizar y comprender la Semana Santa como un elemento identitario, algo que se ha convertido en una costumbre, que forma parte de tu infancia, de tus recuerdos, de tus vivencias y también de las de toda tu familia. Una celebración, en suma, que vertebra la identidad y el sentir popular del lugar donde has nacido o en el que estás viviendo. Solamente así se puede llegar a comprender el oficio de cargar pasos. El hermano de carga sale con su cofradía por el orgullo de entregarse a los demás y de saber que, a fin de cuentas, está poniendo su granito de arena en la construcción de algo importante para su ciudad. Un orgullo que nadie más comprende. El hermano de carga, lo mismo que el costalero, lo mismo que el andero o bracero de otros lares, es por este motivo un individuo privilegiado. Y se le debe exigir que sea consciente de tal privilegio.

III

ANATOMÍA

Paso a paso, como siempre,
horquillazo uno tras otro,
el Jesús de la Burrina
se volverá hacia nosotros,
y con sus ojos benditos
nos mirará generoso
para decirnos, ya entrada la tarde,
que nuestros pecados pesan,
pero su amor es más grande.

11

El paso procesional cacereño

EL VOCABLO *paso* procesional proviene del latín *passus* (sufrimiento), y se refiere al conjunto artístico y escultórico que los cofrades portan en las procesiones para su veneración en la calle. Además de las Sagradas Imágenes y los elementos decorativos que las acompañan, el aspecto exterior de un paso viene definido fundamentalmente por las andas procesionales: estructuras que sustentan todo el conjunto anterior y que, si bien en Cáceres poseen una apariencia externa muy similar, cada una de ellas presenta una constitución peculiar y única. No hay dos iguales, aunque sí podemos reseñar varios elementos esenciales y comunes a todas:

Armazón

El armazón o esqueleto del paso es una estructura interna conformada en su interior por una gruesa red de travesaños horizontales y verticales, que dan solidez al conjunto y le ayuda a soportar tanto el peso que lleva encima como los rigores del movimiento que sufrirá durante el desfile. Todos los largueros y aristas que vemos bajo un paso realizan una función específica en pos de conseguir que la estructura sea recia y lo menos deformable posible, como los huesos de un anciano dinosaurio que se resiste a trocarse en fósil. Esta malla estructural normalmente está hecha de madera, aunque en los últimos tiempos se ha apostado más por el aluminio al ser un material mucho más ligero y resistente. Criterios técnicos al margen, quien suscribe estas líneas ya se posiciona con firmeza en favor del empleo de la madera, dando por buena la máxima de que un paso ha de pesar lo suyo, ni en exceso ni en defecto. Considero, además, un fatal defecto de forma de los materiales modernos: no crujen. Y un paso que no cruja, me perdonarán ustedes, es menos paso. Sostengo mi teoría a sabiendas de que luego vendrá la ciencia a quitarme la razón.

Alrededor del armazón, y por tanto visible desde el exterior, encontramos las andas propiamente dichas, que normalmente tienen forma de cuadrilátero y por tanto están formadas por cuatro caras (frontal, trasera y las dos laterales) en las cuales van prendidos o tallados todos los adornos, molduras y demás elementos puramente ornamentales. Existen en Cáceres algunas andas con forma octogonal, y que por tanto presentan otras cuatro caras de menor tamaño en cada una de las esquinas. En algunos pasos -sobre todo los más antiguos- estos dos elementos fundamentales, estructura exterior y estructura interna de las andas, se constituyen como un todo y forman parte de una única pieza de madera tallada al efecto. Esto da lugar a un paso mucho más robusto, pero al mismo tiempo más rígido y plomizo, duro de cargar. También más difícil de ver, puesto que ya en Cáceres las andas más antiguas que se conservan datan de mediados del siglo XX. Antes bien, la gran mayoría han sido construidas en los últimos veinte o treinta años. Así pues, la norma común es que las andas estén compuestas por elementos construidos por separado y ensamblados posteriormente entre sí. Esta técnica permite mayor holgura entre sus componentes y por tanto ligeros movimientos y distensiones entre ellos que influyen en la maniobrabilidad del conjunto. Por encima de este armazón distinguimos la *mesa* del paso, mientras que por debajo se colocan los *varales* con sus correspondientes *almohadillas*, elementos que analizamos en posteriores apartados.

Por último, debemos reflejar a modo de excepción algunas andas procesionales de arquitectura muy singular, como el primitivo paso del Cristo del Refugio (conocido en la jerga cofrade como *el somier*), o las parihuelas del Cristo Negro. En ambos ejemplos las andas procesionales como tales desaparecen, revelando en su lugar una única estructura metálica desnuda, sin mesa ni ornato, y con la única presencia de los apoyos y superficies mínimas necesarias para sustentar la imagen (en ambos casos se trata de crucificados que procesionan o procesionaban en posición inclinada) y de las obligatorias extensiones que hacen las veces de varales de carga.

Mesa

Llamamos mesa a la superficie horizontal que está situada sobre la mayoría de las andas, cubriéndolas en su totalidad, y que sirve para sustentar o sujetar a ella el resto de elementos del paso: artefactos de iluminación, floreros, imágenes, peanas, candelerías, etcétera. Se trata, por más señas, de un tablero de madera de bastante grosor -entre uno y tres centímetros- para que su resistencia permita una base de anclaje fiable. Y también, por qué no decirlo, para convertirse en una superficie de trabajo lo suficientemente sólida para que los responsables del montaje de los pasos puedan permanecer en ella y moverse con libertad durante todo el tiempo que necesiten. Podemos adivinar, en consecuencia, que este elemento añade de manera inadvertida una considerable sobrecarga al montante final. Algunos pasos, por meras razones prácticas o con el simple ánimo de aligerar la masa, no cuentan con una mesa completa sino que suprimen aquellas partes que no se consideren imprescindibles para la sujeción de ningún elemento, o bien que no posean una función definida en la estructura del mismo. Incluso podemos encontrar ejemplos en los que no existe una mesa como tal, sino que una simple malla de alambres -para preparar un monte de flores- y un tronillo hueco sujetado a las andas por algunos travesaños se bastan para cubrir las necesidades funcionales del paso.

Sin embargo, pese a que producen una evidente disminución de peso, a veces estos recortes pueden resultar contraproducentes si no se llevan a cabo con el debido rigor y tras un adecuado análisis. La mesa completa, al repartir su masa por igual a lo largo y ancho de las andas, contribuye a mejorar el equilibrio del paso y a estabilizar su centro de gravedad[4].

Varales

Los varales son travesaños que atraviesan el paso en sentido longitudinal y sirven para apoyar toda la mole sobre los hombros de los cofrades. Son el intermediario directo entre el paso y el hermano de carga, y a la vez constituyen un concepto plenamente identitario del estilo de carga cacereño: *el varal y la horquilla*. Normalmente los pasos cacereños tienen cuatro varales, aunque también hay algunos con tres o cinco. También suelen ser de madera, si bien algunos pasos de reciente hechura los llevan de aluminio. En algunos casos -sobre todo en pasos muy pesados con varales muy largos- la cofradía opta por una solución intermedia, y utiliza varales tradicionales de madera reforzados con un listón de aluminio en su interior para evitar que acaben doblándose tanto en su parte central que corran el riesgo de partirse.

Todos los varales están forrados de espuma y recubiertos de una tela, formando así una capa protectora que en Cáceres llamamos almohadilla. Su longitud condiciona la maniobrabilidad del paso -a la hora de girar, sobre todo- y también la comodidad de su carga, ya que no siempre el tamaño de los varales está proporcionado al peso total del conjunto. Existen pasos muy pesados con varales algo cortos, que limitan el espacio para que puedan cargar más hermanos. En el otro extremo podemos hablar de pasos con un tamaño y peso normales, pero que al contar con varales muy largos admiten a muchos hermanos debajo y permiten repartir más el esfuerzo.

---

4   Véase Capítulo 12 – Ciencia física.

Otra dimensión importante es el grueso o anchura del varal. La medida estándar se sitúa en torno a los siete centímetros, pero en los últimos tiempos se han fabricado también varales de mucha mayor anchura, lo cual suscita entre el colectivo de hermanos una abierta división de pareceres. Por un lado es evidente que los varales más anchos son más robustos y contribuyen a una mayor solidez estética del conjunto, amén mejor la fuerza[5]. El paso, sobre todo si es muy grande, da la impresión de estar más proporcionado. Sin embargo, también ocurre que este tipo de varales resultan incómodos para muchos hermanos, porque no se adaptan bien a la medida del hombro e impiden adoptar una postura normal. La sensación es de que el varal no *calza* bien, como si quisiera salirse de la clavícula. Hay ejemplos incluso de hermandades que, tras una experiencia negativa con varales muy gruesos de nueva construcción, los sustituyeron al cabo de pocos años por otros de dimensiones más habituales. Sea como fuere, en cualquiera de sus variantes, el varal permanece -y así debe seguir siendo- como santo y seña ineludible de la Semana Santa cacereña.

Almohadilla

Conocemos por almohadilla el recubrimiento de espuma forrada de tela con que se protegen los varales de los pasos. Sirve para amortiguar el rozamiento de la madera con el hombro del hermano de carga. Son necesarias, pues. Si has probado alguna vez a cargar sobre el varal desnudo, sabrás que no existe peor tortura. A finales del siglo XX, las almohadillas de los pasos todavía eran en su mayoría individuales, de modo que únicamente se forraban algunos tramos del varal,

---

5   Véase Capítulo 12 – Ciencia física.

de apenas veinticinco o treinta centímetros de largo; lo suficiente para que cupiese el hombro de un hermano. Tampoco se forraban los varales por dentro, y por tanto los hermanos no podían meterse a cargar por debajo del paso. Esta costumbre en la práctica suponía un problema, ya que limitaba y definía con exactitud el número de cofrades que podían trabajar bajo los varales. No podían entrar más hermanos que almohadillas había en el varal, y tampoco podían entrar menos ya que entonces quedaba un hueco en la fila de hermanos que afeaba sobremanera la estética del paso. Mediada la década de los noventa, coincidiendo con la expansión social de la Semana Santa y con el aumento del número de hermanos de carga, comienzan a ser muy habituales los hermanos sobrantes, los picos, y aquella ficticia sensación de que los pasos en aquella época llevaban más relevos que ahora. Seguramente antes había más hermanos de relevo, pero en gran medida porque no cabían tantos como ahora bajo las andas. Las cofradías comienzan entonces a sustituir de manera progresiva el almohadillado (bien cambiando solamente los varales, o bien aprovechando la necesidad de restaurar o construir el paso procesional desde cero), y tienden a forrar por completo todos los varales del paso, desde un extremo a otro. De esta forma se admite el trabajo de más hombres en la misma longitud de madera, al tiempo que se flexibiliza el tamaño de los turnos de carga: lo mismo puede salir un paso con un turno de treinta que con uno de cuarenta, pues la única limitación la impone la propia longitud de cada varal. Esta posibilidad resultaba, antaño, sencillamente impensable. En nuestros días esta tendencia ya se ha convertido en norma, y los varales con almohadillado individual han pasado a engrosar la lista de estampas pretéritas de la Semana Mayor cacereña.

Para cumplir su función, una almohadilla ha de ofrecer la resistencia exacta y suficiente en función del peso que soporte. No puede ser muy dura, pero sobre todo no puede ser muy blanda. Las almohadillas excesivamente duras en primera instancia son más cómodas, porque asientan muy bien al cabo de las primeras horas, pero a la larga -con el transcurso de varios años y de varias procesiones- acaban apelmazándose hasta casi comprimirse y adquirir una densidad que apenas se diferencia de cargar sobre la misma madera. Una almohadilla demasiado blanda, por el contrario, no sirve para nada. No realiza con eficacia su función amortiguadora, y tampoco ofrece la misma resistencia en todos los lugares del paso (por ejemplo, los kilos no siempre caen por igual en el centro que en la trasera o en la delantera) ni oprime por igual los hombros de todos los hermanos. Es decir: no contribuye a *igualar* el trabajo de todo el varal.

Puede ocurrir que durante los descansos alguna horquilla se coloque mal y *cornee* a la almohadilla en lugar de acunarla. Este tipo de accidentes provocan agujeros que acaban por rasgar la espuma. Esto es un problema si la cofradía no detecta el daño y las repara de un año para otro puesto que, al margen del riesgo de que el destrozo vaya en aumento, esta almohadilla ofrecerá menos resistencia al peso en las zonas más próximas al agujero (que tendrán menos espuma y por tanto menos densidad) mientras que unos metros más atrás, o más adelante, su constitución va a permanecer intacta. La diferencia pueden ser apenas unos milímetros de grosor, pero suficientes para añadir nuevas trabas al objetivo de que los kilos estén distribuidos de manera equitativa. Y debajo de un paso, todo aquello que no sirva de ayuda terminará por convertirse en una molestia.

Además de estos tres elementos estructurales presentes en todas las andas procesionales cacereñas -armazón, mesa y varales- existen otros parámetros y disposiciones adicionales, relacionados con la arquitectura del paso, que pueden condicionar de igual modo la tarea del hermano de carga. A través de ellos podemos dar respuesta a las siguientes preguntas: ¿Qué factores físicos dictaminan si un paso es cómodo o incómodo de llevar? ¿Cómo es un paso procesional visto desde dentro? ¿La labor del hermano difiere si carga por dentro de cuando lo hace por fuera?

Comodidad

La comodidad de un paso es una cualidad difícil de explicar, acaso un tanto abstracta, que no concierne tan solo a la ciencia física aunque sí está directamente relacionada con ella. Los kilos de un paso no siempre guardan relación directa con la comodidad para llevarlo. Sirvan algunos ejemplos para ilustrarlo: un paso que tenga una estructura interna ligera, pero a la vez muy rígida, puede resultar mucho más incómodo de llevar que un paso entero de madera, más pesado, pero que seguramente asentará mejor sobre los hombros de sus hermanos. En otro caso, un paso muy antiguo, con travesaños muy gruesos, con toda suerte de aditamentos en su esqueleto y construido por completo con madera maciza tendrá un centro de gravedad demasiado bajo y por tanto *repartirá* sus kilos con mucha más fuerza que un paso con andas más modernas y equilibradas, aunque este último pese lo mismo o incluso tenga mayores dimensiones. Aunque por encima de todo, para que un paso sea cómodo es condición imprescindible que el hermano de carga pueda trabajar con holgura y suficiencia. Unas andas pequeñas, donde los cofrades tengan que ir muy juntos y se estén molestando o pisando continuamente, que no ofrezcan espacio para colocar las manos por dentro, o que presente unas almohadillas descuidadas, serán una auténtica tortura aunque en su apariencia externa no den sensación de ser grandes ni pesar mucho. Todo esto provoca, en definitiva, que haya pasos en Cáceres insoportables de llevar y otros que se cargan muy cómodamente aunque su aspecto nos indique lo contrario.

Ocurre además en nuestra época un fenómeno que no existía, o al menos no tenemos constancia de que se produjera, antaño: algunas hermandades han efectuado reformas en los pasos procesionales con el fin de aligerar su peso. Estas reformas van desde la supresión de elementos superfluos de la estructura de las andas, hasta la sustitución de materiales, pasando por la remodelación integral del paso o incluso la elaboración de unas andas completamente nuevas. Sin embargo, si no se hacen con cuidado y tras un análisis concienzudo, este tipo de retoques puede que no produzcan el efecto deseado, como ya hemos explicado con anterioridad. No todo es tan sencillo como suprimir elementos en primera instancia innecesarios. Para conseguir una estética apropiada y natural en la calle, los pasos han de ser proporcionados y tener un peso razonable de acuerdo a sus dimensiones. De este modo, si queremos reducir el peso sin arriesgarnos a alterar su comodidad y equilibrio originales, tendremos que poner mucho cuidado en que el centro de gravedad se sitúe tras las reformas en el mismo punto en que estaba antes. El otro extremo de la cuerda lo encontramos en algunas cofradías que, aun procesionando un paso de gran tamaño, han tenido que aumentar su recorrido a petición de los hermanos de carga, porque estos consideraban que debido a su gran número los relevos se hacían cortos y no tenían suficiente tiempo para disfrutar con su labor. Todo depende de la óptica con que queramos verlo, pero quizá en lugar de quitarle peso a un *paso* -recordamos, del latín *passus*: sufrimiento- las hermandades podrían considerar la alternativa de alargar los varales de carga, y apostar por delinear estrategias activas que aumenten el número de hermanos de carga bajo los mismos.

Bajo las andas

Siempre que el almohadillado lo permita -pues no todos los varales interiores están forrados de extremo a extremo- es posible encontrar hermanos de carga trabajando por dentro del paso. A salvo de miradas, pero también exentos de contemplar el paisaje. No es posible discernir un motivo único para encontrar hermanos entregando su latido en el interior de las andas. Algunos lo hacen por voluntad propia, como aquellos que cumplen una promesa y prefieren trabajar en un ambiente más íntimo. O como aquellos que prefieren no ser vistos y se cobijan bajo el anonimato de las andas. También están los que buscan la amplitud de espacio, poder moverse libremente en los varales o adoptar posturas de carga menos convencionales. *«Yo empecé a cargar bajo el paso por un problema de salud. Ese año tenía serias dudas acerca de mi rendimiento, así que pensé que si en algún momento no podía seguir, al menos de esta forma no dejaba a un turno vendido. Esa era mi intención al principio. Luego comprobé que, además, podía ir cambiando de hombro o adaptarme mejor a las dificultades. Y ahí me he quedado ya para siempre, por pura comodidad».* Y no faltan quienes escogen este espacio en algún relevo puntual para guarecerse del frío intenso en una madrugada mal encarada. En otro término encontramos a los cofrades que deben cargar por dentro por circunstancias puntuales del turno, normalmente por exceso de hermanos que quedan de pico sin completar un relevo, o por un cálculo poco atinado por parte de los organizadores. Antes que quedarse fuera mirando, o no participar en el turno, lo habitual es que los hermanos prefieran cargar al Señor o a la Virgen desde dentro. Y subrayamos a propósito la especificación de "lo habitual", porque ya sabemos que algunas veces Dios escribe recto con renglones torcidos, y sentimientos, lo mismo que vanidades, existen para todos los gustos.

Una vez habituado al lugar, con la vista hecha al claroscuro y el hombro acomodado, y asumiendo que se va a pasar allí dentro las próximas tres o cuatro horas, el hermano de carga encuentra aquí menos distracciones y por tanto más tiempo para concentrarse en lo que está haciendo. También tiene tiempo para escuchar los comentarios de uno y otro lado, pues los interiores de un paso son como una caja de resonancia que amplifica cualquier decibelio que ose penetrar en sus dominios. Este de los comentarios es un pasatiempo muy entretenido en las lides de la carga, aunque por pudor no vamos a extendernos demasiado sobre él. El hermano que carga por dentro no ha sido igualado con ninguna estatura, de modo que tiene que buscarse el trabajo por sí mismo, con la dificultad añadida de que en el exterior se van rotando turnos de diferentes alturas. Los hermanos muy bajos, por lo general, tienen más restringido este espacio interno, porque no llegarán al varal cuando esté cargando un turno de gran estatura. El hermano espigado al menos podrá hacer un esfuerzo dentro de un turno más bajo que él, y acomodarse al menos a una postura algo forzada que le permita coger kilos (y que fuera del paso jamás podría adoptar). No resultan estas prácticas, en cualquier caso, demasiado recomendables para su salud.

Debajo de las andas existe, en definitiva, un peculiar submundo que delimita la tarea del hermano de carga con trazos muy particulares, y cuya fisonomía merece ser descrita con profusión de detalles.

Ecos de las entrañas

El mundo de los pasos, visto desde dentro, pierde del todo el encanto místico que con inocencia se le presupone desde el mundo exterior. Si alguna vez tenemos la ocasión de asomar la cabeza debajo de las andas, nos atrapará un universo turbio, de olores profundos, de reglas no escritas y envuelto secularmente en la penumbra. Allí abajo no llega la luz de la calle, ni existe iluminación artificial. Tan solo reina la llama viva del corazón. Los aromas, penetrantes, proceden sobre todo de la madera, pero también nos arrojan a la nariz recuerdos de cerrada humedad, de metales viejos, de polvo acumulado, de química archicaducada y trogloríticos productos de limpieza. Cuando logremos acostumbrar la vista a la oscuridad, descubriremos un agreste entramado de listones, cables, plataformas y plásticos a cada cual más solitario y mugriento. No descartemos toparnos con algún elemento olvidado de un año para otro, como botellas de agua arrugadas y semivacías encajadas en alguna viga, restos de cinta aislante sin nada que sujetar, harapos churretosos y bolsas de plástico que solo el Señor sabe para qué sirvieron en su momento, o vestigios de alguna sustancia del pasado sobre cuya naturaleza es preferible no indagar. La techumbre de este corazón de pino y roble está formada por la parte inferior de la mesa del paso. De allí cuelgan, como estalactitas en la roca, legiones sinnúmero de tornillos, púas y alcayatas, sórdidos actores secundarios que en actitud canallesca presumen de llevar una doble vida. En la superficie, bien considerados ellos, muy callados y eficaces, sirven para sujetar la enorme retahíla de elementos visibles en un paso: candelerías, veleros, faroles, peanas y floreros. Mientras aquí, en el infernal subsuelo, exhiben su vertiente mafiosa mientras amenazan, coaccionan y hieren sin piedad las cabezas de los hermanos desprevenidos. Los cables, por su parte, conviven con el resto a su libre albedrío. El tendido eléctrico de los pasos a veces aparece ordenado y bien sujeto, trepando en un serpenteo que se pierde como una enredadera por la frondosa selva de maderas, pero otras veces cuelga rebelde por un extremo suelto, bailando tétricamente con cada mecida sin importarle mucho las consecuencias. Muchos pasos albergan, en su parte central, una extensa plataforma donde viaja la batería eléctrica, fuente de alimentación para toda la mole y uno de los elementos que más kilos aporta a la penitencia de los hermanos. Los travesaños se extienden en el interior de los pasos de izquierda a derecha y de atrás hacia delante. Dotan de estructura y fuerza al conjunto, y de no ser por ellos lo más probable es que el paso se partiera por la mitad en algún momento. El hermano debe gastar cuidado, pues normalmente los usa para apoyarse, sin reparar en que sus caras están cubiertas por la tizne, y sus aristas, astilladas. Acercando la vista y entornando debidamente los ojos, uno puede descubrir en ellos crípticas inscripciones en forma de números o siglas, que algún montador pintara alguna vez sin duda con la mejor de las intenciones, pero no siempre con una utilidad práctica demostrable.

Quien se adentra en este territorio hostil pocas veces encuentra compañía, si acaso la de algún ácaro que lleve allí más tiempo que él. Debe aprender a desenvolverse en un vacío denso, solo, pero solo de verdad. Una soledad anacorética, extrema e imponente, como quedan los nidos en invierno o los templos tras una gran procesión. No tiene más remedio que agudizar los sentidos para sobrevivir, como el animalillo desamparado en un jardín infestado de depredadores. En este entorno de semioscuridad, uno puede concentrarse mejor en el ejercicio de la carga y encontrar el lugar y la postura que mejor resultado le ofrezcan. Durante los descansos, sin compañeros que conversen ni vistas al exterior, el entretenimiento más común consiste en escudriñar cada rincón del improvisado zulo, hasta terminar sabiéndoselo casi de memoria. El hermano de carga gusta de palpar y acariciar con la mano todos los recovecos que tiene a su alcance. De este modo podrá reconocer cada soldadura, cada babilla, cada pliegue de la madera sin lijar. El tacto minucioso le evitará más de un coscorrón. Pero sin lugar a dudas, el sentido que en mayor grado transforma su percepción es el del oído. Una gruesa costra de silencio parece rodear las paredes interiores de las andas y protegernos ante cualquier estímulo sonoro del exterior. Lo que afuera es bullicio, aquí dentro no es más que un eco lejano, un murmullo pertinaz que no termina de hacerse grito. Del mismo modo, cualquier sonido que nace bajo las entrañas de un paso se amplifica aunque fuera jamás se llegue a escuchar. Resuenan al oído, más cercanos y desagradables que nunca, los bufidos, las toses, los carraspeos, la quejumbre de la madera rasgada. Las células del roble, todavía semivivas incluso después de talado el árbol, pulidos los listeles y terminadas las andas, se expanden y se contraen para canturrear su particular tonada. Cuando el cansancio o el hastío hacen mella, uno puede también ponerse de cuclillas para echar un vistazo a la calle abierta de par en par, relajar algunos músculos y tomar algo de aire fresco, normalmente a través de alguna rendija que formen los hermanos al moverse en la delantera del paso. Con el correr de las horas el ambiente se enrarece, y sin la ventilación necesaria la atmósfera se torna irrespirable. La sensación, cuando se sale de allí abajo, se asemeja a la de un espeleólogo que ve la luz tras varias horas caminando por las entrañas de alguna gruta natural. Con la sola diferencia de que este nuestro aventurero, el atrevido hermano de carga, nunca quisiera alcanzar el final de su camino, sino más bien comenzarlo eternamente.

Ciencia física

APRENDEMOS EN LOS GRANDES LIBROS que la física concierne a todas aquellas propiedades de la *materia* que sean medibles. ¿Y en qué se sustenta la labor del hermano de carga sino en la *materia*?

En el eje espacio-temporal en el que se desarrolla una procesión de Semana Santa cohabitan muy diversas formas de materia. Grandes masas; pesos que ejercen fuerzas de variada magnitud, que a su vez se contrarrestan unas con otras en complejos sistemas; patrones dimensionales que encajan entre sí con precisión de centímetros; esquemas de movimiento continuo... nada escapa a los designios de la física: la primera disciplina con la que un cofrade mantiene una relación directa o sensorial mientras está cargando, y que termina por elevar el oficio de la carga al rango de ciencia. En este capítulo nos sumergimos en ella para conocer cómo interactúan entre sí todos los factores físicos, y cómo influye a su vez cada uno de ellos en el trabajo de los hermanos.

La carga podríamos reducirla en última instancia a pura mecánica, y por ella comenzaremos pues.

Mecánica

Desde el exterior apenas se percibe, pero el hermano de carga es a un tiempo juez y parte de un tenso combate de fuerzas que llegan y chocan desde múltiples direcciones.

El hombro, el brazo, la calle, el varal, la mecida... todas ellas empujan y reclaman supremacía, luchan por ocupar su lugar. Corresponde al hermano de carga la misión, no solo de soportarlas, sino de dominarlas y saber disponerlas con arreglo a su conveniencia y a su objetivo: trasladar la masa del paso de un lugar a otro con una determinada cadencia.

La mecánica es la rama de la física encargada de estudiar el *movimiento* y el *reposo* de los cuerpos bajo la acción de fuerzas, y sobre ella descansa por tanto la explicación a muchos de los fenómenos que experimenta un cofrade cuando se mete debajo de un paso. Cuesta creer que el anciano Newton, desde la soledad de sus disquisiciones en la cátedra del Trinity College, alguna vez imaginara tal protagonismo de sus leyes en las tradiciones hispánicas a trescientos años vista. ¿Qué extraña sincronía, verdad? El caudal de procesos mecánicos y cinéticos que confluyen cuando un paso baila sobre los hombros de sus cofrades es inagotable. Tanto que los propios hermanos de carga no alcanzan a conocerlo ni a interiorizarlo hasta pasados bastante años de ejercicio. Desemboca en cada instante, en cada exacta situación que tenga lugar alrededor de un paso procesional. Cargar supone vencer la presión de la gravedad empujando con los dorsales hacia arriba, tirar de los riñones cuando los dorsales no llegan, o del corazón cuando fallan los riñones. Cargar es saber cuándo toca empujar hacia la derecha o hacia la izquierda. Ver cuándo el paso se cuartea para corregirlo. Ser consciente de que tus acciones no ejercen la misma fuerza sobre la trayectoria si vas en medio que si vas en la punta de un varal. Saber quedarse quieto y aguantar el peso cuando toca. Conocer de antemano hacia dónde cae una calle. Saber cuándo frenar y cómo hacerlo. Saber de qué forma puedes aliviar a tu compañero sin incomodarlo. Saber ayudarte con la mano que llevas por dentro. Cargar, en el fondo, supone dominar un viejo oficio que se aprende pero no se enseña: controlar el movimiento.

Fuerza de gravedad y sistemas de fuerzas

Bajo la óptica del perogrullo, cualquiera más o menos puede intuir que un paso empuja -ejerce una fuerza- principalmente hacia abajo; esto es, en sentido perpendicular al pavimento siempre que el terreno sea llano, y que el trabajo del hermano de carga se centra sobre todo en vencer esa fuerza que Sir Isaac formulara en la ley de gravitación universal. Para entender cuál es la dimensión real de este trabajo, debemos recurrir al principio de la mecánica que dice para contrarrestar dicha fuerza -llamémosla $F1$, la que empuja el objeto hacia abajo- los hermanos deben transmitir exactamente la misma cantidad de fuerza -llamémosla $F2$- en sentido contrario. Si emiten más, el paso volcaría o saldría volando por los aires; si emiten menos, el paso se caería al suelo. Dicho de otro modo: la resultante de este par de fuerzas siempre es nula: $F1-F2=0$. Comprendiendo este principio, seremos conscientes de que la suma de las fuerzas que transmiten los hermanos ($F2$) tiene obligatoriamente siempre el mismo valor durante un trayecto procesional. Cómo se reparte esa suma ya es otra cuestión. Comprobaremos más adelante que muy pocas veces todos los hermanos de carga aportan la misma cantidad de Newtons para dar lugar a esa $F2$. Sin embargo, el papel de la fuerza de gravedad queda lejos de concluir aquí. Estos malditos Newtons cobran un protagonismo aún más acusado, e interpretan su innato papel de tiranos, cuando la procesión discurre por una pendiente de cierta inclinación.

En un plano inclinado la fuerza de la gravedad del paso (nuestra *F1*) ya no se aplica sobre un único punto, sino que se subdivide en dos componentes: una componente vertical (perpendicular al suelo) y una componente horizontal (paralela al suelo). Sumando ambos vectores tenemos como resultado la fuerza que ejerce el paso, de tal forma que la componente horizontal tiene mayor magnitud cuando más inclinada sea la pendiente -todo esto se ve con más claridad en el gráfico que adjuntamos al final de este apartado-. Por ejemplo: cuando el terreno es llano, el valor de esta componente horizontal es cero, mientras que la vertical coincide en dirección, sentido y magnitud con la resultante. Por lo tanto, la componente horizontal de la fuerza es la culpable de *empujar* el paso no hacia la perpendicular del suelo, sino hacia el lado bajo de la pendiente.

Cuando se baja la cuesta, los hermanos de la delantera del paso se ven obligados a hacer un trabajo continuo de freno, para evitar que toda la masa de las andas se acelere y sea imposible de gobernar. El gesto técnico que el hermano de carga ejecuta en esta situación es *echar los pies por delante,* para tratar de compensar el efecto de la gravedad en un plano inclinado, y al mismo tiempo adoptar una postura más cómoda para soportar esta nueva fuerza. Si lo expresamos en términos físicos, echar los pies por delante equivale a colocar nuestro cuerpo en la misma dirección de la fuerza resultante. Algunos jefes de paso se ayudan además de otros cofrades que sujetan los extremos delanteros de los varales empujándolos hacia atrás para ejercer mayor oposición sobre la componente horizontal, y aliviar de este modo el esfuerzo de los hermanos que van cargando. A este efecto de la fuerza de gravedad en una cuesta abajo hemos de sumar también la componente de la inercia, al tratarse de una fuerza que actúa en el sentido de la marcha del paso.

En cambio, si se trata de una cuesta arriba, la componente horizontal de la fuerza no manda el paso hacia delante, sino que lo va a empujar hacia atrás, es decir, en sentido contrario a la marcha. El trabajo de los hermanos, entonces, cambia radicalmente, y la responsabilidad recae sobre la calderilla del turno, que tendrá no solamente que caminar, sino que *empujar* para imprimir fuerza a todo el conjunto y vencer así el efecto de la resultante. En estas situaciones es mucho más costoso ganar cada metro de trayecto, y los hermanos de la delantera suelen tener poco que hacer. No cuentan con puntos de apoyo válidos para hacer palanca y ayudar a que el paso avance. Y si lo intentaran, el varal se les resbalaría y se saldrían del paso.

En el siguiente diagrama mostramos la componente horizontal como *Fh*, la componente vertical como *Fv*, y la resultante como *Fr*. Recordemos que *Fr* se descompone siempre en la suma de *Fh* más *Fv*. Vemos en el dibujo que la componente horizontal *(Fh)* no tiene valor cuando caminamos por un plano horizontal, mientras que sí adquiere valor cuando caminamos por un plano inclinado.

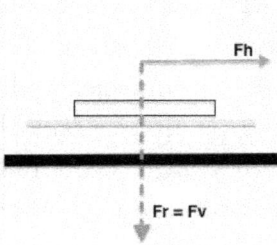

En pendiente:
Fh no es igual a cero. Su valor deben contrarrestarlo los hermanos.

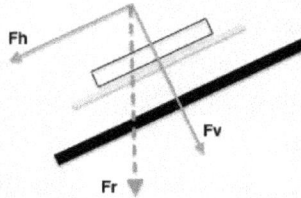

Fh

Fh

Fv

Fr

Fr = Fv

En llano:
Fh es igual a cero.
Fv = Fr.

DIAGRAMA: Sistemas de fuerzas que actúan sobre un paso según la inclinación del suelo.

En resumen, las inclinaciones del terreno provocan la aparición de distintos sistemas de fuerzas sobre el paso, y para contrarrestar la resultante de estas fuerzas es necesaria la implicación y el sobreesfuerzo de un grupo concreto de hermanos de carga. He aquí la explicación física de por qué resulta más incómodo cargar sobre cualquier pendiente que sobre un terreno llano.

Peso y masa

¿Y esto cuánto pesa?

Tanto los cofrades como los neófitos, por error o por pereza mental, echamos mano de esta pregunta para calibrar la dificultad que entraña cargar un paso. Pero, de camino, estamos dejando a un lado el resto de elementos físicos que influyen necesariamente en su respuesta.

Lo primero que debemos aclarar es la diferencia entre peso y masa de un objeto. La *masa* es la cantidad de materia que tiene un cuerpo, y la medimos en kilogramos. El *peso* es la fuerza que la gravedad ejerce sobre una determinada masa, y se mide en newtons. Desde pequeños asimilamos ambos conceptos como equivalentes, ya que la fuerza de la gravedad es una magnitud constante en todo el planeta Tierra (9.8 m/s), de modo que a lo largo de la obra vamos a respetar la terminología popular -que mide el peso en kilogramos- aunque técnicamente no sea lo correcto.

Los pasos procesionales cacereños no están pesados ni medidos con fiabilidad, salvo excepciones puntuales. Las cifras de masa varían entre los doscientos cincuenta kg que suma el paso completo de Jesús Condenado, los mil ochocientos de la Virgen de la Misericordia -peso aproximado obtenido de sumar las masas de los todos componentes individuales del paso- o los más de dos mil del paso de la Sagrada Cena. El paso de la burrina, sirva como ejemplo, se cifra en unos setecientos kg y el conjunto procesional de la Dolorosa de la Cruz alcanza los mil quinientos kg.[6] Cabe considerar que un paso de tamaño normal en Cáceres se sitúa en un rango entre setecientos y mil kg de peso, y que por encima de esa cifra ya estamos hablando de pasos razonablemente pesados. En cualquier caso, insistimos, más allá de los ejemplos mencionados los pasos raramente están registrados, y los cofrades solemos acudir a medidas arbitrarias como comparar las sensaciones que recibimos al cargarlos.

Sin embargo, todas estas cifras de poco sirven en la realidad. Todo lo que hemos mencionado en los anteriores párrafos se refiere simplemente a masa o peso en canal. Aunque su magnitud, con toda lógica, incida de manera directa

---

6   Floriano Bravo, Manuel Pedro. Historia y Vivencias de una cofradía cacereña. p. 87.

en el hombro del cofrade, pecaríamos de reduccionistas si concluyéramos el análisis en ella. A la hora de llevar un paso encima, el hermano de carga lucha continuamente contra una componente de importancia capital, relacionada estrechamente con la masa pero que con frecuencia pasa desapercibida: la inercia.

Inercia y lateralidad

Cualquiera de nosotros es capaz de levantar, sin demasiado esfuerzo, un cartón de leche de un kilogramo de peso. Sin embargo, si ese mismo cartón de leche nos lo arrojan a una velocidad de 100 Km/h, lo más probable es que, además de ser incapaces de atraparlo, optemos por eludir su trayectoria ante el riesgo de sufrir heridas considerables. Como ya hemos anticipado, una cosa es la masa que posee un objeto y otra es la fuerza que esa masa tiene en cada momento. La diferenciación entre estos dos conceptos: masa y fuerza de un objeto (en nuestro caso, de un paso procesional) resulta absolutamente clave para entender lo que un hermano de carga soporta debajo de los varales.

A consecuencia de la inercia, el peso de un paso en movimiento nunca es algo fijo ni determinado. A la hora de la verdad, en una orografía como la cacereña y considerando lo prosaico de algunas igualás, pocas veces todos los hermanos de carga reciben por igual la misma cantidad de peso. Además de la fuerza resultante del movimiento natural que los hermanos imprimimos a toda la masa del paso, normalmente hacia delante, hay que considerar también otras dos resultantes: por un lado, la de los movimientos laterales -las clásicas mecidas a izquierda y derecha- producto de la anchura de los pasos de los hermanos, y por otro las derivadas de la inclinación del terreno, que apenas es llano en nuestra ciudad. De este modo, los kilos bailan de la cabeza a la cola del paso, del varal izquierdo al derecho o viceversa, según la calle que se transite o la dinámica del movimiento lateral en un instante dado. Este balance de kilos cambia cada pocos segundos, con cada mecida, como el preciso tic tac de un reloj. El resultado de todo este enmarañado juego de fuerzas multidireccionales es que el peso total -o fuerza resultante- se va desplazando durante el desfile de forma alternativa a los costados izquierdo y derecho, y en distintos momentos también a las zonas delantera y trasera del paso.

La inercia es la propiedad que tiene un cuerpo de conservar su estado -en el caso que nos ocupa, estado de movimiento- mientras no se aplique sobre él una fuerza que lo contrarreste. Traducido a nuestra jerga, esto significa que el hermano de carga ha de mantener en todo momento la concentración y la firmeza suficientes para mantenerse recto y recibir los kilos bien arriba, y evitar de este modo que la fuerza del peso -con el empuje de la inercia- siga su curso natural y le venza hacia su lado. Para dominar este movimiento lateral alternante el hermano puede ayudarse, si es preciso, de su horquilla (empleándola a modo de cayado), y sobre todo de la pierna correspondiente al varal donde está cargando. Por ejemplo, si uno va cargando en el lateral derecho, deberá abrir todo lo posible -esto es, sin llegar a disminuir la altura de su hombro- su pierna derecha hacia afuera, para aguantar mejor el peso que le va llegando en cada mecida. Por el contrario, si el hermano camina con los pies excesivamente juntos o los levanta del suelo en exceso, contará con una menor superficie de apoyo, y por tanto le será mucho más difícil fijar o aguantar el peso en su costado. Como es lógico, tanto el efecto de la inercia como las pertinentes medidas correctoras tendrán un alcance mucho menor sobre los hermanos que cargan en los varales centrales que sobre el resto de sus compañeros.

Centro de gravedad

Iniciamos este apartado con una breve pero necesaria noción técnica: el centro de gravedad de un paso -o de cualquier cuerpo- es el punto de aplicación de la resultante de todas las fuerzas que la gravedad ejerce sobre cada uno de los puntos materiales del cuerpo. Para comenzar la exposición vamos a traducir esta definición a lenguaje cofrade, y a sumergirnos para ello en el siguiente ejemplo:

Todos, tanto hermanos de carga como público ajeno al oficio, tenemos la sensación de que los pasos de palio pesan mucho más que otros. Es una impresión visual que muchas veces no se sustenta en ninguna otra evidencia. Y es verdad que pesan más. Pero no solo por su volumen ni por el conjunto de elementos adicionales (el techo, las bambalinas, los diez o doce varales que lo sostienen) que se colocan encima del paso. Los palios pesan más, fundamentalmente, por la inercia que imprimen a la masa total de las andas, consecuencia de tener un centro de gravedad muy alto. Tengamos en cuenta, por cierto, que el centro de gravedad no necesariamente corresponde a un punto material del cuerpo. Así nos habla un experimentado jefe de paso acerca de los palios: «*Un palio que cimbrea mucho está continuamente machacando los hombros del varal hacia el que cimbrea. Este es el origen de la sensación que se tiene al terminar la procesión de decir "...no sé qué pasaba este año, pero he terminado machacado..."*». Cuando uno acaba de empezar la procesión o el relevo, y las fuerzas le responden, apenas percibe estos escasos newtons extra. Pero cuando las fuerzas flaquean, ya avanzada la noche, cualquier variación se nota. Poco a poco, te va machacando. Son newtons que se suman, uno a uno, paso a paso, metro a metro, con la exasperante parsimonia del riego por goteo. Al cabo de tres o cuatro horas, la sensación es de que el paso te puede, te gana la pelea, de alguna forma se convierte en ingobernable. Y entonces te vienen a la cabeza las horas que no pudiste descansar la noche anterior, el relevo que no llega, o la cofradía con la que tienes que salir al día siguiente. Todos los detalles acuden de golpe a tu mente para decirte que ya no puedes más. Aquí reside la causa por la que la *sensación* de peso es siempre mayor en los pasos con centro de gravedad muy alto, léase crucificados y sobre todo los de palio. Cualquier elemento de altura, no solo cruces o palios sino por ejemplo candelabros grandes, hachones u otros elementos de adorno por ligeros que sean, provoca que el centro de gravedad se eleve más de la cuenta y baile en pequeñas oscilaciones que añaden inercia lateral al paso, y por tanto aumentan la magnitud de la fuerza que debe contrarrestar el hermano en cada instante.

Por el contrario, si un paso tiene el centro de gravedad demasiado bajo, la sensación que tendrá el hermano de carga es de aplastamiento, de ahogo, de que los kilos le caen a plomo como si resultara imposible hacer palanca para imprimir movimiento o mecida alguna. Una hormiga desnutrida atrapada de repente bajo un menhir. La explicación a este fenómeno reside en que la fuerza, aplicada sobre cualquier superficie, se reparte de forma piramidal: la cúspide de la pirámide sería el punto donde se aplica la fuerza, y la base será por tanto más ancha -fuerza más repartida- cuanto más nos alejemos de dicho punto. En el caso que nos ocupa, cuando el centro de gravedad está muy cercano al punto de apoyo -los hombros de los hermanos de carga-, la fuerza que ejerce el paso apenas encuentra espacio para repartirse, y se concentra por tanto en aquellos hermanos que cargan en la parte central del mismo. Este es el motivo por el cual unas andas procesionales demasiado bajas *dan más leña* que unas andas de mayor altura y que por tanto mantengan el punto de aplicación de la fuerza más alejado de los hermanos.

Los extremos en estas cuestiones nunca son recomendables, y por tanto lo ideal es que el centro de gravedad de un paso esté equilibrado: ni muy lejos ni muy cerca de los hermanos. ¿Es posible que añadiendo peso a las andas de un paso con características concretas logremos bajar su centro de gravedad y entonces se lleve más cómodamente -*asiente mejor*- aunque el total de kilos sea superior? Sí, es posible. ¿Es posible que en el desmedido afán por aligerar un paso acabemos desestabilizándolo y, aunque pese menos, resulte que se lleva peor que antes? También es posible.

Por último, debemos aludir al centro de gravedad como el actor responsable de que un paso parezca *pesar* mucho más cuando está parado sobre los hombros de los hermanos, que cuando se mece de un lado a otro. En realidad una leve mecida provoca, no que el paso de repente *pese* menos, sino que ese peso envíe su fuerza a distintos lugares alternativamente en lugar de aplicarla sobre un único punto del espacio. De esta forma los músculos pueden descansar cada pocos segundos, mientras que si el centro de gravedad permanece inmóvil, el hermano ha de hacer un esfuerzo constante, sin descanso posible.

Rigidez de las piezas

El objetivo de conseguir un reparto equitativo del peso que recibe cada hombro en cada instante resulta, como hemos visto hasta el momento, muy ambicioso. De entre la nutrida macedonia de factores que influyen sobre él, destaca sobremanera la rigidez o flexibilidad de cada pieza del paso, y en especial de los varales de carga. De manera imperceptible, los varales en un paso se doblan adoptando una forma cóncava -es decir, se comban los extremos hacia arriba. Este fenómeno ocurre debido a que los varales reciben en su parte central muchos kilos y mucha presión tanto del armazón como de los elementos sujetos al mismo, y se puede observar incluso cuando el paso yace en reposo en el templo, apoyado sobre sus burrillas. También ocurre cuando las procesiones transitan por calzadas de pavimento liso y ausentes de inclinación, pero se acentúa con la presencia de hoyos, empedrados y desniveles habituales en nuestra Ciudad Monumental: es frecuente que el terreno no presente la misma altura a lo largo de toda la eslora del paso. Traduciendo esta exposición a un lenguaje experimental, la sensación física que se deduce de un varal demasiado flexible es que el paso *aprieta* con mucha más fuerza a los hermanos que cargan en la parte central de las andas, y produce el efecto contrario en la punta de cada varal. Podemos asemejarlo, valga la analogía, al sistema de amortiguación de un vehículo cuando las ruedas pasan por un bache. Los varales poco rígidos corresponderían a unos amortiguadores demasiado duros, que provocan que el bache se note mucho más.

Para explicar de dónde proviene esta sensación debemos acudir, nuevamente, al principio de las fuerzas que se anulan entre sí. Consideremos como ejemplo un paso que ejerce una fuerza de seiscientos newtons, portado por seis hermanos de carga que han de contrarrestar esa fuerza con otros seiscientos newtons. En un caso ideal -terreno llano, todos los hermanos tienen la misma altura de hombro, el peso está repartido de manera uniforme en toda su superficie- cada uno de los seis hermanos aportará cien newtons de fuerza en su trabajo. ¿Qué sucede si los varales del paso son muy flexibles y se comban en sus extremos? Que los hermanos situados en la delantera y trasera del paso estarán inevitablemente *desperdiciando* algunos de sus newtons en doblar ese varal hacia arriba, y dejando tan solo el resto para contrarrestar la fuerza resultante del paso. Todos esos newtons *disipados* siguen siendo necesarios para contrarrestar la fuerza del paso y que este no se caiga al suelo, de modo que alguien tiene que compensarlos: el resto de hermanos deben estar forzosamente aportando más de su cuota de cien newtons para lograr sostener el paso. Dicho de otro modo: los newtons *disipados* recaen inevitablemente sobre el resto de hermanos. Como consecuencia ya no tendremos a seis hermanos cargando por igual, sino que tendremos a algunos hermanos -los de los extremos- aportando por ejemplo ochenta newtons, y el resto de hermanos -los del centro- obligados a aportar quizás ciento diez o ciento veinte. Conclusión: varales rígidos, muy solidarios. Varales flexibles, poco solidarios. Adjuntamos un diagrama que ilustra mejor este concepto, y de paso sirve como respuesta gráfica a la pregunta de *¿por qué conviene que no se doblen los varales de un paso?*

Para eludir esta desigualdad, el objetivo al diseñar un paso es buscar un material lo más solidario posible con el reparto de la fuerza -es decir, que no se doble- y que al mismo tiempo sea ligero y práctico... porque estaremos de acuerdo en que no es cuestión de construir los varales con hierro forjado y doble recubrimiento de plomo. La rigidez de las piezas, al contrario de lo que parece, no tiene tanto que ver con el material del que están hechas, sino sobre todo con su geometría. El culpable es el concepto con el que concluimos el análisis de todos los factores físicos que influyen en el oficio de la carga: el momento de inercia.

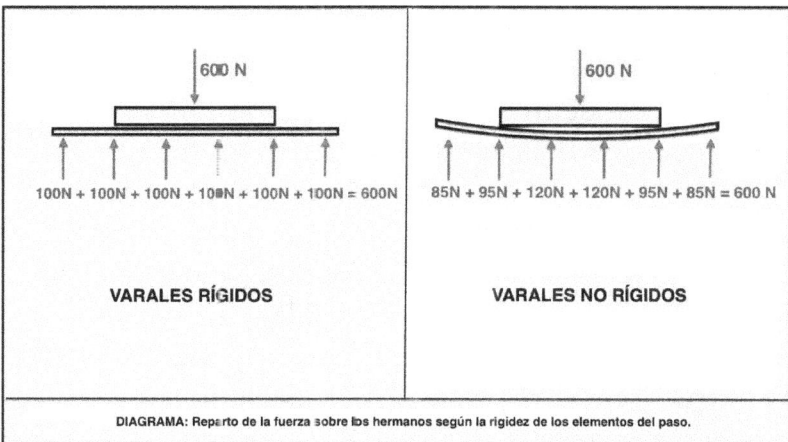

DIAGRAMA: Reparto de la fuerza sobre los hermanos según la rigidez de los elementos del paso.

Momento de inercia.
Geometría de los varales de carga

El momento de inercia define el grado de oposición de un cuerpo a las deformaciones. Depende en gran medida de cómo esté distribuida la masa del cuerpo, y también del eje de giro o *eje de rotación*. El eje de rotación, en el caso de un varal, está situado en el punto donde el hombro del hermano aplica la fuerza. Si la masa de un objeto se encuentra muy concentrada cerca de su eje de rotación, el momento de inercia será menor. Si la masa está muy alejada del eje, el momento de inercia será mayor y el cuerpo ejercerá más resistencia al cambio. De modo que sí, lo han adivinado: para que el peso se reparta mejor necesitamos que las piezas no se doblen, y para evitar que las piezas se doblen necesitamos grandes momentos de inercia en nuestros pasos. El momento de inercia de un objeto con respecto a un eje de rotación se calcula a partir de dos magnitudes: la suma de las masas de sus partículas, y la distancia de cada partícula al punto de rotación. Esta definición implica que un mismo objeto pueda presentar mayor o menor resistencia según dónde esté situado su eje de rotación (o lo que es lo mismo, según el punto donde se le aplique la fuerza).

Veámoslo con un ejemplo geométricamente análogo a un varal de carga, pero mucho más gráfico: una tableta de chocolate. Si ejercemos presión sobre su lado más ancho, la tableta se dobla y se parte con facilidad. En cambio, jamás podremos doblarla ni partirla si ejercemos la presión sobre su filo. Lo mismo ocurre en el caso que nos ocupa: un varal será más resistente -y por tanto más solidario- cuanto más alejada del punto de giro esté su concentración de masa. Esto significa que un varal de sección rectangular, montado de tal forma que el hermano cargue sobre su lado más estrecho, será más solidario que si el hermano carga sobre su cara más ancha, y mucho más solidario que un varal cuya sección transversal sea cuadrada o redonda. Del mismo modo, un varal más fino tenderá más a doblarse que un varal de idéntica sección pero mayor grosor. Lo importante será siempre que el varal tenga la mayor cantidad de materia posible lejos del punto donde se apoya el hombro del hermano. Situándonos en el extremo de la escala, un hipotético varal con sección transversal en forma de "I" tendría un momento de inercia mucho mayor, y por tanto mayor resistencia a doblarse, que todos los anteriores. No es casualidad que esta última sea la sección empleada para construir vigas o raíles del ferrocarril.

Si echamos la vista atrás, comprobamos que la geometría de los varales de carga apenas ha variado históricamente en Cáceres: siempre se han usado varales de sección cuadrada de unos siete u ocho centímeros de diámetro. Sin embargo, de unos pocos años a esta parte, hemos comenzado a ver en la ciudad varales de sección rectangular montados de tal forma que su momento de inercia sea mínimo -por ejemplo, en los pasos de la Virgen del Sagrario o de Jesús Condenado- o varales de sección cuadrada pero de mayor grosor que el convencional -paso del Beso de Judas o los varales originales del paso del Cristo del Refugio que se construyó en 2006-. El motivo no es otro que la aplicación práctica del concepto que hemos expuesto en este apartado. En definitiva, el momento de inercia explica que la geometría, el grosor y el material de todas las piezas del paso -pero sobre todo de los varales- sean, en este mismo orden, elementos clave capaces de facilitar o dificultar por sí solos el trabajo del hermano de carga.

· *Menor momento de inercia*

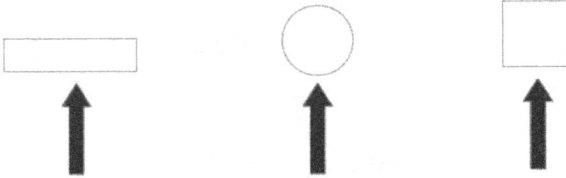

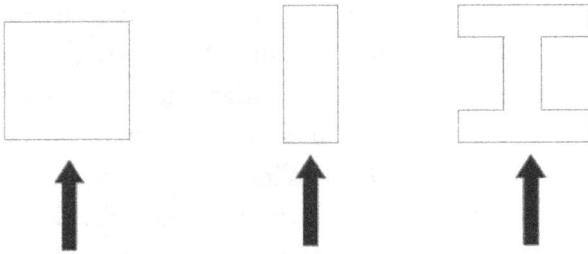

· *Mayor momento de inercia*

DIAGRAMA: Distintas secciones transversales de varales de carga, ordenadas de menor a mayor momento de inercia. La flecha indica el punto donde se situaría el eje de rotación en cada caso.

El cuerpo como herramienta

EL CUERPO ES LA PRINCIPAL HERRAMIENTA con que los hermanos de carga cuentan para poder llevar un paso. Fe, aparejos y toda suerte de ayudas externas son solo aditamentos que en nada quedan si la carne y el hueso no rinden con plena capacidad. Cuando los hermanos reincidimos en la manida queja de que vamos mal pero no sabemos muy bien por qué, normalmente lo hacemos sin atender a la ingente cantidad de músculos, articulaciones, tendones y rincones inadvertidos de nuestro cuerpo que ponemos en funcionamiento con cada paso que damos debajo de un varal. Nuestra particular forma de trabajar en los pasos impone multitud de condicionantes sobre la escena que se contempla en la calle, y por supuesto sobre las consecuencias -físicas, sobre todo- que el propio hermano recibe de su ejercicio.

Sin pretender sentar cátedra en algo tan poco estamental como es la Semana Santa, en esta sección vamos a desgranar cuál es la misión específica que desempeña cada parte de nuestra anatomía -todas son igual de importantes, aunque no lo parezca- y cuáles son sus efectos sobre la labor de la carga.

Condiciones físicas

Es evidente que para ser portador de pasos, en cualquier estilo, se necesita una mínima condición física. Más allá de la devoción, de la actitud o del respeto por tus compañeros, el cuerpo es nuestro sostén primordial a la hora de desarrollar el oficio de la carga. La necesaria cualidad física del cofrade debemos entenderla en términos sobre todo de resistencia, mucho más que fuerza o potencia. Las procesiones son largas, y además *se hacen* largas. En estos menesteres no sirve, por recurrir a un ejemplo extremo, alardear de dotes hercúleas y levantar ciento cincuenta kilos de una tirada. Debajo de un paso, la exigencia dispone que uno pueda llevar bien sus treinta kilos al comienzo de la procesión, y sea capaz de llevarlos igual de bien tres o cuatro horas más tarde. Pese a todo, pocos cofrades cacereños realizan algún tipo de preparación física o calentamiento antes de comenzar la estación penitencial, un proceso que paradójicamente después, y de manera generalizada, suele señalarse como recomendable. El ejercicio sería leve: bastaría con algunos estiramientos básicos, sobre todo centrados en la musculatura de las piernas y zonas lumbares. La puesta a punto en los meses previos a Semana Santa es otro factor que descuidan los hermanos de carga, y que puede ayudar también a prevenir molestias o lesiones. No tiene por qué ocurrir nada grave, pero hay ciertos límites. Acudiendo de nuevo a un ejemplo aislado, resulta obvio que una persona entrada en años, de salud descuidada y costumbres sedentarias, no debería meterse alegremente debajo de un paso y esperar rendir al máximo sin sufrir algún tipo de secuela. Uno de los hermanos consultados nos apunta incluso una recomendación similar para cualquiera que cargue varias veces al cabo de la Semana Santa: *«Para aquellos que cargan cuatro o más pasos, resulta muy recomendable prepararse físicamente unos dos meses antes de Semana Santa. De esa forma el cansancio es menor»*.

El sexo de los hermanos, un rasgo que tradicionalmente se asocia a la condición física, no constituye un factor diferencial a la hora de desempeñar este oficio en Cáceres, donde el papel

de las mujeres en las lides de la carga siempre se ha equipara-
do al de los hombres. Las oportunidades son las mismas. Las
hermanas de carga no encuentran más limitación que la que
impone la propia organización de los turnos, al poseer ellas,
por lógica, una estatura promedio menor que la de sus compañeros masculinos, y verse por tanto igualadas casi siempre en
las traseras de los pasos. Si bien no existen en Cáceres pasos
exclusivos para hombres, sí hay algunos que se reservan, por
tradición, turnos completos de mujeres, como pueden ser el
de María Corredentora o el de la Ntra. Sra. del Sagrario. Sobre
su estilo de carga, los hermanos opinan de la siguiente manera:

—*«Un paso portado plenamente por mujeres tiene una mecida diferente a uno mixto, y ambos la tienen respecto a uno de hombres. Ni
peor ni mejor, simplemente diferente. También he podido comprobar
que las mujeres tienen mucho más aguante que los hombres en cuanto a
sacrificio y fortaleza mental».*

—*«No, creo que no hay diferencias en el desempeño. Pero también
es cierto que en los pasos más pesados, a veces por estatura y a veces
simplemente por tradición, no suelen cargar mujeres, y por tanto hay
ciertos extremos que no hemos podido todavía comprobar. No sabemos
cómo respondería un turno mayoritariamente femenino en pasos como la
Sagrada Cena, el Calvario, la Dolorosa de la Cruz...».*

Por último, y con independencia de su fuerza o aguante,
la propia fisonomía del hermano también condiciona su trabajo. Personas de apta condición física pueden ver limitada
su participación bajo los varales por tener una estatura muy
por encima o por debajo de la media, que les impida calzar
en determinados pasos. Veamos algunos testimonios que lo
ilustran:

—«*Mi debut se produjo en el paso del Cristo de la Salud y la Expiración de la Cofradía de la Santa y Vera Cruz. Tras cumplir el deseo de poder cargar el primer paso, el nuevo objetivo era ir pasando por todos los pasos de las hermandades de las que formaba parte, pero mi altura no me lo permitió*».

—«*Me ha pasado un par de veces, hace ya años, el estar puntual en el paso que quería cargar (El Calvario) y comenzar a llegar los altos tranquilamente sin preocuparles la puntualidad. Se iban colocando y nos iban echando a los bajitos para atrás. Uno de esos años incluso me quedé sin cargar en El Calvario. En aquel momento me fastidió muchísimo: yo había cumplido y ellos no. La tiranía de los altos debe ser suprimida*».

Lo que ya no está tan claro es que la altura de los hermanos condicione el resultado estético del trabajo, a tenor de las opiniones contrapuestas que hemos recogido al respecto:

—«*Después de muchos años viendo pasos y portándolos, te das cuenta de que los que mejor los suelen llevar en cuanto a estilo son las personas de estatura media o baja*».

—«*No suele haber grandes diferencias, pero personalmente como jefe de paso prefiero los turnos más altos: me dan más confianza por fortaleza y resistencia en las maniobras más difíciles*».

En Cáceres no es habitual que un jefe de paso rechace a un hermano por culpa de su físico, entre otras cosas porque la mayoría de estos últimos tiene criterio -o encuentra consejo- para saber dónde puede meterse y dónde no. Cuando sucede alguno de estos infrecuentes conflictos, el escenario más probable es alguno de los pasos destinados a los cofrades más jóvenes, cuyos límites mínimos de edad no están claramente definidos por las hermandades. O si lo están, no se hacen cumplir con el necesario rigor. En estas situaciones, las directivas otorgan al jefe de paso plena potestad para decidir si un hermano se encuentra o no en condiciones de cargar, bajo el riesgo de que la libre interpretación desemboque en disputas que nunca son agradables, y mucho menos en los momentos previos a la salida. Los responsables se ven en el trance de lidiar con chavales y progenitores demasiado impulsivos, o demasiado optimistas, que a veces ni siquiera reconocen la autoridad del jefe de paso en esta crítica toma de decisiones.

El mayor recelo a la hora de permitir cargar a un hermano adolescente no radica en su fortaleza o tesón, que en muchos casos podrían asemejarse a los de una persona adulta, sino en que su cuerpo todavía no está del todo formado. Aun tratándose de un joven de constitución fornida, su columna vertebral todavía no está hecha a esfuerzos de este calibre, y por tanto es más fácil que acaben *doblándose*. Dicho de otro modo, poseen fuerza y potencia, pero quizás no resistencia, como apuntábamos al principio. Y en un segundo plano, no necesariamente de menor trascendencia, debemos subrayar la ausencia de un conocimiento profundo del oficio, así como de la experiencia suficiente para saber cómo comportarse en determinadas circunstancias, factores que quizá el jefe considere que deben adquirirse en otros pasos, o de una forma más gradual.

Las ganas y el arrojo no se los puede negar nadie, y las cofradías están ávidas de ese derroche vital. Pero la ilusión de los jóvenes hay que saber canalizarla. No es tarea sencilla. Un hermano de carga adolescente, impulsivo y enérgico, pensará que puede con todo. Y a lo mejor hasta lleva razón.

Pero la cuestión no es esa. La cuestión es que el imberbe cargador, ahíto de confianza, aún no es consciente de que ningún paso de Semana Santa, ni siquiera el más pequeño, puede ser procesionado por una sola persona. Si el turno al completo, entendido como un todo, no es fuerte ni está equilibrado, la misión no se podrá completar con éxito. Y esa es una responsabilidad que el jefe de paso no puede comprometer más. Pasarán años hasta que el tierno hermano de carga entienda y asimile este concepto, fundamental para su trabajo. La sabiduría bajo los pasos debe recogerse en anchos odres y cosechas despaciosas.

Cabeza

La cabeza cumple una función obvia de referencia y faro que guía al hermano mediante el sentido del oído, para atender las órdenes de los jefes de paso, y el sentido de la vista -salvo que se encuentre cargando por dentro del paso, donde la visión carece de utilidad-. Mas dejando a un lado las obviedades, no debe en ningún caso descuidarse la crucial función de equilibrio y simetría que nos presta la molondra. Los hermanos de carga, en muchos momentos de la procesión, tienen la costumbre o la inercia de desviar la mirada y por tanto girar la cabeza en todas las direcciones: hacia los laterales, para mirar o hablar al público o a otro hermano; hacia abajo, para vigilar sus pies; o incluso hacia arriba, para controlar algún elemento aéreo que pueda suponer una amenaza para el paso. Cualquiera de estas situaciones resultan, en primer lugar, antinaturales en el ejercicio de la carga. Y en segundo lugar, son evitables. La comunicación con el público mientras se carga no es procedente, y para vigilar elementos externos ya están los jefes de paso y sus ayudantes. Pero además resultan peligrosas, ya que pueden originar lesiones en el cuello si los movimientos son bruscos y si en ese preciso instante al hermano le viene mucho peso de golpe. La postura ideal para cargar, por tanto, es mantener la cabeza en posición erguida y mirando siempre hacia el frente. Al tiempo que se muestra discreto y callado, el hermano de carga debe demostrar porte y gallardía en sus quehaceres. Jamás se debe llevar la mirada gacha ni mucho menos forzar los músculos del cuello para mirar hacia cualquier lado. Así ha sido siempre. Y luego ya dejaremos que la gente hable de los rancios gustos de uno en el arte de la carga.

Hombros

El hombro es, con lógica, el elemento corpóreo que primero y con más brío se vincula al oficio de la carga en Cáceres. Aunque ni mucho menos llevamos los pasos ni hacemos el esfuerzo sirviéndonos de su sola ayuda, es indudable que sobre los hombros reposan en última instancia tanto los kilos como buena parte de la identidad cofrade de la ciudad.

De manera natural, el hombro forma una sutil cavidad cóncava que indica el punto sobre el que debe ir acomodado y encajado con firmeza el varal de carga. Tan perjudicial es llevar el varal demasiado dentro como demasiado fuera de este preciso lugar. Dos ejemplos servirán para demostrarlo: si el hermano lleva el varal fuera del hombro, o mejor dicho, fuera de esta cuna natural que la clavícula forma junto a la prolongación del cuello, con el tiempo se le irá resbalando y deberá corregir su postura, en mitad de la marcha, para buscar el apoyo correcto. Además, no podrá ejercer la palanca

137

suficiente para coger con vigor los kilos que le corresponden, y por tanto estará desarrollando menos trabajo -dicho
de otro modo: enviando menos newtons de fuerza- del que
podría asumir. Por el contrario, si el hermano mete el hombro en el varal hasta prácticamente el cuello, llevará la cabeza en una posición incómoda, ligeramente inclinada, y será
difícil que su cuerpo camine recto. Lo normal en este caso,
aunque no nos demos cuenta, será que se curve hacia los
lados o hacia delante, para poder andar al mismo tiempo que
aguanta el peso en una postura tan complicada. Corrección
inconsciente del centro de gravedad corporal, que se llama.
De esta manera se pueden coger más kilos, qué duda cabe,
pero también ponemos en serio riesgo nuestra salud, un
mandamiento que el hermano de carga por nada del mundo
debiera incumplir. Excediéndose en la medida, el hermano
también se arriesga a que el varal pille el cordón de la medalla o algún pliegue de la ropa (cuellos de camisa o camisetas)
y en consecuencia tenga al cabo de pocos minutos un bonito
recuerdo de su procesión en forma de rasguño o hematoma
superficial. Estas rozaduras siempre tenderán a aparecer con
mayor prontitud en cualquiera de las dos situaciones men-
cionadas, que si el varal apoya en el punto adecuado. Por
norma general, lo que toca es pegar la oreja a las andas, hasta
poco más que rozarlas, para tener la certeza de que la distancia de hombro se aproxima a la correcta.

Por último, debemos señalar que la constitución física de
cada hermano, como no puede ser de otra forma, tercia po-
derosamente sobre la forma en que éste trabaja bajo el palo:
los cofrades con hombros muy caídos o demasiado cortos
siempre tendrán más dificultades para encontrar la postura
correcta de trabajo. Este es un problema inherente a la for-

ma de cargar que tenemos en Cáceres, aunque a fin de cuentas no deja de ser una de tantas restricciones que se derivan de la naturaleza física del ejercicio de la carga.

La mano de la horquilla

La horquilla, además de elemento identificativo y señero de nuestra Semana Santa, es una ayuda primordial para el hermano de carga. No solo sirve para sujetar los pasos cuando están en reposo sobre el suelo, sino que permite al hermano equilibrar su centro de gravedad cuando la marcha se reanuda. La mano que la empuña cumple, por tanto, una misión clave a la hora de marcar el paso. La suya no es una labor de fuerza, sino más bien de precisión, pues actúa a modo de metrónomo. La horquilla debe golpear en el suelo al tiempo que se da el paso con el pie izquierdo, y el rítmico soniquete derivado de estos golpes determinará en gran medida la cadencia con que el paso procesional se luzca en la calle. También sirve de recio cayado en algún tramo de pendiente pronunciada o de especial dificultad. Esta mano es, por tanto, el instrumento que ha de traducir en movimiento la concentración y la mente atenta del hermano de carga, siempre presto para golpear su horquilla a idéntico son que sus compañeros. Cuando el paso no lleva relevos, o los esfuerzos se recrudecen en algún tramo, la rigidez y tensión derivadas de sujetar la horquilla con fuerza pueden fatigar los músculos de la mano, hasta el extremo de adormecerla.

La mano que empuña la horquilla corresponde siempre al varal donde va cargando el hermano. Cuando se carga en el varal derecho, utilizamos el hombro izquierdo y sujetamos la horquilla con la mano derecha. Cuando se carga en el varal izquierdo, utilizamos el hombro derecho y sujetamos la horquilla con la mano izquierda. Esto significa que la mano de la horquilla no necesariamente coincide con la mano diestra del hermano. Para muchas personas esto no supone ningún problema, pero sí hay quien se encuentra particularmente incómodo al tener que desarrollar este ejercicio de coordinación con una mano o un hombro que no son, en su caso, los naturales. Esta es la razón por la que algunos hermanos prefieren cargar solamente en un lado del paso -izquierdo o derecho- y no dudan en solicitar el cambio si por circunstancias del turno se ven igualados en el lado contrario.

La mano libre

Llamamos mano libre, en contraposición a la anterior, a aquella que corresponde con el hombro de carga, y en la que el hermano no porta la horquilla. Al contrario de lo que dictan las apariencias, la mano libre cumple una función crucial, básica para que la carga resulte del todo efectiva: su posición, y por extensión la de todo el brazo, ayuda al hermano de carga a equilibrar su centro de gravedad para permitirle trabajar con holgura y comodidad suficientes. Un centro de gravedad inestable y danzarín, en buena parte por culpa del movimiento continuo al que sometemos a nuestro cuerpo durante la faena. La postura de esta mano difiere según la zona del paso donde se cargue. Si el hermano va en un varal de cabeza o de cola, entonces suele rodear o abrazar el varal con su mano libre. Si el hermano carga bajo las andas, tendrá que colocar la mano en el interior del paso y buscar un hueco cómodo donde apoyarla. En ambos casos, el objetivo tanto consciente como intuitivo del hermano será siempre ejercer la fuerza necesaria con esta extremidad para contrarrestar el peso o las deformidades del camino. En un caso ideal, con un peso bien repartido y en un tramo de calle perfectamente llano, la mano libre puede abandonarse al descanso durante algunos instantes, y así de paso relajar la fatigada musculatura del antebrazo. Por desgracia, este idílico escenario no es nada frecuente, y mucho menos en la escarpada capital cacereña. La mayoría de las veces, el brazo libre de horquilla será un eficaz instrumento multitarea encargado de transmitir freno en una cuesta abajo, empuje en una cuesta arriba, lateralidad en una calle desnivelada, o bien ayudará al hermano a procurarse el necesario equilibrio de su centro de gravedad.

Más allá del mero aporte físico, la mano libre actúa también como aplicado sirviente del cofrade cuando este, en plena faena de carga y con la otra mano ocupada asiendo la horquilla, necesita arreglarse o colocarse elementos como el verduguillo, la capelina o los distintivos, rascarse en el rostro o enjugar alguna molesta gota de sudor. Todos los cofrades hacen buen uso de esta extremidad al cargar un paso, aunque nunca de manera intencional o aprendida. Se trata, ni más ni menos, de otra de esas habilidades propias e inseparables del oficio de cargar, que con asombrosa naturalidad acompañan sin pedir permiso al hermano desde el momento en que se coloca por vez primera bajo las almohadillas de un varal.

Espalda y tren inferior

Espalda y tren inferior constituyen el binomio de fuerza protagonista de toda la maquinaria de llevar pasos. La espalda es el sostén primordial de carga, mientras que las piernas actúan como su eje transmisor de potencia. De nada serviría una parte sin la otra. Saber usar ambas piezas es fundamental para poder desarrollar un trabajo efectivo y seguro, tanto para nosotros mismos como para el resto de compañeros.

La espalda es la responsable de soportar el peso que recibe a través del hombro -peso, por tanto, no alineado con el centro de gravedad corporal- y las piernas son responsables de emitir la fuerza suficiente para poder contrarrestarlo, amén de guardar el equilibrio gravitatorio. Realizar toda la fuerza directamente con los músculos de la espalda es un ejercicio insostenible en el largo plazo, que suele reservarse para situaciones de especial necesidad. Cuando se impone una fuerte pendiente, o en general cuando los kilos aprietan, al hermano se le exige un sobreesfuerzo que entonces sí tendrá que vencer, en gran medida, con el trabajo explosivo sobre todo de los músculos dorsales, lumbares -lo que se conoce en el argot como *tirar de riñones*-, pero jamás variando la posición natural y erguida de la espalda. Son estos momentos de alta exigencia, pero cualquier otra solución que el hermano adopte para transmitir más fuerza hacia arriba derivará inevitablemente en fatiga y dolores de aparición tardía.

A este respecto, una de las reglas de oro en el mundillo de la carga es no ir nunca a buscar los kilos. Forzar la posición para emitir más fuerza de la que corresponde en un determinado instante supone un error garrafal, que todos los jóvenes, y algunos no tan jóvenes, deberían tener presente cuando se meten debajo de un paso. El motivo de esta aseveración es doble. En primer lugar, el hermano que adopta una postura antinatural para llegar artificialmente al trabajo estará descompensando el paso. ¿Por qué? Porque en ese momento estará recibiendo kilos que no son *suyos* mientras que otros hermanos, que sí guardan la posición correcta, tendrán la sensación de ir extrañamente aliviados sin motivo aparente. Todo esto puede crear confusión e inducir a movimientos y cambios injustificados en otros compañeros. En segundo lugar, el propio hermano se expone a un inútil riesgo de lesión. Concluimos entonces que en aras de su propia seguridad, y también de la máxima eficacia de su trabajo, el hermano de carga debe mantener la columna vertebral recta en todo momento. Aunque le duela -porque dolerá- y aunque se canse -porque para eso está haciendo un ejercicio de penitencia y no un deporte-. Es en este preciso instante cuando los pasos dictan su ley y discriminan a los cuerpos que aguantan de los que terminan por doblarse. En realidad, nadie dijo que esto fuera fácil. Por las buenas o por las malas, con los años el hermano termina aprendiendo que los kilos siempre llegan por sí solos. Sin falta.

Pies, para qué os quiero

En el oficio de la carga, los pies son los instrumentos responsables de todo lo que tiene que ver con la trayectoria y el ritmo de un paso. En primer lugar, las extremidades inferiores imprimen sentido y dirección a nuestra marcha. Cuando se quiere hacer un giro para tomar una calle, o corregir unos centímetros la posición del paso, los hermanos deben hacerlo a través de los pies, con leves movimientos que muchas veces resultan imperceptibles a ojos del espectador, como trazos de un lienzo impresionista que apenas tienen valor ni carácter observados en solitario. En segundo lugar, nuestra cadencia de paso determina la velocidad a la que avanzamos, y por tanto también el ritmo de la procesión. Acortar o alargar una cadencia de paso en ocasiones implica una maniobra tan sutil

143

como recoger cada pie unos centímetros de más o de menos antes de posarlo sobre el suelo. Otras veces, por supuesto, los cambios en la marcha son más bruscos y requieren entonces un desplazamiento completo de toda la pierna. La longitud y anchura de los pasos guarda relación directa con la velocidad de los mismos. Es difícil compaginar una cadencia rápida con pasos cortos -aunque a veces sucede, por ejemplo, en el fragor de una subida esforzada-, y más aún una cadencia lenta con pasos muy largos. Del mismo modo, la tendencia natural de nuestra maquinaria motriz será acortar la longitud al tiempo que aumenta la anchura de cada paso, o bien alargar los pasos al tiempo que se reduce la mecida.

Sorprende la habilidad innata que tiene cualquier cofrade cacereño para llevar adecuadamente un paso, sin que nadie le haya enseñado nunca cómo tiene que usar los pies durante su labor. Los cánones, que no están escritos en ningún sitio, dictan que el pie izquierdo es el primero que se mueve cuando se echa a andar debajo de un paso. Que los virajes se hacen sin cambiar el compás, echando el pie derecho a la derecha y el izquierdo adelante si el giro es a la diestra, o viceversa si queremos girar a la siniestra. En la práctica, a veces dejamos a los cánones olvidados en el más profundo rincón del baúl de la pereza. Y sin embargo los resultados, quizá guiados por la providencia del Señor, consiguen arrimarse la mayoría de las veces a unos mínimos criterios estéticos. ¿Podemos los hermanos de carga llegar a contagiarnos de la escasa exigencia plástica del público que nos contempla? Es posible, si es que no ha ocurrido ya. ¿Debemos en todo caso luchar por ser autoexigentes, e imponernos unos criterios fijos a la hora de trabajar debajo de los pasos? Sin duda, comenzando esta labor por las propias hermandades y los jefes de paso.

14

Ropas y atavíos

UNA CAPITAL DIFERENCIA que el hermano de carga cacereño encuentra con el costalero es que este último cuenta con una ropa y un calzado cómodos y adaptados al trabajo que se le encomienda. El hermano de carga, por el contrario, se las apaña con una vestimenta (hábitos a la altura de los tobillos) y un calzado (zapatos de vestir) que en ningún caso fueron concebidos para ejercer labores de este tipo. Son las propias cofradías quienes imponen normas a este respecto. Un hermano puede ir mascando chicle, llevar gafas de sol, contar chistes, quejarse del jefe de paso, hacer fotos con el móvil, charlar con el público, salirse de la fila para ir al baño y volver a entrar... pero eso sí, como se le ocurra venir con zapatos de color marrón ya se puede marchar a casa. Estos ropajes, de común hechura para todas las cofradías salvo leves excepciones, y con la única variación de llevar o no el rostro cubierto, también influyen en la forma y condiciones en que se realiza el trabajo. En los siguientes apartados presentamos y analizamos tan solo aquellos elementos que consideramos propios de la indumentaria del hermano de carga.

Túnicas

Tengo un amigo, no muy cofrade él, que con la confianza que da el cariño me pregunta en tono de guasa todos los años si no me da vergüenza andar por ahí disfrazado, a mi edad, con vestido luengo y voladizo, más bien de burdo tacto, y un cordón anudado a la cintura. ¿Cómo le explico, sin caer en malas palabras, lo que para un cofrade significan estos trozos de tela? Que esto no es un disfraz, ni siquiera una prenda de vestir. Que la túnica de nuestra cofradía guarda momentos inolvidables y alguna que otra congoja entre las costuras. Ratitos muy malos que se irán a la tumba con nosotros. Domingos de pasión y Viernes de frío y de luto. Que fueron testigos de salidas heroicas y recogidas de gloria que quedaron grabadas a fuego en nuestra memoria. Que conservan en sus entrañas de fibra la humedad de las lágrimas y el disparo mortal de la lluvia. Sentimientos y emociones que se cuelgan de una percha como una página más de nuestra historia. Que los goterones de cera son también los de nuestros sudores, y los de nuestra propia salud, que hemos dejado migaja a migaja en cada paso que dimos vestidos con ella. Que las túnicas de nuestra cofradía, en definitiva, no son simples ropajes sino el lienzo mismo de nuestra vida entera.

Todos los hermanos de carga cacereños están obligados a llevar el hábito característico de su hermandad: una túnica del mismo color que la de los hermanos de escolta, que no tiene una medida determinada y que por eso unos llevan arrastrando y otros -beneficiarios de préstamo o herencia- lucen poco más abajo de las rodillas. En verdad, no parecen ser las túnicas las prendas más cómodas que se idearan para cargar pasos. Pesan mucho, no transpiran, se enganchan con las horquillas, se pisan y dificultan el movimiento de las piernas en las maniobras más complejas. Sin embargo, el hermano de carga está plenamente acostumbrado a llevarlas y las pasea con la naturalidad de una sustanciosa percha. No le queda más remedio. En algunas cofradías, además de la túnica, los cargadores llevan una capelina que les cubre los hombros, y que tampoco sirve precisamente de ayuda en la faena. Esta pequeña capa con frecuencia se dobla y arruga merced a la escasa sujeción que ofrece, y a verse siempre atrapada entre el varal y el punto de carga. Todo lo comentado se multiplica en el caso de las hermandades cuya uniformidad impone, además de llevar la cabeza cubierta y el consabido hábito, una capa de talla completa que cubre toda la espalda del hermano de carga. Uno no imagina la cantidad de sitios diferentes en los que esta prenda se puede enganchar o quedar aprisionada, hasta que lo sufre en propia carne. Con todo, el mayor desafío derivado de vestir una túnica para cargar pasos reside en sortear escaleras sin ningún percance. Varias hermandades atraviesan en sus itinerarios tramos de escalones como los de la Plaza de San Jorge, la Cuesta de la Compañía o el acceso desde Fuente Concejo a la calle Caleros, sin olvidar las entradas y salidas de algunos templos en cuyo interior también existe un pronunciado desnivel. Las túnicas y los escalones son enemigos del todo irreconciliables. Si uno no tiene la previsión de recogerse el faldón, o no alcanza a hacerlo por la premura de la maniobra, se expone a un serio riesgo de tropezón de consecuencias funestas bajo unos varales tan poblados como aturullados en ese trance.

Y, pese a todo, los cofrades amamos las túnicas. No planchamos en todo el año una sola prenda de nuestro armario con más cariño que la túnica de nuestra cofradía. Nunca damos tanta importancia a una arruga como cuando aparece de pronto prendida en algún recóndito pliegue de nuestro hábito. Estos pedazos de tela también forman parte, a su manera, del colmado repositorio de símbolos que encarnan nuestra identidad como cofrades cacereños.

Verduguillo

El verduguillo es una prenda obligatoria en el uniforme de los hermanos de carga en algunas cofradías de Cáceres, y es objeto también de no pocas polémicas a lo largo de su, por otra parte, breve historia. La eterna lucha del protagonismo frente al anonimato del cofrade, y la impronta de seriedad y respeto que confiere a quien lo porta, son elementos que están siempre presentes sobre la mesa del debate.

Son bien conocidas las disensiones que a comienzos del siglo XX se producen en España entre el mundo cofrade y la alta jerarquía eclesiástica. Durante esta época, las salidas procesionales se contagiaban de un ambiente excesivamente festivo y costumbrista, muy alejado del orden y la espiritualidad que se suponen propias de estos actos. Tras la victoria y alzamiento del régimen franquista en la Guerra Civil, y la espiral de violencia iconoclasta que lo precede -con la atroz destrucción y pérdida irreparable de numerosos templos e imágenes en toda la geografía española, y especialmente en Andalucía-, las pastorales de los obispos encuentran mayor aceptación entre las hermandades, y comienzan a imponerse formas y disposiciones mucho más rígidas que antes. Por ejemplo, se promueve una mayor seriedad en todos los actos procesionales, se establecen prohibiciones como las de aplaudir al paso de las cofradías o que un cofrade pudiera entrar en un bar ataviado con el hábito de su hermandad antes, durante o después de la procesión; y también, en relación al objeto que nos ocupa, se extiende el uso del verduguillo como garante del anonimato del penitente. Otra cuestión ya es medir hasta qué punto las cofradías acataron estas disposiciones eclesiásticas.

Avanzado el siglo y superados los peores años de inestabilidad social en el país, el Concilio Vaticano II (1962-1965) promueve nuevas directrices cuyas líneas maestras no apuntan precisamente en la dirección del cristianismo que se practicaba entonces en España. Antes bien, el concilio promulga una liturgia más centrada en los sacramentos, y no tanto en los elementos y manifestaciones populistas como las procesiones, romerías y, en definitiva, todo lo tocante a las cofradías y a la religiosidad popular. A partir de ese momento, las hermandades tienden a instaurar el anonimato en la penitencia de forma mucho más generalizada (ya fuera mediante el verduguillo o mediante cualquier otra fórmula), como vía para acercarse a una fe más personal y en consonancia con las nuevas disposiciones del concilio.

En Cáceres, la cofradía de Ntro. Padre Jesús Nazareno utilizó verduguillo de color blanco para sus hermanos de carga hasta bien entrados los años sesenta del siglo XX. Posteriormente dejó de utilizarse, al parecer por la resistencia de los propios hermanos, que no dudaban en levantarse la cara delantera de la prenda para ver mejor, o quizás para ser mejor vistos. Tras la crisis de los años setenta, la Semana Santa cacereña sufre una profunda reestructuración, y es a partir de entonces cuando dos hermandades refundadas, la del Cristo de las Batallas en 1985 y la del Cristo Negro en 1986, imponen como obligatorio el uso del verduguillo para sus hermanos de carga. En el caso de esta última, el hábito benedictino lleva una capucha que cubre parcialmente el rostro, pero en sus primeros años admitía a algunos hermanos cubiertos con el *novedoso* verduguillo negro de la cofradía de las Batallas. Una decisión controvertida por aquel entonces, tal como nos cuenta un hermano que la vivió en primera persona: «*Cuando se enteraron de que íbamos a llevar verduguillo a la hora de cargar los pasos, muchos se rieron e incluso se permitieron el lujo de criticarnos y de decir que aquello no iba a tener éxito*».

Más adelante, otras hermandades como la del Cristo del Amparo o la del Cristo del Amor también adoptan como prenda obligatoria el verduguillo, que no utilizaron en sus primeras estaciones de penitencia. Las cofradías de Jesús de la Expiración, erigida en 1992, Cristo de la Victoria (2009), o Jesús Condenado (2011) llevan igualmente verduguillo o amplias capuchas desde sus inicios. De este modo nos encontramos con que la práctica totalidad de las cofradías erigidas en Cáceres en la historia moderna de su Semana Santa -con la única salvedad de la Sagrada Cena- obligan a sus hermanos de carga a cubrirse el rostro. En el resto de hermandades, mientras tanto, el peso de la tradición retrae a las juntas directivas a la hora de plantearse instaurar de buenas a primeras el uso del verduguillo, si bien siempre ha habido intentos y propuestas de aplicarlo, hasta la fecha con escaso éxito.

Respecto a su uso, hay hermanos que lo soportan bastante mejor que otros. Cuando el cofrade carga con verduguillo, cualquier gota de sudor puede convertirse en un enemigo latoso y cansino a más no poder. Resbalan por el rostro, producen cosquilleos, se posan donde menos te lo esperas, o anidan en la confluencia de la tela y el cabello. En ausencia de brisa o de bajas temperaturas, la cara interna del verduguillo se convierte en una esponja viscosa y fría, de roce desagradable y aliada con el agobio. Es comprensible que muchos hermanos sucumban a la tentación y decidan despojarse de él algún segundo antes de lo debido.

Es atrevido parlamentar de forma categórica acerca de las ventajas o desventajas de usar el verduguillo. Resulta evidente que cargar con la cara descubierta proporciona mayor sensación de frescor y facilita una mejor ventilación general del organismo, pero por otro lado el verduguillo otorga al hermano la privacidad y el acomodo necesario para concentrarse plenamente en su labor. Nadie tiene por qué ver si el hermano va sufriendo, hace gestos de dolor o va rezando para sus adentros. En última instancia, encontrar más pros o más contras a cada opción dependerá únicamente de cada hermano. Como la utilización del verduguillo es obligatoria -lo mismo que el no llevarlo- en las cofradías que así lo contemplan en sus reglas, el hermano de carga al final termina por acostumbrarse y asume que si quiere salir con una hermandad deberá vestirse de una determinada manera. La postura del colectivo es muy diversa frente al uso del verduguillo. Hay quienes se postulan sin ambages a favor de su imposición obligatoria: «*Los hermanos no salimos para lucirnos*». En la misma postura encontramos también el siguiente testimonio: «*La irrupción del verduguillo en algunas cofradías ha sido la innovación más importante. No se puede negar que va más con el carácter penitencial de una procesión y si me dan a elegir prefiero cargar con verduguillo, aunque no soy partidario de imponerlo en las cofradías que no lo llevaban con anterioridad*». Otro cofrade comenta, sin embargo, que el debate sobre la seriedad derivada de cubrirse el rostro está sobredimensionado, y que «*lo más importante es la formación de los hermanos y el buen ejemplo que se den unos a otros en el desarrollo de la procesión. A cara descubierta he visto hermanos con un irreprochable comportamiento; y con verduguillo he visto hermanos que, amparados en el anonimato, se tiran toda la procesión en animada y vociferante tertulia*». También hay quien defiende el procesionar a cara descubierta aludiendo a que los cofrades que van con la intención de ser vistos son una minoría, y que en todo caso prima el lucimiento de las imágenes frente al de los hermanos de carga. El riesgo de que las cofradías pierdan hermanos por imponer el uso del verduguillo es demasiado grande como para planteárselo. Y por último, algún cofrade se atreve a arrojar al ruedo la siguiente cuestión: *"¿Podemos pedirles a los hermanos de carga que se cubran el rostro, cuando los propios directivos no lo llevan?"*. Quizá debamos todos hacer la reflexión por la parte que nos corresponde.

Guantes

Los guantes, de color blanco o negro según las reglas de cada hermandad, son una prenda obligatoria en el uniforme de los hermanos de carga, pero cuya imposición encontramos en realidad bastante reciente en la Historia. Hasta bien entrados los años ochenta del siglo XX no se empieza a instaurar su uso de forma generalizada en todas las cofradías. Si tenemos la ocasión de analizar cualquier testimonio gráfico anterior a esta fecha, podremos ver a los hermanos de carga cacereños empuñando las horquillas con sus manos desnudas. Incluso en algunas instantáneas observamos a hermanos sin guantes cargando junto a otros que sí los llevan, detalle revelador de que esta prenda ya formaba parte de la indumentaria oficial de los hermanos, pero que al mismo tiempo demuestra que las cofradías todavía se mostraban laxas a la hora de hacer cumplir ciertas normas.

La Semana Santa atraviesa periódicamente tiempos de cambio o decisiones que la timbran y dotan de marcada personalidad. Así sucedió con las costumbres de uniformidad, por ejemplo. A veces nos da la sensación de que las cosas ya están establecidas para siempre, como si un ente superior así las dispusiera desde un principio, y que cualquier cambio importante para el devenir de nuestra fiesta haya tenido lugar en un remoto pasado. Craso error. Nada es definitivo, máxime en una celebración pasionista de profundas raíces pero de muy joven esplendor -apenas treinta años-, como es la cacereña. ¿Quién sabe si no nos quedan todavía cambios trascendentales e inesperados por vivir, y lo que hoy asumimos como convencional pudiera resultar, dentro de algunas décadas, un anómalo recuerdo?

Más allá de cumplir una evidente función estética, los guantes permiten proteger las manos de los hermanos de carga de arañazos o de la suciedad que suelen tener las horquillas y los interiores de un paso. También, por qué no decirlo, ofrecen un alivio que se agradece cuando más aprieta el frío. Son también elementos que sufren un considerable desgaste durante la Semana Santa. Apenas se aprecia en los de color negro, pero los guantes blancos suelen terminar las procesiones cubiertos con restos de cera solidificada, ennegrecidos -o amarronados-, cuando no directamente rasgados con visibles jirones en su palma. Y por eso mismo, cuando acaba la faena, de entre el vasto muestrario de atuendos y aderezos cofrades los guantes son los primeros en visitar la lavadora.

Horquilla

Horquilla: dícese del instrumento alargado y de cabeza plana que sirve para sostener los pasos procesionales sobre el suelo, y que se reparte a los hermanos nada más salir del templo procesional, aunque los repartidores siempre se olvidan de alguno que se ve obligado a levantar la mano para dar cuenta de su ausencia. Diríase, además, que es el más cacereño de todos los aperos de carga. La horquilla, para Cáceres, no es ya una herramienta, sino una facultad del propio cuerpo.

Las horquillas cacereñas están construidas principalmente de madera, con una punta de acero o herraje en el extremo inferior que ayuda a que el palo no se astille y al mismo tiempo proporciona ese sonido, tan característico de nuestra Semana Santa, que bien podría declararse patrimonio inmaterial de la humanidad. Algunas cofradías, aunque cada vez menos, todavía emplean horquillas completas de hierro, más difíciles de manejar que las de madera -más rígidas, pero también más pesadas- y con un sonido obviamente diferente, más metálico y no tan sordo. Horquilla y hermanos de carga son todo uno, aun conociendo puntuales excepciones. En ocasiones, el número de hermanos de carga es superior al de horquillas disponibles, y algunos prefieren no llevarlas, especialmente aquellos que cargan en los varales centrales del paso. En este lugar, al contrario que ocurre en los varales laterales, uno está rodeado de hermanos y no tiene espacio suficiente a su derecha o a su izquierda para poder picar la horquilla sin riesgo de dañar a alguien. «*A mí lo que más me molesta es girar o dar pasos laterales cuando voy en los varales centrales, porque los compañeros suelen pisarme o picarme en el pie con la horquilla. A veces pienso que en los varales centrales no deberíamos llevarlas*». En estas posiciones, si el hermano lleva horquilla suele recogérsela y picarla delante de él, casi entre sus pies. Además del riesgo de clavar su punta en el pie o el talón de algún compañero, otro de los accidentes físicos que se derivan del empleo de la horquilla sucede cuando la cabeza está desencolada del cuerpo, justo en el lugar donde la empuñamos, y al picar en el suelo te entrilla la membrana que une el dedo pulgar con el comienzo del índice. Es un golpe seco y doloroso, como una trampa ratonera que te perfora a modo de guillotina.

Más allá de ser un atributo puramente funcional, las horquillas cumplen una labor estética primordial para entender las raíces de nuestra fiesta. La distancia es testigo de su buen eco, y su compás resonante marca y mide el ritmo de las procesiones de Cáceres. Duermen de primavera a primavera, pero no se entiende nuestra Semana Santa sin ellas. Son el metrónomo, la música, el reloj y la esencia de nuestra secular manera de pasear a Jesús y a su Madre.

Clávate fiera y fuerte
contra la acera.
No dejes que vayamos
a la carrera.
Ennegrece mis guantes
estrenaítos,
soniquete elegante
de tantos siglos.
Tírate a destrozar
las viejas piedras.
Sé por siempre el pilar
de tantas guerras.
Apuntala mis andas.
Representa a mi pueblo.
Marca tú estos compases
que llevo dentro.
Cuerpecito alargado,
piel de madera,
una cuna en lo alto

155

es tu cabeza.
Quédate, que tu amiga,
nuestra almohadilla
te besa si te arrimas
a su mejilla.
Quédate amontonada
en sucios suelos,
once meses de nada,
hasta el tercero.
Quédate, que mi gente
te guarda aplausos.
Sigue recta y valiente,
quédate para siempre
bajo mis pasos.

IV

MEDIO

Lunes Santo, noche, viento
que baja por el Adarve
y te corta como el hielo.
El Cristo de las Batallas
-con su verduguillo negro-
va llenando de claveles
su Calvario de silencio...

15

Acerca del medio

UNO PUEDE METERSE bajo un paso y ponerle todas las ganas del mundo porque sienta muy adentro su hermandad, porque se identifique con la imagen que carga o porque sencillamente le guste lo que hace. Pero en cada instante del recorrido, en cada calle, en cada tramo de balcón a balcón, lo bien o mal que vaya el paso dependerá siempre de un sinfín de variables que el hermano no tiene capacidad para controlar. ¿Cómo es el terreno por donde camina? ¿Cuáles son las características del paso? ¿Quiénes son sus compañeros de turno? ¿Qué tiempo hace? ¿Va el hermano hundido por el esfuerzo o animado por la música? ¿Es su primer desfile del año o ya lleva varias procesiones a sus espaldas?...

La vida de un hermano de carga se condensa en el breve tránsito de Domingo de Ramos a Domingo de Resurrección. No son pocos los obstáculos y circunstancias de toda índole que uno encuentra en el camino. Los jefes de paso, los compañeros que van debajo, los itinerarios o las andas son componentes de un desfile procesional que apenas varían de un año para otro. Pese a ello, hay ocasiones en que la faena termina de manera muy satisfactoria, y otras en que los varales te apalean sin el menor atisbo de clemencia. El peso de la mole que llevamos sobre los hombros parece fluctuar desbocado entre el de una rama de perejil seca y el de una manada de búfalos.

Las procesiones no resultan todos los años iguales. Y no se sabe por qué. Los cofrades, para explicarlo, solemos acudir al socorrido recurso de los *duendes* de la Semana Santa y los imponderables a los que tenemos que hacer frente cada año. Sin embargo, en un ejercicio de observación más riguroso, es posible definir, o al menos categorizar, un extenso cúmulo de factores capaces de influir en el desempeño de la carga, y en consecuencia también en el resultado de la procesión en la calle. Consideramos que todos ellos, en conjunto, conforman el *medio* en el que el hermano de carga desarrolla su labor.

Respetando a los fantasmas que viven debajo de los pasos, esos duendes invisibles a los que a veces mentamos con sorna, comencemos a desgranar, uno por uno, todos los elementos que conforman el abigarrado entorno del hermano de carga.

Cuarenta días

Montajes y traslados

Un cofrade, en verdad, no precisa ser persona de importancia ni de alcurnia, ni vestirse por los pies, ni guardar las apariencias, si me apuran. El aporte más valioso que un hermano puede ofrecer a su cofradía es, ni más ni menos, su presencia. Basta con estar, solamente estar. Aunque sea callado, aunque no llame la atención, aunque no gaste traje ni desprenda caros perfumes. Aquél que a lo largo de los años acuda regularmente, o al menos se deje ver por los actos que se convocan, entonces estará haciendo hermandad, y por tanto, cumpliendo con su labor de hermano. No es solo el día de la procesión, ni el día del culto principal. Hay que estar también en esos días que no tienen público, ausentes de glamour, acaso desapercibidos para el resto de la urbe. Pese a la innegable repercusión social, política y económica que tiene en la ciudad, la Semana Santa es un gran universo de anónimos. Las cofradías, y esto no lo busquen en ningún diccionario, son una copa con los amigos, la pasión inexplicable que se despereza en un chaval de quince años, compartir sudores y hedores con un desconocido, un madrugón de ir a por churros, un sordo dolor de pies, un varal traicionero, una saeta inoportuna, una muleta desencolada y saltarina, un traslado bajo la lluvia, un arañarse las manos en polvo y astilla, un llegar a casa a las once sin cenar. En cada una de estas escenas podrá usted encontrar al cofrade verdadero.

Sorprende la cantidad de paisanos que ignoran que los pasos no permanecen tal cual en los templos durante todo el año, esperando que alguien pase por allí y los saque en procesión. Las andas son estructuras pesadas y de gran tamaño, que por lo general las cofradías guardan en algún almacén o nave. Pocas fechas antes de Semana Santa, los pasos se trasladan a los templos para proceder al montaje y ensamblado de todas las piezas que lo componen, incluyendo por supuesto a las Sagradas Imágenes. Los hermanos de carga, como directos beneficiarios de su fruto, debieran ser los primeros que acudieran a estas convocatorias por iniciativa propia. Por desgracia, en Cáceres no ocurre así. Pudiera ser porque los hermanos todavía ven desde lejos y con cierta displicencia cualquier manifestación cofrade fuera del entorno procesional. Pudiera ser también por pereza. Pudiera ser, por qué no, que las cofradías no sepan captar la atención del hermano y no hayan dado con la tecla para atraerlo a estas labores que también son de hermandad. Es difícil apuntar un motivo concreto.

En los traslados los pasos pesan de verdad. Hay menos hombros que en la procesión y en ocasiones las andas viajan desnudas, sin varales ni protecciones, de modo que llevarlas encima es bastante más dañino de lo normal. No deja de ser esta una forma de penitencia y de entregarte a la causa de tu cofradía: sin traslados y montajes, no habría pasos que sacar a la calle. Allí se citan las mismas caras todos los años y se forma un equipo compacto dentro de la hermandad. Jornadas largas que comienzan al alba, muchas veces haciendo de una cafetería o churrería cercana un delicioso preámbulo a la convocatoria *oficial*. La primera comunión al calor de la tostada y el café, la porra o el postrero buche de agua. Los traslados y montajes constituyen cursillos entrañables de bricolaje y acarreamiento, donde las hermandades crecen y enriquecen su patrimonio humano entre tornillos, espárragos, llaves inglesas y alicates. Se trata quizá de los momentos en que más y mejor se hace la Semana Santa. Allí donde una tuerca pasada de rosca te hace sudar más que cualquier marcha. Allí donde uno encuentra el consuelo de una procesión suspendida o de una Semana Santa pasada por agua. Hay intimidad, hay trabajo duro, pero también hay relajación y tertulia. Un estupendo caldo de cultivo para que germinen las más puras vivencias cofrades. Estos episodios vienen a engalanar aquellos hermosos días de trajín que ya por sí solos suponen la gloria misma para un cofrade: las vísperas.

Vísperas

Hablaremos aquí de las 325 primeras páginas del libro de los sueños, aquellas que pasamos a toda prisa sin detenernos en sus márgenes, devorándolas, obviando las notas al pie y observando las fotos casi de reojo. Y también de esas cuarenta últimas que agarramos con fuerza desesperada, y que se nos escapan de entre los dedos, cuando nos empapamos hasta del último punto y coma porque sabemos que la magna obra toca, inexorablemente, a su fin. Páginas en las que bullen los hombres por cientos, miles, que desaparecen cuando emerge el paisaje que forman. Un paisaje radiante, denso, difuso para el profano. Paisaje entretejido de filas, de cirios, de símbolos, de balcones, de escuchas, de esperas, de músicas, de luces, de colores. Paisaje que el Lunes de Pascua vuelve a ser páramo desabrigado. Es el tiempo en que rescatamos del baúl palabras que duermen olvidadas el resto del año: nazareno, yacente, prendimiento, beso de judas, calvario, flagelación, expiración, sagrada cena, resurrección... para incorporarlas con la mayor naturalidad a nuestro cutiano diccionario.

Todo está sin empezar. La saeta que todavía no ha rezado, la cruz que todavía no traspasa el dintel de la puerta, la horquilla que aún no se ha roto, el guante que aguarda inmaculado, la túnica surcada con arrugas aleatorias, las crónicas no escritas, la cámara sin cargar, la crítica sin apuntar a nadie, la ciudad a medio hacer, el suspiro que no sale, las lágrimas que nos estamos ahorrando. Las vísperas son como esas ruinas marchitas del futuro, los rescoldos de una gran verbena que todavía no ha sucedido. Una historia recóndita que permanece oculta en el último pliegue de la fosa más profunda de la memoria, y que ningún ser vivo todavía ha sido capaz de imaginar para narrarla. La historia de lo que aún está por existir, y de lo que solamente tenemos, por ahora... memorias. Las vísperas son lo que nos queda cuando la Semana Santa ha terminado. Los recuerdos que se acurrucan junto a la última estampita, de cuaresma a cuaresma, ansiando ser revividos una y otra vez. Esa burrina que pasta amarrada en San Juan, esperando a que llegue la hora de su traslado. Esas ramas que todavía nadie ha ido a arrancar de los olivos. Esa camisa por estrenar. Esos nervios por florecer. Las vísperas son aquello que queremos, y todavía no tenemos. Dejar de vivir las cofradías en Twitter para absorberlas por fin en la calle. El reloj que parece que avanza, pero no avanza. El dolor que parece que llega, pero no llega. Las imágenes en vía crucis huérfanas sin sus hermanos de escolta. Las antorchas y capuchas atezadas cruzando por Santa María, sin el gesto de muerte de su Cristo Negro. Los certámenes y los pasa-

calles, que aún no suenan a penitencia. Los intentos de procesión, que todavía no son procesión. Las vísperas. Cuánta
desazón nos ahorraríamos sin sus idas y venidas, si tuviéramos siquiera la esperanza de que no iban a marcharse nunca,
si no nos obligaran a vivir el año con prisas, descontando y
no sumando hojas en el calendario. Las vísperas proclaman
la venida de lo definitivamente hermoso, de un Domingo
de Ramos en el que todo, por fin, comienza... a terminar.
Qué plácida sería la existencia sin ellas. Pero también, qué
aburrida.

17

Yerro del caminante

ENCONTRAMOS EN EL PASADO reciente algunos intentos de organizar ensayos de carga, enfocados principalmente a los hermanos de carga más jóvenes, e impulsados sobre todo en el seno de la cofradía de Ntro. Padre Jesús Nazareno. Sin embargo, la idea no terminó de cuajar nunca por culpa de la escasa asistencia de los chavales a los mismos.

Lejos de resultar trivial, este detalle ilustra muy a las claras la particular condición de autosuficiencia que acompaña a los hermanos de carga cacereños. En Cáceres, por lo general, el hermano de carga no ensaya. Tan solo algunas cofradías, no precisamente las más concurridas de la ciudad, acostumbran a programar ensayos de preparación dirigidos a sus hermanos de carga adultos. Y para más inri, rara vez consiguen reunir a todos los convocados. No existe penalización alguna por falta, ni privilegio por asistencia. En nuestra ciudad los cofrades no están sujetos a ninguna obligación, más allá de cumplir con la cuota económica de pertenencia a la hermandad. De este modo realizan ensayos, por ejemplo, la Hermandad Universitaria de Jesús Condenado, o las cofradías de la Sagrada Cena, del Cristo de la Expiración, del Humilladero, o de la Victoria, amén por supuesto de las dos hermandades que emplean cuadrillas de costaleros: Salud y Dulce Nombre. En todos los casos, además de pulir el proceso técnico vinculado a la labor de la carga, los cofrades estrechan vínculos afectivos y refuerzan su sentimiento de pertenencia a una hermandad, a un grupo de personas resueltas a entregar su

167

esfuerzo en pos de un fin común. En algunos casos, además, el ensayo sirve para que los hermanos reconozcan sobre el terreno las nuevas calles y lugares que habrán de atravesar en su estación penitencial.

En definitiva, los ensayos son todavía eventos no institucionalizados, que ni hermandades ni los propios jefes de paso se esfuerzan en promover. Existe cierto halo de comodidad, o acaso de conformismo, que aleja de los hermanos la convicción de que la práctica ayuda a realizar su trabajo correctamente. ¿Significa esto que un paso lucirá mejor en la calle si sus hermanos han ensayado varias veces? No necesariamente. Pero sí estamos ante un proceso que aporta sin duda más beneficios que perjuicios a nuestro oficio.

Los pasos de Cáceres tienen un andar muy característico, que apenas presenta leves variaciones entre las distintas hermandades o tipos de andas. En cuanto asoman los primeros varales o la primera silueta en la lejanía, uno ya sabe al instante que lo que viene es un paso cacereño de pura cepa. Al acompañar la pisada del pie izquierdo con un golpe de horquilla, la tendencia natural de los hermanos es la de avanzar prácticamente la misma distancia con ambos pies, dotar al paso de cierta anchura y marcar con especial énfasis cada caída a un lateral, a ser posible haciéndola coincidir con el bombo de la banda que va detrás. En el mundo del costal sería algo muy parecido al paso conocido como *"costero a costero"*, que en cacereño se traduce en un castizo *"de lao a lao"*. Se trata de un paso innato, que el hermano en verdad no aprende en ningún sitio. Es meterse bajo el palo, y el movimiento nace sin esfuerzo. Esta misma naturalidad es la que a su vez impide cambios sustanciales en la genuina concepción cacereña de cómo debe pasearse un paso procesional.

Y también la que genera una reacción de choque cuando alguien osa cuestionarla.

Esta forma de caminar resulta cómoda para el hermano, a la par que elegante, especialmente en los pasos de Cristo. Sin embargo, provoca movimientos y consecuencias estéticas de dudoso gusto cuando lo que llevamos encima es un paso de palio. Si bien los cánones del oficio de la carga no están escritos, es posible que la nuestra no sea la técnica más adecuada ni más plástica para pasear palios por la calle. Si el andar no es lo suficientemente fino, es fácil que el palio se mueva demasiado a izquierda y derecha... y este efecto no tiene una solución nada sencilla. Como ya hemos apuntado, es inviable a estas alturas pretender cambiar la forma de mover este tipo de pasos, anclada con fuerza en la misma raíz de la celebración. La emoción y el fervor que despiertan componen un escenario idóneo para que los hermanos de carga hagan de todo menos contenerse. Además, tanto el cofrade como sobre todo el espectador parecen tener el ojo ya acostumbrado a estos violentos bailes de las bambalinas, y lo toman como algo natural y propio del momento. Un jefe de paso de nuestra ciudad nos ilustra el apunte con esta anécdota: «*Yo he llegado a oír lo siguiente: "[el palio]... a mí me gusta que vaya dando en los escaparates de la calle Pintores..."*».

Producto o no de la ausencia de entrenamiento, es inevitable que durante los desfiles procesionales se produzcan fallos de ejecución en la forma de llevar un paso. Enumeramos a continuación tan solo algunos ejemplos de los más comunes, aunque en aras de la verdad debemos aclarar que todos ellos son subsanables, y normalmente subsanados, en un breve lapso de tiempo. De nuevo, lo que aquí contamos en varias líneas ocurre realmente en apenas unos segundos.

Cuando el andar de los hermanos no es uniforme, y tanto la trasera como la delantera caminan a distinto son, sucede lo que en Cáceres llamamos *cuartear* el paso. Este indeseado efecto provoca que el paso no avance recto, paralelo a los límites de la calle, sino que lo haga en diagonal. La consecuencia óptica es que, si observamos el paso llegar de frente, estaremos viendo uno de los laterales casi completo hasta el extremo trasero del varal. Dicho de otro modo, los *cuartos* traseros y delanteros del paso no están alineados. En verdad, el cuarteo puede encontrar causas de muy diversa índole. Muchas de ellas están relacionadas con la inclinación lateral de la calle, y los desajustes provocados cuando los hermanos no se aperciben de este efecto para poder contrarrestarlo. Empero, lo más común es que un paso se cuartee cuando un grupo de hermanos empuja más hacia un lado que hacia otro. Es habitual, por ejemplo, que los pasos se cuarteen más hacia la izquierda que hacia la derecha, debido a que la mayoría de hermanos de carga son diestros e inconscientemente imprimen más fuerza con la pierna derecha (enviando por tanto el paso hacia el lado contrario). También suele ocurrir cuando los hermanos de carga situados en la cabeza del paso imprimen mayor anchura a sus pasos, o llevan un ritmo muy distinto a los de atrás, que estos no son capaces de seguir o corregir. Aunque los turnos de carga están compuestos por decenas de hermanos, basta la acción de seis u ocho de ellos -siempre que estén situados en un extremo— para variar de manera significativa la trayectoria de todo el paso.

Otro descuido habitual, aunque por suerte muy fugaz, sucede cuando al iniciar la marcha la mitad trasera o delantera comienza a moverse antes que la otra mitad, o lo hace con distinta fuerza. Se dice entonces que el paso *cabecea*. Son necesarios varios compases, y algunos segundos de espera, para alinear el movimiento y conseguir por fin que todos los hermanos efectúen la mecida al mismo son.

Y no podemos dejar en el tintero la muy cacereña costumbre de que los hermanos, a la hora de dar las vueltas o giros prolongados, se olviden de seguir la música o sencillamente abandonen la cadencia que traían antes de afrontar el giro. Como si una densa humareda de pronto oscureciera la concentración y la mesura, y por unos segundos los hermanos se olvidaran de que no hace falta cambiar el paso para variar la dirección. Para girar a la diestra: pie derecho a la derecha e izquierdo adelante. Para girar a la siniestra: pie izquierdo a la izquierda y derecho adelante. Con la misma cadencia de horquilla que cuando se camina en línea recta. Al perder el paso, la maniobra se completa de manera muy apresurada, y ofrece como resultado una arrítmica secuencia de corte similar a este: 1- Paso lento para llegar al giro. 2- Giro rápido sin cadencia. 3- Vuelta al paso lento para continuar el camino. En el argot cacereño, esto es lo que viene siendo un *derrape* en toda regla. Y los propios hermanos perciben y denuncian estos deslices: *«Si bien es cierto que los hermanos de carga tienen experiencia en hacerlo lentamente, suele ser habitual que los pasos derrapen en las curvas»*.

En cualquiera de los casos mencionados, así como en otros muchos que por cuestiones de espacio no podemos glosar aquí, es necesario que el jefe de paso detecte pronto el error y lo corrija. Si esto no sucede, normalmente son los hermanos de la parte trasera los que mejor pueden observar el fallo y avisar o poner de su parte para corregirlo cuanto antes. Para esto es necesario alcanzar un estado fundamental en el aprendizaje del hermano de carga: ser consciente bajo el varal de si el paso está andando bien o mal.

18

Agentes humanos

Relaciones interpersonales en los turnos de carga

En el segundo bloque de esta obra señalábamos el compañerismo como una de las motivaciones principales que una persona encuentra para ser hermano de carga. Ese compañerismo nace de las relaciones personales y de las interacciones que, año tras año, concurren alrededor de una cofradía y debajo de los pasos. Estas relaciones se sustentan en emociones y sentimientos comunes a todos los individuos, acrecentados si cabe en nuestro caso al enmarcarse dentro de una actividad puramente colaborativa. Son ellas las que determinan en muchos casos la debilidad o fortaleza de una hermandad, y la capacidad de afrontar retos importantes en el largo plazo. Influyen además, y de manera notable, en el éxito o el fracaso de la labor de carga que asumen los hermanos: gracias a las relaciones interpersonales, los individuos reciben importantes refuerzos de su entorno -turno de carga- que favorecen a su vez su integración en el mismo. Cuanto más fuertes sean los lazos entre los miembros de un turno, mejor podrán superarse los malos momentos. Los beneficios pueden ser múltiples: ayuda al hermano que tiene un problema, comunicación más fluida, mayor resistencia ante el esfuerzo, aumento de la capacidad de disfrute, y una ristra interminable de detalles que a buen seguro cada lector podría completar con aportaciones de su propia cosecha. *«Creo que bajo la túnica todos somos iguales, y*

173

debemos arrimar el hombro por igual. Que los hermanos no se conozcan no puede suponer nunca un perjuicio para la carga. Aunque obviamente sí existen ventajas cuando los hermanos tienen confianza entre sí».

En el caso general, dentro de una cofradía se da la curiosa circunstancia de que los hermanos de carga se juntan una vez al año, hablan y mantienen en todo momento un trato cálido y cordial, como si se conociesen de toda la vida, pero a partir del Lunes de Pascua apenas coinciden por la calle. Se trata de una camaradería entendida de una manera muy peculiar, pues en realidad no se ven las caras en doce meses. Encontramos, por supuesto, circunstancias especiales que se repiten en determinados pasos y contravienen esta norma.

El ejemplo más claro sucede cuando un grupo numeroso de hermanos coincide en un paso durante muchos años seguidos, y al final el turno entero termina conociéndose entre sí. Sus miembros están al corriente de los particulares avatares de cada uno, y su relación traspasa la frontera de la Semana Santa. En estos casos se refuerza además la vinculación con la iconografía que se lleva encima, y la sintonía puede extenderse incluso al jefe de paso. Fuera del ámbito procesional, y aunque no es norma común en Cáceres, algunas hermandades también organizan ensayos y reuniones periódicas con el fin primordial de mejorar la ejecución técnica de la carga, pero sobre todo de fomentar la convivencia y las relaciones entre el grupo. Al final, los hermanos acuden a estas citas no solamente por compromiso con su hermandad, sino por el placer de echar un buen rato con sus compañeros compartiendo algo que les gusta a todos.

Sin embargo, los efectos positivos de una buena relación entre grupos no dependen necesariamente de la pertenencia a una cofradía concreta. Es habitual, por ejemplo, que un hermano de carga acabe teniendo un trato especialmente cercano con varios compañeros de estatura similar a la suya, con los que coincida a lo largo de la semana en distintos pasos y distintas cofradías. El eficaz sentimiento de turno o cuadrilla bien ligada se conserva pues, aunque los cofrades desarrollen su trabajo cada día en un sitio y con diversos uniformes. Por el contrario, en aquellos pasos destinados a los hermanos de carga más jóvenes las relaciones son más discontinuas. Estos pasos cumplen una necesaria función de baqueteo y formación del cargador adolescente, el cual abandona su lugar en busca de cometidos de mayor envergadura sin apenas haber tenido tiempo de estrechar lazos con nadie.

Con el correr de los años y de las experiencias, los hermanos de carga acumulan anécdotas y alimentan tertulias que muchas veces, precisamente por esa falta de contacto durante el año, se producen, no en la barra del bar o en la casa de hermandad, sino en un corrillo improvisado dentro del relevo. Aquello que desde fuera puede verse como una falta de respeto o una bofetada a la formalidad, quizás en ese preciso instante esté sirviendo como una modesta piedra más dentro de ese largo propósito de edificar una hermandad. Estas improvisadas pero jugosas conversaciones tienen lugar a veces en mitad de una parada o incluso caminando, dentro del propio tiempo de trabajo. Su temática varía desde la más rabiosa actualidad socio-deportiva hasta legendarias batallitas o memorias del siempre pintoresco anecdotario cofrade. Casi todo vale, mientras no se pierda el respeto ni el sentido de lo que se está haciendo: uno puede cruzarse con ejemplares de humor muy vivo debajo de los varales cacereños. A lo largo de tantas horas es inevitable que la rutina, mezclada con una extraña sensación mitad fatiga mitad aburrimiento, se apodere en algún momento del colectivo. Es entonces cuando, de manera inconsciente, se ponen en marcha estos mecanismos de defensa y reactivación para relajar al instante el cuerpo y sobre todo la mente del esforzado cargador. No es una práctica que pueda nombrarse modélica, pero nadie puede negar que para un hermano de carga esta es también una manera de vivir y disfrutar la Semana Santa; su propia Semana Santa. Uno de esos pequeños placeres que solo alcanzan a comprender y saborear aquellos que llevan ya muchos años acariciando la almohadilla.

Jefes de paso

El jefe de paso es el conductor, el responsable y la mente decisoria de todo lo que ocurre con el paso en el desfile. Su influencia sobre el trabajo de los hermanos de carga, como no puede ser de otro modo, resulta capital. Su tarea es compleja. Abarca y demanda virtudes en campos muy diversos: en la agudeza visual, en las dotes de mando, en la voz poderosa, en la sabiduría del oficio, en la preparación minuciosa, o en la condición humilde, entre otros ejemplos que podríamos citar. Reside en ellos esa firma sabia y rotunda de los hombres de otro tiempo que no necesitaban más que el sol para conocer la hora segura. La posición del jefe de paso resulta siempre ingrata, a semejanza de un portero de fútbol: si hace su trabajo correctamente, lo normal es que pase desapercibido. En cambio, cualquier mínimo error puede acarrear graves consecuencias, desde roces o golpes en el paso hasta caídas o lesiones de los hermanos. Como nos comentan en este testimonio: «*Que un paso salga bien y limpio no suele apreciarse, es lo normal o lo que la gente espera como normal. Pero en cuanto te desequilibras, cuando se produce un mínimo error, ya lo ha visto todo el mundo*». «*Hay muchas situaciones que los hermanos no perciben, porque tú como jefe de paso has podido llevarlos, girarlos, maniobrarlos... para que no noten el problema que realmente tienen encima»*. Parte del éxito en su trabajo recaerá sobre su habilidad o virtud a la hora de mandar pasos. La otra parte dependerá, en gran medida, de su sintonía con el grupo de carga.

En Cáceres, la vinculación entre los cofrades y los jefes de paso no siempre es tan estrecha como sucede en otras ciudades o en otro estilo de cuadrillas. En primer lugar, al no haber apenas ensayos ni convivencias durante el año, los jefes de paso son para muchos hermanos personas desconocidas con las coinciden tan solo una vez cada doce meses. En ocasiones no conocen ni su nombre. Tampoco tienen oportunidad de charlar con él durante la procesión, como hacen entre ellos. Esta falta de relación provoca que el hermano vea al jefe de paso como una persona necesariamente extraña. Más o menos simpática, más o menos respetada, pero extraña al fin y al cabo. En segundo lugar, la propia labor de los jefes de paso no profundiza tanto como debiera en estos aspectos. Entre sus prioridades no figura el conocer a su grupo, promover ensayos u organizar encuentros para que su equipo funcione menor. Ni figura entre sus prioridades, ni las hermandades normalmente se lo exigen.

Empero, podemos encontrar excepciones a este caso general. Existen jefes de paso, bien conocidos por todos, que por su extensa trayectoria o por llevar mucho tiempo a cargo del mismo paso sí son capaces de alcanzar esta necesaria conexión con su turno. Así mismo, los hermanos que acuden a varias hermandades o que participan de forma activa en los actos cofrades (traslados, montajes, cultos...) tienen oportunidad de coincidir con su jefe de paso, y de esta forma, aunque no se establezca una dinámica de grupo junto con el resto de compañeros, al menos se fomenta una relación algo más estrecha con su responsable. En esta línea se postulan los siguientes jefes de paso entrevistados:

—«*Creo que los jefes de paso debemos conocer a los hermanos, y los traslados que hacen las cofradías son muy importantes para ello. Contactas con el resto de hermanos y te hablan de sus experiencias del año anterior. Esto te ayuda mucho a la hora de mejorar como jefe de paso, porque llegas a comprenderlos*».

—«*Un jefe de paso no solo tiene que conocer las maniobras, las órdenes y el paso que lleva -eso puede aprenderse como mera teoría-. Tiene que conocer a los hermanos que cargan a sus órdenes. Y también los hermanos al jefe. Así sabrán qué le gusta y qué no, sabrán interpretar bien sus órdenes, sabrán qué va a hacer en cada momento, y con un simple gesto -a veces no es necesario utilizar ni siquiera la voz- se entenderán en determinadas maniobras*».

Por otra parte, una amplia mayoría del colectivo coincide en que haber sido hermano de carga supone una gran ventaja para después desempeñar funciones de jefe de paso. Uno de estos últimos nos confiesa que «*el que tiene experiencia de carga comprenderá mejor los momentos de tensión, los nervios de los hermanos, las ganas de sacar la procesión... situaciones en las que hay que saber estar, en definitiva. También sabrá, por ejemplo, el desconcierto que causa en los hermanos una orden poco clara ("para acá" o "para allá", por decir algunas), y podrá evitar así momentos de confusión*». «*El jefe de paso debe saber qué siente un hermano cuando va cargando. Si no ha cargado nunca, le costará mucho trabajo comprender determinadas situaciones*». Opinión que comparten también los hermanos de carga de manera bastante unánime:

—«*Es fundamental que un jefe de paso haya sido antes hermano de carga. El varal es lo que te curte. De esta manera, solo con ver la cara a los hermanos ya sabes cómo van. Conoces los recorridos, la caída de las calles, los lugares donde los pasos aprietan...*».

—«*Me importa mucho que haya sido hermano de carga antes que jefe de paso, porque solo así sabe lo que se cuece bajo el varal*».

La experiencia bajo la madera puede complementarse con otras cualidades que mejoran el bagaje de conocimientos técnicos con que cuenta el jefe de paso. Por ejemplo, gozar de un talento visual innato para el oficio, atesorar experiencia previa como jefe de paso, o realizar una preparación y estudio minuciosos tanto del paso (sus dimensiones, los adornos y otros componentes que puedan resultar molestos, el número de hermanos que caben en los varales) como del itinerario (conocer las irregularidades del terreno, pendientes u obstáculos aéreos para poder anticiparse a ellos).

Un obstáculo importante para alcanzar esta sintonía con los hermanos es la propia organización del oficio en nuestra ciudad. Los jefes de paso no eligen a las personas que van a cargar con ellos, sino que deben aceptar y apañarse con lo que les llegue ese día. Y casi nunca lo saben de antemano. Puntualmente tendrán incluso que lidiar con algún muchacho sospechosamente joven, o cuya condición física no encaja del todo en un determinado paso. Este detalle, en apariencia simple, dificulta el objetivo de trabajar con un grupo compacto y unido, y expone al jefe de paso a una incertidumbre que, como siempre, unos sufren más que otros. A este respecto, los principales afectados son los encargados de mandar en pasos pequeños, a los que acude una vigorosa marabunta de adolescentes, tan bisoños como ilusionados, dispuestos a debutar en esta labor.

En otro nivel debemos considerar también las distintas formas de mandar que tiene un jefe de paso, y que nunca conseguirán agradar a todos sus hermanos por igual. «*A mí me gusta que sea exigente, pero que a la vez sepa medir los esfuerzos de su gente*», manifiesta uno de los hermanos consultados. Podemos encontrarnos jefes de paso muy serios, secos en sus maneras, que gustan de guardar las distancias y dar instrucciones justas y precisas. Otros, en cambio, tienen por costumbre conversar, bromear, animar a sus hermanos, charlar o interesarse continuamente por ellos. Así consiguen crear un ambiente más distendido alrededor del trabajo... ambiente bajo el que no todos los cofrades se encuentran cómodos. Ninguna de las dos vertientes se puede considerar objetivamente más apropiada o efectiva, ya que al final en los varales encontraremos cofrades que lo mismo prefieren un estilo que otro. Ambos son válidos para alcanzar las dosis de carisma y liderazgo que un jefe de paso siempre necesita. Donde seguro hay coincidencia es en el trato que se dispensa a los hermanos. Un jefe de paso nos lo explica así: *«Es importante guardar ciertas distancias durante la procesión porque la responsabilidad que tenemos todos es enorme. Puedes permitirte alguna licencia con los hermanos si tienes mucha confianza, pero solo en momentos puntuales. Cuando toca ponerse serios, no caben medias tintas. A los hermanos hay que tratarlos siempre con seriedad y con el máximo respeto».*

Veamos, pues, qué cualidades valoran más los hermanos de carga en un jefe de paso:

—*«Sobre todo el trato humano. Que estén pendientes de ti, que se preocupen de medirte, que te saluden y hagan por conocerte, que sean educados... si la gente de abajo está a gusto y contenta, el paso irá bien».*

—*«Parece de perogrullo, pero deben estar pendientes del paso. Hay algunos que aparecen solo para dar las órdenes de levantar o bajar; el resto de tiempo se van por delante y ni siquiera miran cómo vamos andando».*

—*«A mí me da igual que sean más o menos serios, pero valoro sobre todo que dediquen tiempo a hacer bien el turno. Es síntoma de que se toman en serio su trabajo».*

—«*Me agrada que [el jefe de paso] tenga un estilo propio y muy ca-cereño, y también que sea profundamente creyente y tenga claro a quién tiene sobre el paso. Valoro también mucho el tiempo que le dedica a su hermandad y a la preparación de la procesión*».

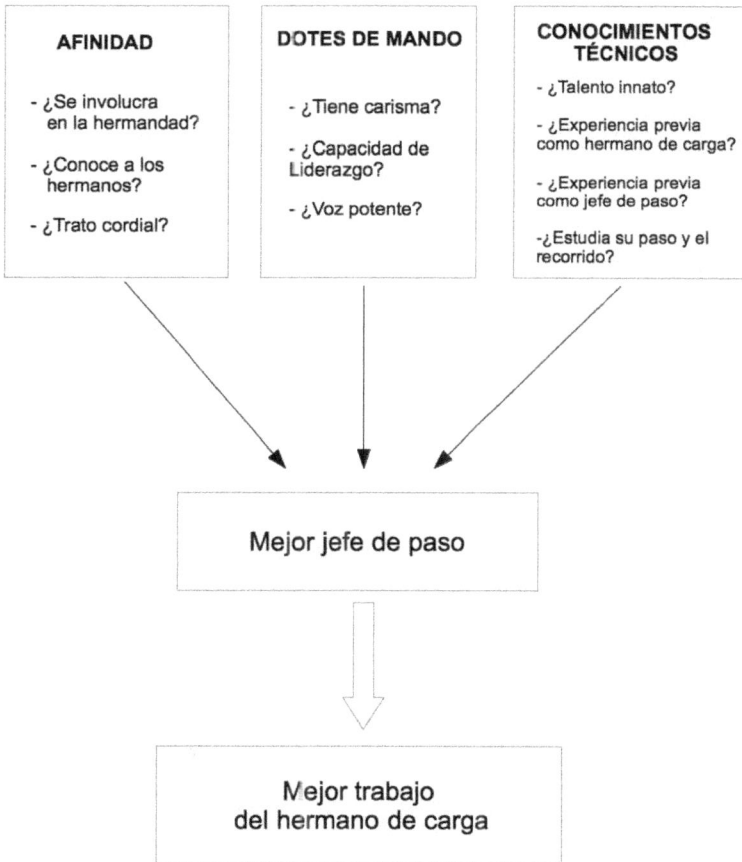

AFINIDAD

- ¿Se involucra en la hermandad?

- ¿Conoce a los hermanos?

- ¿Trato cordial?

DOTES DE MANDO

- ¿Tiene carisma?

- ¿Capacidad de Liderazgo?

- ¿Voz potente?

CONOCIMIENTOS TÉCNICOS

- ¿Talento innato?

- ¿Experiencia previa como hermano de carga?

- ¿Experiencia previa como jefe de paso?

-¿Estudia su paso y el recorrido?

Mejor jefe de paso

Mejor trabajo del hermano de carga

DIAGRAMA: Influencia de las cualidades del jefe de paso en el trabajo del hermano de carga.

Aun consciente del riesgo de elaborar una simplona lista de nombres y dejarse a muchos en el tintero, no quiero pasar por alto, en una obra de esta índole, a una saga sin par en nuestra ciudad que ha sabido sellar las calles con su impronta y sentar cátedra en la manera en que deben llevarse los pasos cacereños. Hablar de jefes de paso en Cáceres es hablar de los Galiche. Hacerlo es un ejercicio de justicia histórica hacia nuestra Semana Santa, y de justicia personal al ser un servidor uno de los muchos privilegiados que aprendieron el trabajo de los varales bajo la tutela de esta singular estirpe y de estos mismos apellidos. Se dice de los Galiche que crearon escuela, afirmación que uno no comparte pues todavía no ha conocido a nadie capaz de recoger y prolongar tan genial magisterio. Vengo a referirme sobre todo a los hermanos Ángel y Francisco Polo, para nosotros Ángel y Paco Galiche, siempre muy vinculados a la cofradía de Nuestro Padre Jesús Nazareno, y muy especialmente al paso del Calvario. Uno, el mayor, reunido con el Padre desde el año de 2005. El otro, para muchos entre los que me encuentro, maestro de maestros. Una de las pocas figuras que ingresar con gusto en ese vano debate sobre los personajes imprescindibles y arquetípicos de nuestra fiesta. Retirado del oficio prematuramente y por voluntad propia, quizá llevando hasta un extremo riguroso aquella alergia por el protagonismo de la que siempre hizo gala. La misma bajo la que admite que todo lo que sabe lo aprendió de su padre y de su hermano mayor, o que *«no hay jefe de paso bueno si los hermanos de carga no le ayudan».*

Tras alguna vana intentona, desisto en el atrevimiento de glosar la figura de ambos con mayor tino y sentimiento del que exhibe David Remedios en estos dos escritos que reproducimos íntegros con su permiso.

Ángel Polo, un Galiche en el recuerdo

*Lo recuerdo como si fuese ayer. Mi primera procesión de la Madru-
gada como hermano de carga, tras haber estado varios años llevando el
incensario, los ciriales o incluso la cruz parroquial. Por aquel entonces
di un estirón, hasta alcanzar casi la altura que tengo ahora, y cuando
me puse a cargar me tocó ir al Calvario, el más grande y pesado de la
noche nazarena del Viernes Santo. En la plazuela, tensión, nervios,
alegría también por haber llegado la hora... eran las cuatro de la mañana y los turnos ya se iban haciendo. Yo era un jovenzuelo grande y alto,
inexperto en la carga pero con muchas ganas de aprender y disfrutar con
el sacrificio de llevar un paso sobre mis hombros. Rezaba al Señor para
que me diera fuerzas y también para que no fuese un obstáculo para
mis compañeros. Pero fue fácil superar el trance, ya que tuve la suerte
de ir en un paso donde los hermanos están enamorados del dolor, son
obedientes, silenciosos y de una entrega casi marcial. A donde haga falta
van, sin rechistar, sin peros, sin quejas. Solo los resoplidos del esfuerzo
del cuerpo cansado sobre el cogote del de delante denotan, ya a lo último de la procesión, que las fuerzas van agotándose y los hombros van
estando ya adormecidos y agarrotados. Pero todo esto sería casi nada si
frente a nosotros no tuviéramos alguien en quien mirarnos, una persona
que nos lleve con el cariño, el respeto y la devoción que merece el hecho
de vestir la túnica morada con la Cruz de Santiago. Y en esta ocasión
fue un gran maestro: nuestro hermano Ángel Polo. Un Galiche por los
cuatro costados, al igual que su hermano Paco, que nos enseñó lo que
necesitábamos saber sobre la carga: sufrimiento, aguante, obediencia,
devoción y silencio. Y Cristo sobre nuestros hombros amoratados. Recuerdo perfectamente su figura, sus gafas con las que oteaba los aledaños
del paso y nuestros pies, vigilando que las andas y la Imagen no rozasen
en ninguna pared u obstáculo de las estrechas callejuelas por las que
pasábamos, cuidando de que no tropezáramos en ningún sitio... y sus*

183

órdenes tan certeras. No nos permitía soltar el paso cuando bajaba a las horquillas... ¡qué hombre tan sabio, qué buen jefe de paso! Hoy, cuando me pongo frente a mi Señora de Misericordia la tarde del Domingo de Ramos, recuerdo cómo Ángel nos llevaba en el Calvario, y trato de aplicar sus enseñanzas y sus formas de hacer frente al Paso, aunque he de reconocer que con más desatinos que aciertos. Lo poco o mucho que sé lo aprendí de él y de su hermano Paco, mi amigo y admirado Paco, a quien el día del funeral de Ángel le brotaban las lágrimas por sus ojos expresivos y vivarachos, que ese día se vistieron de pena y melancolía. Cofrades -y hombres en general- como estos hay pocos; íntegros, serios, sabios, licenciados en la universidad del mundo y de la vida, amantes de lo bueno y de la honradez, de la sonrisa y de la amistad, baluartes del saber hacer frente al Paso y a los Hermanos de Carga, y que se retiran cuando el fotógrafo va a disparar porque son de los que piensan que el protagonismo han de tenerlo la Imagen Santísima que se procesiona y los Hermanos sufrientes que lo cargan. Siempre en nuestro recuerdo, Ángel, allá desde el cielo, vela para que sepamos ser tan buenos cofrades como tú lo fuiste, tan responsables en nuestras acciones y tan dignos de vestir la túnica del Nazareno como tú la llevabas, con humildad, pero también con dignidad, orgullo y honor.

El más grande

Decía el guitarrista flamenco Tomatito en una entrevista, en la que fue preguntado sobre la superioridad de Paco de Lucía, algo así como que "si Paco es el mejor, ¿por qué no vamos a decirlo?". Pues eso mismo es aplicable en el caso de los Jefes de Paso de la Semana Santa de Cáceres. Si Paco es el mejor, ¿por qué no reconocerlo?

Lo recuerdo con viveza, como si fuese ayer. Sus ojos vivos y atentos a todo, esa inteligencia tan avispada puesta al servicio de los Hermanos y del Paso que dirigía. Era una Madrugada de hace muchos años.

Galiche sacaba el Calvario, como no podía ser de otra forma. Rodeaba el Paso con inusitada rapidez, de un solo vistazo sabía quién iba en su sitio y quién se había cambiado de puesto. Parecía como si tuviese toda la información del Paso en su cabeza, como una computadora: quién iba en cada lugar, las medidas exactas del Paso, las maniobras, las horquillas, quién podía flojear y quién podía responder en la dificultad (bueno... flojear en el Calvario, muy pocos, ciertamente). Sabía cómo tenía que hacer las cosas en su momento exacto, e incluso —paradojas cofrades- cómo tenía que improvisar. ¡Cada uno a su sitio! Y allí nadie desobedecía, nadie rechistaba, nadie ponía en solfa la orden de un Jefe de Paso con tanta autoridad, ganada a golpe de sonrisa y eficacia una Semana Santa tras otra. Un Jefe de Paso de los antiguos, de los que sabían hasta qué tornillos eran los que crujían, por dónde sonaba la madera del Paso... y hasta los centímetros de desviación de la cruz del Cristo. Un portento. Cargar con él al frente es un honor, una experiencia que te enriquece y te hace crecer como cofrade y como persona. Supone aprender de cada cosa que hace y cada orden que da. Se le desparrama por cada parte de la túnica el amor que siente por la Semana Santa, y la sabiduría atesorada de tantos años de ejercicio cofrade. Y la vivacidad —esa que le hace estar absolutamente en todo- de la que hace gala cuando manda es seña de identidad de una Pasión cacereña necesitada de personas como él, con entrega, sacrificio, cariño hacia lo nuestro y una buena prensa entre los hermanos de la que muy poquitos pueden presumir. Recuerdo que cada vez que llegaba un obstáculo, un bache, un pivote, una alcantarilla, un cable... allí estaba él para la oportuna advertencia. A veces, aparentemente, dejaba el Paso solo y se marchaba a ver cómo iba el resto de la Procesión, por si alguien necesitaba ayuda. Y cuando llegaba el momento de alguna maniobra, y pensábamos que el muy cabrón se había largado dejándonos solos con el alcahuete (léase ayudante de Jefe de Paso), de repente y antes de que el desconcierto se apoderase de nosotros, se oía sin saber de dónde su voz certera, clara y

penetrante, que daba la orden oportuna. ¡Allí estaba! ¡No se había ido!
De vez en cuando le gustaba provocar al público, con algún movimiento
un tanto arriesgado, en el que parecía que la Cruz iba a tocar algún
farol, rozar un cable… y el murmullo entre la gente era incluso diver-
tido cuando comprobábamos que la maniobra era segura y eficaz, pero
despertaba la inquietud del respetable. Hablo en pasado sencillamente
porque este hombre, del que debemos sentirnos orgullosos, incompren-
siblemente se ha retirado como Jefe de Paso de nuestra Semana Santa.
Sigue siendo el mejor, sigue teniendo las mismas capacidades e incluso
las mismas ganas de siempre. Pero ya no es Jefe de Paso por voluntad
propia. Decenas de veces hemos tratado de convencerle de que vuelva, de
que se ponga de nuevo frente a un Paso, pero no hay manera. Así que,
amigos Cofrades, a aquellos que hemos tenido el orgullo de cargar con él
al frente de un Paso, podemos darnos por satisfechos y disfrutar de los
recuerdos de un Jefe de Paso como no hay otro. Repito lo que decía al
principio: Si Paco Galiche es el mejor, ¿por qué no decirlo?

Juntas directivas

Un elemento que tradicionalmente viene influyendo en el
trabajo de los hermanos de carga, y que en el mejor de los
casos se analiza de soslayo, es la actuación de las juntas directivas antes y durante el desfile. Más concretamente, de los
directivos responsables del tramo concreto donde va el paso.
Surgen las desavenencias cuando los organizadores transmiten órdenes al jefe de paso que éste no acepta de buen grado, o sencillamente considera que no son convenientes en
ese momento para sus hermanos. Esto sucede, por ejemplo,
cuando el directivo obliga a detener el paso más de la cuenta,
una maniobra que rompe el necesario equilibrio entre los períodos de esfuerzo y descanso, y que provoca molestias y en-

friamientos a los hermanos de carga. También se producen desacuerdos puntuales cuando un paso se ralentiza porque los hermanos están disfrutando una marcha, mientras que el directivo tiene que velar por que el resto del cortejo camine al mismo ritmo y no se produzcan cortes. ¿Quién lleva la voz cantante en estos casos? En opinión de este hermano, son los pasos los que determinan la velocidad de un desfile: *«Depende mucho de cada procesión, pero si hay varios pasos en la calle, el segundo debe ir siempre al ritmo que marca el primero. Si el primer paso va muy lento, toda la procesión se ralentiza. Eso lo tenemos comprobado en nuestra hermandad».* Antes del desfile también pueden darse actuaciones conflictivas, como la verificación de uniformidad. *«Yo he visto a un directivo mandar para casa a un hermano por llevar zapatos marrones, y seguidamente a otro decirle a ese mismo hermano que se metiera por dentro del paso sin que lo viera nadie. Muchas veces los propios directivos no tienen un criterio claro en la aplicación de las normas».* Otros hermanos denuncian directamente las intromisiones que, a su juicio, realizan algunos directivos en las funciones de los jefes de paso. *«En algunos casos son los jefes de paso quienes dan el visto bueno a los hermanos, y otras veces, incluso dentro de una misma procesión, lo hacen los directivos. Esto no lo he entendido nunca. Soy de la opinión de que los jefes de paso deben ser los responsables únicos de todo lo que sucede en un paso, y esto incluye también la composición de los turnos de carga».*

De modo que ambas partes -jefes de paso y directivos- tienen sus propios criterios, y no siempre el interés de la cofradía coincide con la mejor opción para el bienestar de los hermanos de carga. ¿Debe imperar en estos casos el beneficio de las personas o la correcta organización del desfile? No existe una fórmula para acertar siempre, pero parece conveniente que prevalezca esta última, ya que a los hermanos de carga se les presupone abnegación y espíritu de sacrificio, pero siempre y cuando los organizadores sean perfectos conocedores de las necesidades que tienen los turnos y del estado de los hermanos en cada momento. Sigue a continuación la opinión de un cofrade que viene a refrendar este punto de vista: *«El hermano de carga está al servicio de la cofradía, eso no lo debemos olvidar nunca. Pero los directivos deben también ser comprensivos: si los hermanos no están a gusto, pueden dejar de acudir. Y sin hermanos no sacas el paso a la calle»*. Y en este aspecto, añadimos, son las hermandades quienes deben preocuparse de que sus directivos -o los responsables de organizar las procesiones- tengan la preparación y experiencia suficiente para no perjudicar ni interferir el trabajo de sus cofrades cargadores.

Una semana de colores

LA SEMANA SANTA CACEREÑA irradia cada primavera en una salvaje explosión cromática, lejos de la palidez y mesura que le presuponen las mentes rancias. Pasa el tiempo, y con él su perpetua cabalgata de tronos y tumbas, pero fiel a su recuerdo nuestra Pasión hoy resplandece más viva que nunca. Para sentirla, para respirar su esencia, acaso para comprender una ínfima parte de su legado, es preciso empaparse sin rubor de cada tono y de cada matiz presente en la paleta que la tiñe. ¡Déjese caer en sus redes de vivos colores! No escatime en su entrega ni oponga resistencia hacia su radiante tornasol. Déjese atrapar por el azul poderoso en el cielo del domingo. Azul celeste en el remanso claro del amanecer, azul chillando en un cristo que muere a las tres, azul marino y silencioso en el traje austero de la banda o del oficial. Azul profundo que cubre la saya hebrea y desvaído del pantalón vaquero, predilecta ropa interior del penitente. La Semana Santa es el rojo intenso de rosas, claveles y flora variada. Rojo danzando airoso en el penacho del romano. Rojo sanguíneo que sube al cielo desde los antifaces. Rojo que refulge en la cruz de Santiago. Rojo derramado a los pies de Indulgencias, Calvario, Expiración y Buena Muerte. Rojo el color del sagrario, rojo severo en el lunes y en el sábado, oscuro del humilladero y de la cena, amoratado de los hombros dolientes, escarlata en el escapulario de Vera Cruz y en el faldón de la Preciosa Sangre. Roja nuestra pasión y rojo preñado del vino que riega las tertulias. Rojo es el lápiz de la censura que nos dicta de qué se puede y de qué no se puede hablar aquí, roja la hoguera en la que arderá y rojo el diablo a quien le presta forma. La Semana Santa son los verdes ramos de la esperanza por Busquet. Verde la hiedra que trepa las murallas, y la que colorea solemne y callada los pasos de otro siglo. Verdes los tallos, hojas y ramajes entretejidos bajo las conejeras. Verde negruzco en las faldas de la montaña, laderas que escoltan al Señor en la tortuosa senda hasta San Mateo. Verde pasteloso en el atavío de aquella que vino de Magdala. Verde espinado de las palmeras, verde de la arboleda de San Juan, verde ausente en la Plaza. ¡Verde nuestro de las bolsas del Tambo para guardar los aparejos, más cacereño no lo hay! Verde frondoso de Cánovas portuario, océano populoso donde navegan tus grandes barcos. La Semana Santa es el blanco, síntesis de todos los colores. Blanco níveo de túnicas cuidadas, blancas nubes portadoras de desasosiego, blanca pureza de los niños que empiezan, blanco místico de la luna redonda de Semana Santa, blanco efímero de los guantes por estrenar, blanco verduguillo del Buen Fin, blanco sin brillo de las papeletas, facturas y recibos que nos someten. La Semana Santa son los grises plomizos de tormenta, grises de plásticos inevitables y de la llantina que les sigue. Gris centelleante en la plata y en la alpaca, gris etéreo en el humo que nubla y que perfuma, gris oxidado en la herrumbre de la tornillería, y gris simpaticón del borrico portador de la alegría. La Semana Santa es el marrón noble de la vieja madera, de los bancos, de las horquillas pardas musicando, marrón sacro de las cruces y el carey, bronceado de la esquila, ocre de las piedras que acogen la solera entre sus muros, sombra tostada de los torreones y palacios que vigilan altivos nuestro camino, chocolate y café del viernes por la mañana, cueros para sostener los estandartes… ¡qué color tan cofrade! En las velas se disfraza de caramelo y lo llaman tiniebla. Nos amenaza raído allá en lo alto, desde los nidos de las cigüeñas blancas y negras. ¡No se pongan debajo, que nos van a bautizar! Un matiz propio en cada una de nuestras andas. Y tantos ilustres marrones que unos pocos engullen para sacar todo esto adelante. La Semana Santa es el amarillo luminoso en el sol que nos conforta y nos sosiega. Amarillo áureo en la corneta, los remaches y la coraza. Dorado fúnebre de la urna, dorado que brilla en el paso de la burrina y se pierde en la inmensidad del Calvario. Coronado de blanca espuma en la cerveza, bebida cofrade teñida con los colores del Vaticano. Apagado en la tristeza desmayada de los cirios, encendido en los cordones, alegre en las palmas bendecidas. Amarillo ribeteando la resurrección y alfombrando las batallas. Amarillo de otro tiempo que decora las dalmáticas y corona figuras sagradas. Amarillo que se troca en naranja de las teas, y de la tarde cuando el sol declina sobre las nueve. La Semana Santa es el negro de la mudez del amparo, la capucha del santo crucifijo y la sobremanga luctuosa del entierro. Es el negro de tu suerte y del destino definitivo. Densa negrura de aire irrespirable bajo las entrañas de los pasos. Hollinadas manos tras el trabajo y pies desnudos tras cumplir la promesa con el madero a cuestas. Negro de horquillas metálicas y pesadas que suenan diferente. Leche y picón, esmoquin de los estudiantes. Azabache brillante de los zapatos limpios y de las pupilas al baño maría. Negra es la reflexión cansada sobre la cama, negros callejones, negro respetuoso de las mantillas e insolente de las gafas. La Semana Santa es el morado nuestro de cada día, morado de toda la vida en las capas que visten penitencia y arrepentimiento, morados llegan los nazarenos y los turbantes del amor, morada llega Doña Cuaresma con su vil penitenciario bajo el brazo. Morados nos ponemos cuando nos juntamos más de tres, no me digan ustedes que no. Encontramos también el puro arcoíris en las túnicas de los apóstoles. La policromía perenne en cada talla. En la noche del Miércoles Santo, el vivaracho color naranja adquiere lóbregos matices, un naranja fantasmagórico que asoma de entre el negro más negro, sirviéndose de llamas y extraños sombreados que se deslizan por la luz difusa de las paredes. Negro, burdeos, aceituna, muestrario de colores con empaque que nos acompañan junto a las almohadillas. Tiniebla, violeta, rojo sangre, amarillo común, azul, tintes variopintos que se derriten en los hachones. Verde, blanca y negra, la gran olvidada de nuestros balcones. Procesiones a vista de pájaro: un hilillo multicolor y serpenteante enhebrando la ciudad antigua.

Incluso lo translúcido refulge con personalidad propia en este estallido de colores que llamamos Semana de Pasión. Incoloros como las brisas son el cosquilleo de Febrero, la fatiga, el dolor, el abrazo, la mirada lastimera, el apretón, el compañerismo, una cuesta abajo, diez cuestas arriba, la espera, el redoble lejano, la melodía triunfante, la subvención que no llega, la voz de una saeta retozando con el viento. Quién trazará soledades, tensiones, angustias y carcajadas espontáneas... quién dibujará tanto trabajo, tantas horas y tantos sudores, tantas agujetas de Lunes de Pascua, tantos disgustos gratuitos, tributos ineludibles que no salen a la luz, tantos secretos que nos llevaremos a la fosa. ¿Quién los pintara, acaso con tinta invisible? ¿Qué pinceles dieron vida a tal obra maestra? ¿Qué bestias se arropan con el pelaje que los remata? ¿Quién concibió la mezcla de las pinturas que los remojaron? ¿Qué árbol centenario nos regala la paleta sobre la que descansan? ¿De quién es la mano que los dirige con exacta maestría? No imagino a ninguno de ellos habitando en el mundo que conocemos. Solamente Cáceres, auténtico museo a cielo abierto, es capaz de dar cobijo a semejante mosaico de sentidos, de arte y de colores.

Ciudad Monumental, fantasía de otro tiempo

EL HERMANO DE CARGA CACEREÑO, de tan acostumbrado, rara vez es consciente de la suerte que disfruta. Dos mil años de humanidad pasan sin darse cuenta ante sus ojos, como una efímera rutina sin importancia. La Ciudad Monumental conserva en sus recias fachadas esa plácida sensación que le otorga la presencia de la Historia, y su fabuloso entorno condiciona de manera inevitable la manera de hacer Semana Santa en Cáceres. Un entramado de callejas evocadoras que parecen dormitar en una siesta de siglos nos recuerda, a cada momento, que los hermanos de carga cacereños gozan a un tiempo de la penitencia y el privilegio. Privilegio, sí, de poder llevar a Cristo y buscarlo al mismo tiempo por los rincones donde más le gusta pasear al Hijo del hombre. Los recorridos se hacen cortos. La penitencia se transforma en una jubilosa experiencia para los sentidos, y en especial deleite para el de la vista. Plaza de Santa María, escalones de San Jorge, arco de la Estrella, cuestecita del Socorro, corredera de San Juan, horizontes del adarve, palmeras de Santa Clara, torres de San Mateo, esquina de la calle Ancha, bordillos de Santiago, escudos, contrafuertes, balcones, sillerías, rosetones, jambras, ménsulas y pilastras. Pasajes que por momentos parecen ensancharse para obrar el milagro de ver caminar entre sus muros crucificados nazarenos, vírgenes y santos, apóstoles, pollinos, soldados, olivos, ángeles... kilos y kilos de madera y orfebrería, siglos y siglos de arte en la calle. Este entorno medieval único en el continente es fundamento de muchos tópicos, pero acaso uno prevalece inmarcesible sobre el resto, así pasen los siglos: el silencio.

Escribió Chaucer en *Cuentos de Canterbury* que "la charlatanería es abominable a los ojos de Dios". Y esto bien lo sabe Cáceres. Silencio de las losas, de las rejas, de los blasones, de las torres, de ermitas y conventos, de la hiedra, de los nidos, de linajes y casas solariegas. Una ciudad muda que aparece despojada de florituras, y que concentra su encanto en una presencia de pureza imponente, verdadera e indiscutible. Y la Semana Santa no puede desunir su historia de este ancestral paisaje por el que discurre. El trazado urbano de la capital cacereña posee una particular fisonomía que las cofradías aprovechan -solo en parte- y los visitantes disfrutan -solo en parte- para hacer de nuestra Semana Santa un evento con personalidad única. En breves minutos de itinerario, las hermandades brincan del almohade al neoclásico, del mudéjar al plateresco o del gótico al barroco con una naturalidad asombrosa, mientras distintas épocas de la ciudad van desplegándose apabullantes como un gran fresco renacentista. Procesionar por Cáceres es un ejercicio exigente cuyo pleno disfrute requiere detenerse y recrearse en variadas disciplinas: comprende orografía, geometría, arte, iluminación, anatomía y, por qué no, grandes dosis de plástica, entendida como el arte de saber reconocer la belleza en el menor detalle. Razones, comprobarán, siempre íntimamente ligadas a lo sensorial.

Solo así comprendemos cómo la calle Parras se viste de domingo cada tarde de Miércoles Santo y acoge a los cacereños en un abrazo infinito que no encuentra parangón en el resto del año. O el barrio de San José, efervescente en un insólito trasiego de Jueves Santo arropando a su Cristo del Amor. Nadie que no jugara en sus plazas ni arrastrara la mochila por sus aceras tendrá ojos para ver a la barriada de Llopis como núcleo en llamas de un fervor irreductible hacia el Cristo del Humilladero. Humilladero, Corredentora, advocaciones que evocan un Cáceres viejo, entrañable y con Denominación de Origen. El Espiri. Escenas que solo pueden verse con los ojos del corazón.

¿Cómo explicarle a usted, señor turista, que la humilde bajada por el barrio de San Marquino es capaz de convertirse en la más bulliciosa y a la vez silente muestra devocional de sus vecinos? ¿Que una ingente muchedumbre más que caminar se desliza tras el paso firme y cadencioso de un Cristo pobre? Hay que venir a verlo. Los cofrades del Amparo, en su largo descenso hacia la ciudad, gozan la gracia de contemplar la más hermosa panorámica que quizás en toda España se avista desde una estación de penitencia. Toda la Ciudad Monumental, hasta la última arista de la última almena en el último torreón, se reverencia rendida a tus pies, Cristo del Amparo. Vestido con las luces de gala y el manto elegante de una noche colosal y un cielo inabarcable. Kilómetros y kilómetros en el horizonte, delante, detrás, al este y al oeste. La luna preside todos los años el pausado descenso. ¡Demuéstrese si a esto se le puede llamar penitencia! Algunos metros y varios padrenuestros más abajo, la calle de Caleros acoge uno de los rituales más intensos de toda la Semana de Pasión, cuando en el balcón del número cuarenta asoma la silueta rotunda del Borrasca para derramar su saeta dramática y rasgada, directa al corazón del Amparo y de todo el pueblo de Cáceres:

Un nazareno me ha dicho,
que este año yo no puedo,
si tú crees que yo te miento,
espérame en Santa María.
Me verás muerto.

Cuando usted baja a la Plaza a ver Semana Santa es como cuando va al fútbol y sabe que tiene sitio reservado en el palco. No importa la incomodidad, no importa el tiempo de espera ni la marea de gente, no importa que la vendan y la utilicen como instrumento electoral o como arma arrojadiza según convenga: la Plaza es de los cacereños y jamás de ninguna ideología. Pero todos gustan de salir en su foto. Se trata de la Plaza Mayor, pero si en Cáceres escribimos Plaza y lo hacemos con mayúscula no hace falta añadir los apellidos. Por encima de las gradas se asoma un solo espectador, que empequeñece a todos los demás: Torre de Bujaco. Abu - Yaqub. Este nombre de caudillo tan extranjero rubrica la historia de Cáceres, no con su sangre, sino con la de cuarenta fratres asediados y degollados en el baluarte. Torre de los Púlpitos, Ayuntamiento, Torre de la Yerba, todos parecen escondidos y mansos frente al Bujaco... quién pudiera comprar un abono en ese recoleto balcón de los Fueros. La Semana Santa no tiene libro de instrucciones, pero los de aquí sabemos que hay desfiles que deben verse en esta Plaza donde mueren los paseos cacereños. Al atravesarla, cofradías y pasos encogen como miniaturas de una gran maqueta, para regresar a su tamaño natural cuando desalojan por cualquiera de sus brazos: calle de Pintores, General Ezponda, Plaza del Duque Gran Vía o Arco de la Estrella.

El paseante suele llegar o despedir a la Plaza por la calle de Pintores. Una cuestecilla comercial y traicionera que algunos pasos bajan pero los más suben en un trámite ineludible. Nuestra Semana Santa tiene en Pintores su circunvalación natural hacia la placita de San Juan: hogar de los Ramos, templo de los Ovejeros, enclave de saludos y oraciones, sitio sagrado para los cofrades porque allí nos dieron por fin justicia y levantaron en bronce nuestro Monumento. La Plaza de San Juan estalla radiante de vida en la mañana del Domingo de Ramos, alumbrando la primavera en Cáceres más allá de lo que dicte el calendario; no en otro momento, no en otro lugar. Es un museo dichoso de luz, de palmas y ramas de olivo, de niños, de tapas y de cerveza. Cáceres se viste de fiesta y acude a sus terrazas, unos para disfrutar la procesión, otros solo para el disfrute vacío de la vida. Desde San Pedro hasta ASCIJF, en la corredera o en los mesones, todo San Juan es cofradía.

De Santa Clara uno nunca sabe si viene, o se va. Este punto de paso estratégico de muchas hermandades marca el comienzo exultante del camino para unas y el principio del fin para otras. A veces uno saluda a las palmeras sin haber estrenado todavía el hombro, y otras busca aliento para apurar el último relevo. Quién sabe si será por no dejar solas a las monjitas, Clarisas de perpetua ligazón al mundo cofrade. O quizás por no abandonar a su suerte al pequeño Nazareno en su hornacina. O lo mejor, sencillamente, acudimos huyendo de la muchedumbre bullanguera de otras calles. En cualquiera de sus versiones, Santa Clara nunca se presenta sola. La plaza de Santa Clara tiene la suerte de ver nacer el día primero y primordial de todos los del año. Sea cual sea el capricho del calendario, la madrugada cacereña amanece en Santa Clara. La noche se despide en Pizarro y el día saluda con majestad al encarar la Puerta de Mérida hacia el pasillo de los adarves. Aunque... esta no es la misma plaza desde que nos cambiaron el piso. Ahora es una pista límpida, pulida y plana, de rigidez futurista, desde la misma Soledad hasta la casa de los Sánchez-Paredes, ese balcón de revista donde aguarda todo el año una palma marchita y asida a sus barrotes. Parece que echamos de menos el viejo pavimento rugoso. Ya no sentimos los rollos royendo los zapatos como agujas de sal, no incomoda el saliente de la piedra, no es preciso andar bizqueando con un ojo al frente y otro mirando al suelo. Pero sigue siendo Santa Clara nuestra, orto y ocaso, entrada y salida del templo de la Pasión.

Así reza el itinerario de la Vera Cruz cada mes de marzo: *Ancha a San Mateo*. Primas hermanas, no es posible cruzar la una y no hacer caso a la otra. La calle Ancha es una constelación señorial de mansiones nobles, que transcurren ante nuestros ojos a modo de fugaz diaporama. Ulloa-Golfín, Carvajal-Ulloa, Paredes-Saavedra, Marqueses de Torreorgaz... todo un tratado de heráldica esculpido en piedra, que parece competir en lustre y presencia con cada uno de los pasos que la cruzan. Las hermandades avanzan por la calle Ancha sin prisa, recreándose en cada metro, como modelos entregando su cuerpo y su alma sobre una cotizada pasarela. Cúspide y pulmón de la Ciudad Antigua, de empedrado irregular y maltratado, la Plaza de San Mateo y sus alrededores acogen el cuartel general de la Vera Cruz. Al cobijo del inmenso reloj del campanario, singular y omnipresente, tan señera cofradía hace piña y organiza traslados desde un imposible tugurio de la calle San Pablo, copiosos desayunos de hermandad en la calle de los Condes, o celebra su ritual

de los turnos de carga en la confluencia de tres placitas coquetas y consecutivas, fundidas en un único propósito: San
Mateo, San Pablo y Veletas. En la Plaza de las Veletas forman los dos turnos de la zapatona, a la vera del convento. Al
otro extremo el Amarrao, en la cochera del gobierno militar.
Después, la Oración, y más allá, el Beso, a lo largo de la casa
de las Cigüeñas -dispénseme su capitán, Don Diego-. Y los
jóvenes del pequeño pero viejo Cristo, en el centro de todo,
como sin saber muy bien hacia dónde mirar ni en qué dirección alinear sus filas todavía tiernas. Unas preciosas bambalinas, en las lindes de la judería, donde dar a luz una obra
maestra que todas las temporadas tiene el lleno asegurado.

Y así les habló mientras soñaba:
Posad la torre en sus hombros,
dejad la campana quieta,
poned sobre ella la antena
y a su diestra la veleta,
y sobre la antena el cielo,
cuna del viento poeta,
y sobre el viento cigüeñas,
que vendrán a dormir a su almena.
¡Forjen con los nidos su corona!
Tejan con las nubes su bandera.

En las traseras de San Mateo, erguida la Casa del Sol como
secular centinela, la hierba gana terreno al pavimento y confiere a esta umbría una identidad particular, trasladándonos
quizás a tierras más del norte. Allí se refugia la hermandad
de la Expiración, para colorear la mañana más triste y convertir por unas horas la Plaza de San Mateo en escenario

de muerte atronadora. Nunca bien ponderados, los sudores de la cofradía azulona nacen como manantiales de un portón idílico, que vigila a un tiempo Orellana y la estrechez de la Calle de la Monja. ¡Maravilloso cruce de caminos para Jesús de la Expiración! Desde aquí usted podrá adentrarse en algunos de los escondrijos más inexplorados de nuestra Semana Santa, caprichos laberínticos que tal vez alumbraran correrías y amores furtivos de alguna que otra dama del renacimiento.

Adarves. Padre Rosalío, Santa Ana, Estrella, Obispo Álvarez de Castro. De un lado la muralla, del otro tribuna monumental de casonas y coquetas plazuelas. Jerusalén de Occidente y crisol de mil luces, sonidos, climas y fragancias. No pasa el tiempo por el adarve, porque al adarve no hay tiempo que lo someta. Adarve diáfano y sudoroso en la mañana del Domingo de Ramos. Solemne y respetuoso, por la tarde con la Soledad, y por la noche con las Batallas. Adarve íntimo y desierto en la madrugada del Martes Santo: sexta palabra de Jesús en la Cruz. *Todo está consumado.* Adarve a rebosar veinticuatro horas más tarde a la discontinua luz de las antorchas. Adarve expectante y de toda la vida, cuando pasa la Zapatona y no hay más que decir. Adarve gélido en la madrugada eterna del Nazareno. Adarve salvaje al calor de las aves, el arrullo de las palomas y el crascitar áspero del grajo. *Pájaro de Cáceres ser yo quiero, volar libre por tus cielos, y en tus torres anidar.* Adarve eterno cuesta arriba y arriesgado cuesta abajo. Adarve que huele a palmas, a incienso de cinco siglos, y a gambas a la plancha, por qué no. Adarve que dibuja sombras como bocetos de un rincón vacío y marrón, a los pies del palacio de los Toledo-Moctezuma, fusión de sangres enfrentadas. Moctezuma y adarve... qué nombres tan extraños para el forastero, y qué familiares para nosotros. No es fácil domar el adarve. En tal augusto corredor déjanse los cacereños meses de vida, suspiros de indefensión y alguna que otra hernia recostada en sus laderas. Hay que saber pisarlo, pues sus cantos pasan factura y agotan músculos que uno ni siquiera imagina que existan. Conocer de dónde viene el viento que vence a las velas. Cuándo se estrecha y cuándo deja tregua para respirar. Cómo aprieta el varal frente al postigo de Santa Ana. Cuánta historia encierra esa placa inmortal de la Navera, que abandonara el mundo cantando en el reducido palco de los Condes de Adanero. *Silencio, pueblo cristiano.* El adarve, tres cuartos de hora que son una procesión dentro de la procesión. Hoy, con la infancia perdida, me vienen a la mente recuerdos de gruesos jerseys de cuello vuelto, de aguardiente y de bizcochos a las claritas del día. Por el adarve de Cáceres, la Semana Santa es más Semana Santa que nunca.

Cualquiera que sea nuestra ruta, el adarve siempre desemboca en Santa María. No eres la Mayor, pero sí eres la plaza de todas las plazas de Cáceres. Dicen que eres poderosa, pero no por lo que enseñas, sino por lo que escondes en esa silenciosa forma tuya de ver pasar el tiempo. Desde la Concatedral al Palacio Episcopal, desde los callejones de Manga o Aldana, donde el sol con sus rayos no llega, a las fronteras de tus palacios: Mayoralgo, Carvajal o Golfines de abajo, *Fer der Fer*, aposento de Isabel la Católica. Del Santo Crucifijo a la efigie de San Pedro, visita forzosa del Amparo, de la Soledad o de los Estudiantes, clímax del Nazareno, y concurrencia álgida en los días impares de la Pasión. Asimétrica, refinada, espaciosa, de postal. Todo es ilustre en la Plaza de Santa María. De austeridad magnánima, esta plaza derrocha empaque musical por cada poro de su piedra. En el marco de un colorido festival, asistimos a un glorioso enjambre sonoro para el que, de momento, no se cobra entrada. Allí mora la esquila titilante del Cristo Negro. Tres golpes atronadores viajan en la máquina del tiempo. *Dios lo quiere así.* Crujido chirriante de la puerta que se abre generosa. Señora del Buen Fin para adentro a los sones de La Saeta. Cristo de las Batallas que besa el viento con La Muerte no es el Final. Marchón fúnebre rendido al tributo del Yacente. Popurrí de saetas al alba del Viernes Santo, que se escribe en mayúsculas no porque sea fiesta, sino porque a las ocho el Nazareno pasa por Santa María.

La plaza de San Jorge, entraña del mismo Cáceres, es un olimpo de rancios sabores, ¿quién diseñara tus planos, acaso pensando en servir de escenario para el discurrir de cofradías? Golfines, escalinata de la Compañía, Cuesta del Marqués, Casa de los Becerra, albas torres de la Preciosa Sangre... no queda sitio para más monumentos. En este ambiente sedante, todas las butacas están repletas en primera fila para contemplar el paso sin igual de un Cristo liviano y retorcido, que es negro, pero nunca más oscuro que la noche que lo envuelve. Y es San Jorge, además, la plaza de las estampas perdidas. Hasta tres Cristos la desafiaban y terminaron por descartar tan extrema travesía: Los Estudiantes a finales de los años setenta, el Amparo a principios de los noventa, y el Cristo de las Penas hasta hace bien poco. *¿Quo Vadis?*, inquirían los escalones a su paso. El itinerario resulta en verdad tortuoso en cualquiera de sus vertientes. Da que pensar que nunca un paso de Virgen posara sus horquillas sobre esta Plaza de los sueños; quizás porque fuera injusto con Ella azuzar con más peso su condena.

¡Socorro! Aquí el nombre no le viene del arco, ni del jardín, ni de su misma plaza de dos alturas. Tampoco de los vecinos que vieron por primera vez la fachada del Atrio. Quedaría bautizado el lugar al grito de un hermano de carga del Calvario, que encaraba la bajada por el lado derecho y apretando la mandíbula veía cómo el universo entero caía sobre su costado. El misterio de las Obras Pías de Roco. El embudo sórdido que entronca con Godoy. La torre de los Espaderos que es vigía privilegiada desde su atalaya. En ella, la sombra del Amparo se refleja cansina y tremolante mientras el condenado sube con prisas encarando Tiendas. Sea de subida o de bajada, la Plaza del Socorro deja siempre un magistral ejemplo de comunión entre las cofradías y su entorno urbano.

Un cofrade que se precie no puede imaginarse la plaza de Santiago sin algún vehículo aparcado a traición, o sin ese sucio escalón como olvidado en mitad de la calle. Tampoco sin las palmeras que colorean la parte baja, sin los ramajos dispersos arrojados por unas cigüeñas cuya amenaza sentimos aquí especialmente cercana, o sin el Chicha, tasca de inefable protagonista donde se concelebra la llegada de las Vísperas con el Fary sonando a todo trapo, navegando entre platos de tortilla, alguna oreja en salsa si se tercia, y una paella del momento regada con su lata de medio litro. Memorias, se lo aseguro, que valen más por lo que callamos que por lo que contamos. Provéanse de paciencia si visitan el templo de Santiago en la mañana del Jueves Santo. En estas horas que parecen minutos, el templo hierve con la capacidad de convocatoria del Nazareno y la Sagrada Cena. Hallarán una turba de ángeles con alas temerosas, pero no les quepa duda de que valdrá la pena. No digan nada, no pregunten, no se dirijan a nadie. Tan solo observen, escuchen, y huelan. Seguramente abandonen el lugar entendiendo un poco mejor todo aquello que no le pueden explicar las fotos, los vídeos y las crónicas de Semana Santa. Empero, Santiago no se acaba en la Puerta del Peregrino. La angostura sombría de la embocadura de Camberos, allí donde los pasos quedan encajonados en la madrugada, sobrecoge por igual a público y penitentes. La agónica subida de Godoy corona en la curva más difícil de todo Cáceres, pendiente extrema, piso irregular y caída perversa hacia el interior, pero no menos diabólica que los entrañables socavones que aguardan metros después, en la parte estrecha de Zapatería. ¿Y qué me dicen de Caleros? Las apariciones siseantes del Amparo son ya un clásico. Santiago, los pelos como escarpias.

Por último, el eje Concepción-Santo Domingo-Ríos Verdes aporta una naturaleza diferente a los colores terrosos y pajizos del recinto monumental. Un páramo de cocheras, paredes blancas y virajes encogidos que transitan con dificultad enormes estructuras como el Cristo de los Estudiantes, eterno en su cama de claveles rojos, el Misterio de Jesús de la Salud, el palio de la Misericordia enhebrando el arco de Ríos Verdes o Jesús del Perdón guiando del camino del reo, de vuelta a la libertad. Son rutas incómodas para los cofrades, y más para los esforzados hermanos de carga. Las vías de escape, sea por Moret o por Sancti Spíritu (que para Cáceres será siempre *la Cuesta del Capitol*), son pestosas, lentas, con cables, con pendientes, giros de noventa grados, desniveles y alcantarillas ratoneras que se convierten en auténticos cepos para horquillas desprevenidas.

Ser cofrade en Cáceres concede numerosos privilegios, pero destaca sobre todos ellos la posibilidad de desconectar la penitencia, aunque sea en breves pausas, para admirar desde sus mismas tripas el histórico mural que se yergue ante nos. Que levante la mano quien no lo haya hecho alguna vez. Y sin embargo, la mayor gloria de este simpar escenario pasionista no reside en lo que aquí hemos contado, sino justo en lo que hemos omitido. Centenares de callejuelas, plazoletas, escorzos, arcos, palacios, estampas y rincones bimilenarios que, por diversas cuestiones, no aparecen en las fotografías de los anales cofradieros de nuestra ciudad. ¿Nos atreveremos algún día a cambiar la historia? Cáceres, sin duda, lo merece.

Orografía y paisaje urbano

TANTO EL URBANISMO como las disposiciones orográficas son elementos absolutamente primordiales en las cofradías, en Cáceres y en cualquier ciudad donde se celebre la Semana Santa. La estética de las celebraciones pasionistas se encuentra íntimamente ligada a un paisaje. No se entiende el transcurrir de una determinada hermandad sin esos rincones escogidos donde se agolpa la muchedumbre año tras año, sin el refrescante verdor de la arboleda, sin el pasillo de ventanas y balcones que la contemplan prendidos en los muros de una angosta callejuela, sin esa plazoleta vacía que atraviesa con paso apresurado, como pidiendo perdón por molestar. Para poder comprender del todo algunas cofradías es necesario contemplarlas en un determinado lugar: en los callejones de su feligresía, en la salida, o en algún punto de su recorrido que el paso del tiempo haya querido convertir en emblemático. Cofradías de barrio entre modernos edificios de nueve plantas, cofradías de centro por oscuros callizos y solemnes fachadas... la Semana Santa y las calles están asociadas de manera indisoluble, de tal forma que la una identifica a la otra. ¿Por qué cualquier cofrade prefiere siempre la Semana Santa de su localidad antes que cualquier otra? Ni más ni menos que por esa misma identificación, que responde a lo sentimental y nunca a lo racional, y que se sustenta en dos pilares: la lógica devoción hacia sus imágenes, y la querencia hacia el paisaje urbano y arquitectónico local.

Cuando uno es hermano de carga, con los años va adquiriendo en pequeñas dosis ese punto de explorador aventurero en las grandes travesías continentales del siglo XV. Esa capacidad inadvertida de unirse al paisaje y confundirse con él. Cuando entras en una calle con tu paso a cuestas, de alguna forma la estás haciendo tuya. La calle te rinde pleitesía, se admira de acogerte entre sus brazos de piedra y detiene su reloj unos instantes para contemplar tu paso. Y tú te fundes con ella, y se obra el milagro de la transfiguración. El paso y la imagen, la madera y la carne, la fachada y el cielo, se hacen uno solo y conforman un lienzo que es Obra Maestra de Dios. Y con suerte su Obra quedará impregnada para los restos, como estampa irrepetible, en la retina de algún privilegiado espectador o en la tarjeta SD de algún fotógrafo avispado.

La fisonomía de las calles es un elemento clave a la hora de evaluar el trabajo de los hermanos de carga. Son el escenario donde desarrollan su labor y del cual provienen muchas de las dificultades que tendrán que solventar durante la misma. Existe, por ejemplo, una gran diferencia entre caminar por pavimentos de asfalto, completamente uniformes, o hacerlo sobre los cantos de la parte antigua, que dificultan sobremanera el agarre de los pies en el suelo e incluso se clavan en según qué zonas. Cualquier pequeña irregularidad -un bache, un adoquín suelto, un pequeño montículo en el terreno, una alcantarilla- provoca que los hermanos cojan más o menos kilos de los que les corresponden durante un breve instante de tiempo. Cuando esto sucede, la altura del hombro del hermano afectado sube por encima del resto (el paso *se clava*) o disminuye (el hermano *va colgado*).

También influye la forma o caída del suelo. A la evidente dificultad de cargar sobre una pendiente -cuesta arriba o cuesta abajo-, que razonamos y desarrollamos en el capítulo correspondiente a la ciencia física, añadamos que muchas calles no están niveladas en sentido transversal, sino que el plano las inclina bien hacia la izquierda o hacia la derecha. Este es el caso, por citar algunos ejemplos, de la peligrosa bajada de la cuesta del Socorro, o del acceso en curva desde Godoy a Zapatería. Los hermanos del varal hacia el que vence la calle (el derecho, en los dos ejemplos anteriores) recibirán más peso y tendrán que apretar los dientes para superar el tramo. Y si hablamos sobre las caídas del suelo no podemos obviar las calles en las que, para facilitar el desalojo de la lluvia, la parte central está más baja que los laterales (por ejemplo, las calles Hornos y Gallegos, o la calle Camberos). Por este motivo, los hermanos que van en los varales centrales -trasera y cabecera- soportan menos peso que los laterales. Y no es costumbre en Cáceres intentar corregir estos centímetros buscando gente más alta o más baja, a propósito, para situarla en esa posición concreta mientras se atraviesan tales tramos. Este efecto sucede de manera todavía más acusada, si bien más breve, si en alguna ocasión los hermanos de los varales laterales han de subirse a los bordillos de la acera para poder seguir caminando sin variar su trayectoria. Y de todo lo mencionado hasta el momento, cómo no, debe ser consciente el jefe de paso. Recorridos rompepiernas, con sucesiones de pendientes arriba y abajo, son por ejemplo mucho más exigentes para los hermanos de carga que itinerarios de mayor longitud pero completamente llanos.

Por último, hablaremos de la ordenación del espacio. Las calles excesivamente estrechas dificultan el trabajo de los hermanos, al impedir golpear con normalidad las horquillas, u obligarles a caminar mucho más despacio de lo habitual para prevenir que el paso pueda golpear algún saliente. Este tipo de obstáculo es muy común en nuestra ciudad, cuyas procesiones discurren en su mayoría por entornos antiguos -centro, casco viejo, Ciudad Monumental- donde las edificaciones se agolpan con una separación mínima entre ellas. En esta enmadejada disposición espacial pueden aparecer también giros cerrados, donde el margen de maniobra es menor del habitual, y que exigirán en consecuencia mayor esfuerzo del hermano de carga y mayor pericia del jefe de paso. Algo parecido ocurre con los escalones, que podemos encontrar por ejemplo en la Cuesta de la Compañía, en la plaza de San Jorge o en el acceso a la calle Caleros desde Fuente Concejo. La única forma de sortear un tramo de varios escalones consecutivos consiste en que los hermanos bajen el paso a los brazos, y procuren mantenerlo en un plano lo más horizontal posible. Para lograr este propósito, los hermanos de la delantera tendrán que bajar las andas mucho más de lo habitual, al nivel de la cintura o incluso de las rodillas, mientras que los de trasera, según lo inclinado de la pendiente, tendrán incluso que subirlo algunos centímetros por encima de sus hombros. Algo más sencillo es sortear los escalones cuando no son consecutivos, sino que se presentan de uno en uno separados por varios metros de terreno casi llano. En este caso el tramo se atraviesa caminando con normalidad, con la salvedad de que los hermanos que vayan subiendo el escalón recibirán de golpe muchos más kilos que sus compañeros de atrás. Además, en el caso de que el tramo sea de subida, serán los hermanos de la cabeza del turno los que realicen un mayor esfuerzo al encarar en solitario por primera vez cada escalón. Por el contrario, si el tramo escalonado es de bajada, los hermanos de la cola del paso sufrirán inevitablemente en algún momento -breve, por fortuna para ellos- el castigo de quedarse completamente solos sosteniendo el paso sobre el escalón anterior.

En resumen, la peculiar orografía de Cáceres no hace sino añadir nuevos ingredientes a un peligroso cóctel de influencias sobre el trabajo, del que ya forman parte la propia estructura de las andas procesionales, las ropas del hermano de carga, los kilos que caen encima, el estado físico y anímico de cada hermano... y muchos otros que quedan por venir.

CAÍDA DEL SUELO
(Desnivel transversal de la calle)

- Caída a izquierda.
- Caída a derecha.
- Caída en la parte central

PENDIENTE
(Desnivel longitudinal de la calle)

- Cuestas arriba.
- Cuestas abajo.
- Recorridos Rompepiernas.

Trabajo del hermano de carga

CALIDAD DEL PAVIMENTO

- Liso o empedrado.
- Baches e irregularidades.
- Mobiliario urbano.

DISTRIBUCIÓN DEL ESPACIO

- Estrecheces.
- Balcones y salientes.
- Bordillos.
- Escalones

DIAGRAMA: Influencia de la orografía urbana en el trabajo del hermano de carga

213

Gestión del esfuerzo

Duración y longitud de los itinerarios

El repetido axioma de que los cofrades cacereños pertenecen a muchas hermandades simultáneamente, nos obliga a considerar que la duración de los esfuerzos también incide sobre el rendimiento en su trabajo. La moderada longitud de los desfiles, que rondan normalmente las tres horas de duración, y la facilidad de desplazamiento de que disfrutamos los cacereños alivian en cierto modo el maratón penitencial de algunos, y de hecho son un potente incentivo que impulsa la presencia múltiple de hermanos en diferentes cofradías. Esta ventaja, sin embargo, queda en parte compensada si tenemos también en cuenta las consideraciones que siguen a continuación.

Algunos pasos procesionan sin relevos de hermanos, lo que implica que una misma persona se pase las tres horas de rigor, o bastante más en algunos casos, cogiendo kilos sin descanso. Añadamos a este tiempo los preparativos previos a la salida, de duración no inferior a sesenta minutos, en los que el cofrade no deja de estar de pie y por tanto forzando algunos de los músculos clave para su desempeño. Además, cuando hay relevo en la procesión, el hermano continúa desfilando y ocupa su sitio en el tramo correspondiente del cortejo. No descansa, no se sienta ni apenas puede relajar los grupos musculares más cargados, que suelen ser los del tren inferior. Según la teoría, esto significa que el hermano tampoco puede abandonar la fila para beber o atender sus necesidades fisiológicas. Aunque como sabemos, de la teoría a la práctica media un trecho en ocasiones aún más largo que la propia estación penitencial. Como consecuencia de la duración de las procesiones y la falta de descanso en su transcurso, aparece siempre la sed y por tanto la conveniencia de que el hermano se hidrate de manera adecuada. Algunos pasos llevan, en algún compartimento oculto bajo las andas, pequeñas botellas de agua que se utilizan para refrescar a los cargadores, pero esta no es ni mucho menos la norma común en Cáceres. A menudo, el cofrade ha de incluir en su penitencia la angustiosa espera de poder llevarse al gaznate un trago de agua una vez terminada la procesión.

En la historia reciente, las hermandades cacereñas que realizan un recorrido más largo son la del Nazareno, en su procesión del Silencio en el Domingo de Ramos, y la Sagrada Cena. Ambas llegan hasta el centro urbano de Cáceres -Fuente Luminosa, a mitad del Paseo de Cánovas- y fluctúan entre las cuatro horas y media o las cinco de duración. Las dos corporaciones prefirieron, sin embargo, modificar y reducir estos itinerarios para la Semana Santa de 2013. En este mismo año, la cofradía del Cristo de la Victoria decidió realizar su estación de penitencia desde la parroquia de San Juan Macías (en la barriada de la Mejostilla) hasta la Ciudad Monumental, un cambio que presumiblemente hubiera implicado un aumento notable de su tiempo en la calle. Por desgracia, el desfile no pudo celebrarse por culpa de la lluvia, pero la iniciativa sirvió al menos como hito para contravenir la tendencia de reducción de itinerarios que abrazan muchas cofradías, y que se sustenta precisamente en la pertinaz lucha contra el cansancio de los hermanos. Un cansancio que, además de repercutir negativamente en su labor, puede provocar bajas en las filas de la hermandad.

Si echamos la vista algunos años atrás y buceamos en las páginas de la Historia, podemos encontrar recorridos cuya duración y planteamiento hoy día serían poco menos que impensables. Citamos tan solo algunos ejemplos:

- La cofradía del Cristo de las Batallas hasta el año 1970 realizaba estación de penitencia a la Cruz de los Caídos y regresaba a la concatedral de Santa María, en un trayecto de aproximadamente 2.5 Kms. A partir de 1972 -en 1971 no salió por lluvia- la hermandad sube por la calle del General Margallo hasta el cuartel Infanta Isabel, donde se reza un responso frente al monumento al regimiento Argel 27, y regresa por la calle de Jose Antonio -actual Barrio Nuevo- para completar 1.7 Kms. de viaje.

- La cofradía de los Ramos, en su desfile del Martes Santo con el Cristo del Perdón, bajaba hasta la Prisión Provincial situada en la calle Héroes de Baler, y regresaba por la Avenida de las Delicias y la calle José Antonio hasta el centro de la ciudad. Mantuvo este recorrido de 3.2 Kms. desde el año 1952 hasta 1962

- Desde el año 1958 hasta 1963, ambos inclusive, la cofradía del Humilladero llegaba desde la barriada de Llopis Ivorra por Antonio Hurtado hasta la Cruz de los Caídos, atravesaba todo el Paseo de Cánovas, bajaba hasta la Plaza

217

Mayor, y regresaba a su parroquia por Camino Llano y lo que hoy conocemos como Ronda de San Francisco. Este, con ligeras variantes, es el itinerario procesional más largo del que se tiene constancia en la capital cacereña, con una longitud de 4.7 kilómetros. El cortejo atravesaba por entonces zonas aún sin urbanizar, o con nombres diferentes a como las conocemos hoy (calles Javier García, Casas de Carrasco, carretera de Medellín o Camino viejo de Montánchez). Señalemos, a modo de curiosidad, que en 1958 y 1959 la cofradía salía a las 11 horas de la mañana del Viernes Santo, y debía esperar por la tarde en el centro para no interrumpir el paso de la cofradía de la Soledad. A partir de 1960 la corporación traslada su desfile a la tarde del Domingo de Ramos.

- Hasta el año 2005, la cofradía de Jesús de la Expiración llegaba hasta la Fuente Luminosa y bajaba por la avenida de la Virgen de la Montaña, para regresar al casco antiguo por las calles Periodista Sánchez Asensio, Diego María Crehuet y Plaza de Marrón. La longitud aproximada de este trayecto era de 2.4 Kms.

- La cofradía del Cristo del Amor, en sus primeros años, llegaba desde la parroquia de San José por la calle Parras y San Pedro hasta la Plaza de San Juan, y desde ahí se adentraba en la parte antigua por Pizarro y Santa Clara, para descender los adarves hasta la Plaza Mayor. Todavía no procesionaba la imagen de la Virgen de la Caridad. Este recorrido tenía una longitud aproximada -con alguna variación según el año- de 2.7 Kms.

Concatenación

Como ya hemos apuntado, es costumbre en el cargador cacereño salir en cinco, seis o incluso más procesiones a lo largo de la semana de Pasión, a veces doblando actividad incluso dentro del mismo día. Muchos hermanos salen en cofradías del Jueves Santo por la tarde, empalman con la madrugada, y terminan el Viernes Santo, bien por la mañana en las hermandades de la Expiración o de los Estudiantes, o bien por la Tarde en el Santo Entierro. Esto provoca un curioso fenómeno en la madrugada cacereña, cuando arribando a Santiago los hermanos saludan con un *"buenas noches"* o *"buenos días"* según hayan calentado o no la cama en las horas previas.

La Semana Santa se hace larga y los cofrades acusan la falta de descanso. La concatenación de desfiles termina por hacer mella en unos músculos que no hallan tiempo para la recuperación, y que ya vienen castigados del resto de la semana. Eso sí, nada comparado con lo que ocurría en los años setenta o principios de los ochenta, cuando los hermanos que acudían a todas las procesiones eran siempre los mismos, y casi nunca había relevos en los pasos. *«Mi primera salida fue el Martes con los Ramos; la siguiente, el Miércoles Santo con la misma cofradía pero con el paso de la Esperanza; el Jueves Santo con la Dolorosa de la Vera Cruz; el Viernes con el Calvario del Nazareno y con el Cristo de los Estudiantes. Ese año fue el primero y acabé agotado. Fuimos sin relevo en todos los pasos que te he mencionado».* *«Llegado el Viernes Santo estábamos reventados después de todo lo que habíamos hecho. En la madrugada, pasada la Puerta de Mérida, a veces alguno se ofrecía voluntario para ir a comprar churros y reponer fuerzas».* La churrería en cuestión, ya desaparecida, estaba situada enfrente de la ermita de la Soledad, en la calle Cornudilla.

Los hermanos de carga cacereños lidian con más de una rémora en su cruzada contra el esfuerzo continuado. Algunos de ellos están sujetos a sus horarios y obligaciones laborales, y por tanto arrastran falta de sueño desde los primeros días de la Semana Santa. La preparación física antes de los desfiles brilla por su ausencia. Y el calzado, por último, no es el adecuado para este tipo de trabajo: la mayoría de cofradías obligan a llevar zapatos de vestir, de color negro. De hecho, casi todos los cofrades se quejan al final de la semana de intensos dolores en los pies.

Para combatir los efectos de la fatiga, los hermanos de carga acuden a trucos como dosificarse cargando en cada procesión con un hombro distinto, procurar no estrenar calzado, o arrimarse a un café bien cargado antes comenzar el trabajo. Las bebidas espirituosas, nos confiesan, *«son cosa del pasado, ya no se estilan. Aunque de todo hay en la viña del Señor»*. Otros también emplean fajas u otro tipo de prendas protectoras, aunque su uso no está muy extendido entre el colectivo cacereño salvo casos muy específicos de lesiones o prescripción médica.

23

Meteorología

LAS CONDICIONES CLIMÁTICAS son el único elemento que puede impedir por completo realizar su trabajo al hermano de carga, sin razonamiento ni reclamación posible. Los hermanos son auténticos cofrades de corazón, y por mucho que la liturgia y la teología dicten otros caminos, al final el evento más importante de todo el año siempre resulta ser la estación de penitencia. Sabemos de la importancia de los Oficios, que se celebran otros cultos, que los titulares siguen estando en el templo los 365 días del año... pero el centro del universo cofrade es y será siempre el día de la procesión. Cumplir con el deber y el rito de sacar a hombros a tu paso y volver a recogerlo sin ninguna incidencia durante el recorrido. Todo lo abandonamos a un solo día. De ahí surge ese miedo inevitable a que una tormenta, una borrasca improvisada en mitad de la primavera, una mala nube, posponga otros doce meses esa efímera gloria que con tanta ansia veníamos esperando.

Y por encima de todo, el veredicto inapelable de la lluvia. Se yergue mayestático y amenazador, como la umbría de una gigantesca mano que se cierne sobre nuestras cabezas, cuyos dedos lentos y monstruosos no conocen los límites del horizonte. Los cofrades nos sometemos voluntariamente a su tiranía, perpetuando aquella leyenda que sostiene que en las profundidades de nuestra psique mora un reprimido pero inmarcesible deseo masoquista. Que a los hermanos de carga, a los costaleros, a los del mundo de abajo, en realidad, nos va la marcha. Nos gusta que nos castiguen. ¿Qué necesidad te-

221

nemos de jugarnos nuestra mayor ilusión a un todo o nada?
La tibia llovizna que sorprende en mitad de una procesión, o
aquellas gotas que caen durante la tarde y se quedan para coger sitio en forma de charcos entre los huecos del pavimento
de la ciudad antigua. Madrugadoras espectadoras ellas. Las
mismas gotas de chichinabo que no bastan para suspender
un desfile, pero que transforman los cantos de la calzada en
una peligrosa cristalera, recién pulida y resbaladiza. Aquella
lluvia que nos observa con la cínica sonrisa de quien aguarda
impasible, sabiéndose segura, parapetada tras un cielo entol-
dado, pensando si tirarse a aguarnos la fiesta. O el violento
aguacero que descarga sin previo aviso para desteñir las túnicas y entintar decenas de sueños robados.

El tiempo inestable merma el ánimo del hermano de carga y provoca que uno no acuda a las procesiones con ilusión
plena, sino con la sombra de la duda empañando la mente.
No es lo mismo cruzar el portal de casa con los avíos a cuestas bajo un sol radiante, que dirigirse hacia el templo en una
de esas tardes estúpidas y grisáceas, con el frío arañándote el
rostro y la bolsa en la mano danzando al son de la ventisca.
Lo que había de ser paz y dicha se torna en rabia y desasosiego. Algunos hermanos, muchos más de los que todos de-
searíamos, reducen y limitan toda su actividad cofradiera al
ejercicio de la carga, de tal suerte que no dudan en quedarse
en casa si el panorama augura riesgos de que la procesión
no se celebre. La concurrencia en las jornadas desapacibles,
por lo tanto, disminuye respecto a los días de buen tiempo.
Y es frecuente que si al final la cofradía decide salir a la calle
en esta tesitura, algunos de sus pasos calcen turnos inusual-
mente escasos.

24

Público

PARA EL HERMANO DE CARGA, aunque no pueda -o no deba- comunicarse con él, el público ocupa un lugar protagonista dentro de su particular estación de penitencia. Cuando uno va cargando, empuñando la horquilla en una mano y recostando la oreja contraria sobre la moldura de las andas, la mayoría del tiempo lo malgasta mirando rostros desconocidos. Rostros que pasan frente a ti como fotogramas de una película que se parece demasiado a una que ya habías visto antes. La noche anterior, para ser exactos. Rostros que te observan, que te hablan, que a veces incluso te preguntan. Rostros que no saben qué cara poner. Es divertido cuando vas con verduguillo y esos mismos rostros adoptan una particular tendencia a identificarte como el hermano de no se quién o el amigo de no sé cuanto. Escuchas sus conversaciones absurdas. Buscas respuestas para todo. Aspiras el sudor de la nuca de tu compañero. Vuelves a la secuencia lineal de rostros desconocidos. ¿O es quizá una improvisada cadena de ADN? ¿Estamos acaso ante el verdadero genoma de la Semana Santa? Uno a veces tiene la sensación de saber lo que están pensando, o quizás quiere jugar a adivinarlo. A veces, el hermano de carga se siente incómodo al toparse de bruces con un rostro que sí conoce. Pero es solamente uno entre la fila interminable y aburrida de rostros desconocidos.

El público nunca se distribuye de manera uniforme a lo largo de todo un itinerario procesional, de modo que en una misma procesión los hermanos de carga pueden atravesar lugares muy concurridos seguidos por otros donde reina plácida la intimidad. El entorno se convierte de esta forma en una magnífica excusa para el júbilo o el recogimiento, ya que los cofrades tienen en todo momento contacto visual con él. Un quebradero de cabeza para los hermanos, y aun más para los jefes de paso, son las estrecheces y los espectadores poco avezados: una combinación peligrosa. El eterno problema de la colocación del público, un aspecto que en Cáceres se cuida más bien poco. Podemos debatir sobre la cuota de responsabilidad de las hermandades, de los cuerpos de seguridad, o hasta de la UCP. Probablemente sea un poco culpa de todos. El caso es que año tras año nos encontramos con gente que se sitúa para ver procesiones en lugares problemáticos, y nunca se hace nada, más allá de pasarse la pelota unos a otros para quedarse al final con un *«es que eso no se puede controlar»*, que resulta muy cómodo a la par que poco efectivo. Es evidente que, si se quiere y se toma en serio, la cuestión sí se puede controlar. Mientras esperamos a que eso suceda, más de una vez los hermanos de carga tienen que atravesar una calle a trompicones al no tener espacio siquiera para guardarse la horquilla. Alguno, excesivamente bondadoso, mira hacia abajo para no herir los juanetes del torpe espectador de turno. En los casos más extremos, hay que parar el paso porque físicamente no hay espacio para pasar, y se espera pacientemente hasta que los señores se marchen -a veces incluso a regañadientes- y la zona quede despejada.

Pero no todo son inconvenientes relacionados con la concurrencia. En el otro extremo encontramos al espectador samaritano que cuando puede te echa un cable, sujetándote la horquilla en algún apuro o avisándote de cualquier

imprevisto del terreno -un hoyo, un pivote, o algún obstáculo que amenace el trabajo de los hermanos. Es cierto que a
veces, por culpa de un desmesurado vigor caritativo, o por
un problema innato de incontinencia verbal, este público
servil molesta más que ayuda hablando más de la cuenta o
dando grotescas indicaciones de cosecha propia que están
fuera de lugar. Una costumbre que se torna especialmente
delicada durante las maniobras críticas, como las entradas y
salidas de los templos u otros lugares donde haya que bajar
el paso a los brazos, donde el hermano necesita más que
nunca poder escuchar con claridad las órdenes de su jefe de
paso. Pocas interferencias más dañinas que un estruendoso
zumbido de voces entremezcladas, sin forma ni fin. Y nada
más injusto que el público benevolente. Aquel que no elogia
sino a lo que brilla, que no se inclina sino ante la fuerza, que
no disfruta sino lo que apela a los sentidos. Aquel que no
es capaz de aplaudir sino las demostraciones y los hechos
cumplidos, la gloria aparatosa. Aquel que mira pero que no
ve, que no alcanza a distinguir más que excesos y alharacas.
¿Dónde quedó el espectador respetuoso y maduro? ¿Dónde
aquel entendedor que sabe mirar dentro y no fuera de las
dolidas túnicas? Siempre ha habido castas y es inevitable que
frente a un espectáculo de este calibre se arremolinen algunos ejemplares de la más baja calaña. Infames maleducados
se reúnen sobre los bordillos, con altas voces, risas idiotas
Y el respeto, ¿dónde está el respeto? Acaso lo han perdido,
acaso nunca lo aprendieron. Enfrente, la mirada bañada en
lágrimas de un alma inmóvil acordándose sabe Dios de qué
o de quién. Tu llanto, compañera, lo llevo cosido al mío. Tú
eres el público que yo quiero.

25

Contexto sonoro

Coordinación y música

Quizás los cofrades cacereños, sedados por la fuerza de la costumbre, no reparemos en el hecho de que cargar sobre un hombro acompañando el ritmo de la música con horquillas es una hazaña que no se ve en el resto de España. Nos valoramos muy poco. Podemos ver por ejemplo cómo andan, más bien se deslizan, los pasos en la ciudad de Murcia, cuyo estilo de carga se asemeja al cacereño con la diferencia de que ellos apenas golpean con sus horquillas en el suelo, y cuando lo hacen es por inercia y de manera desacompasada, sin mostrar el menor de los apegos a melodía alguna. Otro ejemplo son los maniguetas de Cádiz, que sí acompañan a la música con su horquilla, pero cuya labor queda simplificada porque son solamente dos o cuatro los que acompañan al paso, de manera simbólica y sin soportar peso. El resto de cargadores gaditanos trabajan bajo el paso, cubiertos por faldones, y sin horquillas. Y mientras los cacereños, tercos y orgullosos, nos afanamos en marcar fuerte con nuestro bastón de madera el compás de cualquier marcha, incluso aquellas que fueron alumbradas para otras lides, pongamos por ejemplo Bulería en San Román, Reflejos de la Cava u otras de reciente composición. Aunque casi nadie debajo del paso se las sepa. Aunque estemos descendiendo a trancas y barrancas una cuesta interminable. Aunque en según qué calles el hermano tenga que estar pendiente, más que del camino, de no perforar el pie de algún transeúnte. *«Disfruto enormemente de la buena música, cuando la hay. Soy de los que la tararea mentalmente».*

Ocurre que no todas las bandas de Cáceres tocan a un ritmo uniforme, y esto dificulta que los hermanos se acostumbren a caminar siempre de la misma manera. El término *marcha procesional* proviene justamente del verbo marchar ("andar"), ya que en definitiva estas composiciones deberían ayudar al cofrade a caminar bajo su paso. Así, las marchas de origen militar -casi todas las clásicas- resultan especialmente agradecidas para el arte de la carga por el simple motivo de que el militar está acostumbrado a escribir música para desfilar. Del mismo modo, existe un malestar común entre el colectivo de hermanos de carga debido a que en los últimos años los compositores de bandas de cornetas y tambores han comenzado a introducir en sus partituras cambios de ritmo bruscos o difíciles de seguir con el paso, silenciando la percusión o ejecutando demasiados solos de corneta en los cuales el hermano de carga inevitablemente se pierde. Y las bandas cacereñas, siguiendo una línea de evolución natural en sus trayectorias, comenzaron a incorporar poco a poco a sus repertorios este tipo de composiciones.

Mediada la década de los noventa, la extinta banda del Cristo de las Batallas abrió el camino montando marchas muy clásicas pero que hasta entonces nunca se habían escuchado entre los muros de nuestra ciudad, como Silencio Blanco, Sentencia de Cristo o La Saeta, por citar algunas. Más adelante, las bandas de Ntro. Padre Jesús Nazareno y la del Cristo del Humilladero, y también la actual Sones de Pasión (antigua banda "Cáceres 2016", denominación que adopta tras desvincularse de la cofradía de la Sagrada Cena), introdujeron progresivamente en sus repertorios las composiciones más habituales y de actualidad en la música procesional española... que por desgracia nunca fueron concebidas para nuestra forma de llevar los pasos. Para el hermano de carga cacereño, en especial para el veterano (acostumbrado hasta entonces a los sones de los romanos y de la banda de CC y TT de la Cruz Roja), ello supuso un cambio crítico a la hora de ejecutar su labor. Quizá demasiado súbito. Y de aquí nace el conflicto, nunca del todo bien resuelto por ninguna de las partes implicadas.

En cualquier caso, sincronizarse con ellas no es tarea imposible. No tenemos más que mirar más allá de nuestras murallas. Se pueden encontrar en España ejemplos varios de pasos voluminosos, cargados con el mismo o similar estilo que en Cáceres, y que sí exhiben una sintonía total con su banda. No hay ningún impedimento técnico para ello. El secreto radica simplemente en el ensayo y en la formación de una cuadrilla de carga compacta, algo para lo que Cáceres, al parecer, todavía no ha demostrado voluntad suficiente, como certifican diversos hermanos cofrades. *"Los arranques y la coordinación con la música son aquí imposibles, porque los ensayos con banda son ciencia ficción; e improbables, porque conociendo la idiosincrasia del cofrade cacereño (sobrado y que viene de vuelta de todo) muchos considerarían esto tan solo como un montón de chorradas...".* En la misma línea, y apuntando directamente a la voluntad individual para trabajar en pos de este objetivo, recogemos este otro testimonio: *"En primer lugar hay que romper muchos mitos y muchos egos, así como cambiar la concepción de la cofradía como una simple procesión a la que acudimos media hora antes de salir. El secreto de llevar los pasos sincronizados con la música es el ensayo semanal y prolongado durante años, el compromiso de los hermanos de carga, chupar frío en invierno y calor en verano, sudar y trabajar para hacer de la procesión un momento sublime. Para ello no tenemos que mirar a la Unión de Cofradías, sino acudir a las reuniones de nuestras hermandades y luchar por estos cambios".*

Inferimos de estas opiniones tres detalles importantes y en cierto modo ligados entre sí:

En primer lugar, los hermanos de carga y los jefes de paso cacereños, por norma general, no se saben las marchas que van a sonar en la procesión. Es la cruda realidad. Y esto sucede no solo por mero desconocimiento, sino porque tampoco existe una identificación directa del cofrade cacereño con las piezas musicales: no existe cultura ni afición a la música procesional. Las excepciones a tal aserto, que las hay, suelen atender a marchas clásicas de palio: pocos cofrades nombrarán como su favorita una marcha de cornetas y tambores. *Macarena, Soleá dame la mano, Pasan los Campanilleros, Jesús Jesús* o *Mater Mea* son algunas de las respuestas obtenidas en nuestras consultas al respecto. En diversos sectores todavía se mira con recelo todo aquello que proceda de más allá del sur de la provincia, como es el caso de la música procesional, y se olvida o ignora el hecho de que las marchas clásicas y las que aquí gustamos de proclamar *las de toda la vida* provienen igualmente de bandas y compositores andaluces.

En segundo lugar, los hermanos se obstinan en querer escuchar durante toda una marcha el mismo compás de tambor que cuando no soplan las cornetas. Esta armonía ideal, como ya hemos dicho, no se da siempre, así que tarde o temprano la mayoría acaba perdiendo el ritmo. Seguimos sin acostumbrar el oído a compases irregulares, que precisan gran concentración y fuerza para aguantar con ellos una cadencia regular de paso con independencia de lo que marque la percusión.

Por último, y sabiendo de la injusticia que implica toda generalización, tampoco se percibe en el colectivo de jefes de paso una voluntad clara de imponer que los pasos anden de una determinada manera, de preocuparse por conocer de primera mano el trabajo de las bandas que les acompañan, o de exigir acciones o conocimientos concretos a los miembros de su turno de carga. Todo ello puede estar a su vez relacionado con la escasez -o ausencia- de ensayos y reuniones de los hermanos de carga a lo largo del año, ya apuntada en otros capítulos de la obra.

Marchas al margen, el paso a tambor también ha cambiado con los años de manera notable dentro de las fronteras de nuestro adarve. El actual es mucho más lento que el que hasta entonces conocíamos por estos lares, y provoca por tanto que las mecidas se alarguen unas eternas décimas de segundo. El hermano se ve obligado entonces a prolongar su cadencia de manera antinatural. En consecuencia, al balancearse todo el peso de izquierda a derecha se le exige al hermano mucha más fuerza para permanecer firme durante mayor tiempo del habitual, y evitar así perder el paso -lo que en el mundo del costal se llama *fijar el costero*-. Fuerza, claro, y también sabiduría para anticiparse y saber que eso va a ocurrir. Lo habitual en estos casos es que los hermanos, tras algunos intentos infructuosos, desistan de seguir el compás de la banda y opten por llevar su propio ritmo con las horquillas. Las consecuencias de que el paso y la banda caminen desacompasados son un mayor riesgo de cortes en la estructura procesional, una marcada carencia estética, y en general mayor número de quebraderos de cabeza para los responsables de organizar el desfile.

En resumen, la coordinación de los pasos con la música se nos antoja un problema de difícil remedio en nuestra ciudad, cuya solución pasa por tres claves: una mayor implicación en ensayos o trabajo por parte de los hermanos de carga, una mayor decisión de los jefes de paso para imponer un criterio firme, y un mayor control de los repertorios por parte de las juntas directivas. Se trata de una asignatura que todos, bandas, hermanos y cofradías, seguimos teniendo pendiente y que no hemos acabado de abordar con el debido interés.

Sin embargo, el conflicto no resulta ni mucho menos generalizado. En el sector de las cornetas y tambores Cáceres conserva una banda, la de los romanos de la cofradía de los Ramos, que mantiene un repertorio a la antigua usanza compuesto por sones añejos muy fáciles de seguir por los hermanos de carga. También existen algunos pasos concretos cuyos hermanos sí caminan al son de la música y son capaces de lograr esa grata comunión de sus horquillas con la pausada cadencia de la banda que les acompaña. Obviamente, los problemas que estamos comentando tampoco aparecen en las bandas de música que, salvo excepciones, suelen acompañar a los pasos de Virgen y adoptan un compás mucho más veloz con su percusión. Y es que en Cáceres, le pese a quien le pese, la horquilla se impone y sigue marcando nuestro compás. Con ella nacimos y con ella seguiremos muriendo en cada preludio de primavera.

El trabajo en silencio

En Cáceres existen tres cofradías que procesionan sus imágenes titulares, tres pasos de Cristo, en silencio: la cofradía del Stmo. Cristo del Amparo, la Hermandad Universitaria de Jesús Condenado, y la cofradía del Santo Crucifijo de Santa María de Jesús -Cristo Negro, por más señas-. A estos hemos de sumar dos cortejos que también procesionan sin acompañamiento musical: el vía crucis del Cristo de la Preciosa Sangre, de la cofradía del Humilladero, y el vía crucis de la cofradía de los Ramos con su Cristo del Perdón. Como es lógico, las diferencias entre llevar un paso con y sin música son notables. Las marchas procesionales animan a los hermanos de carga y sobre todo ayudan aportando el compás necesario para caminar correctamente. *«Un jefe de paso que no ha cargado nunca no entiende por qué la música les da ese puntito de alegría a los hermanos de carga, y por qué no quieren parar, por qué empiezan a mecer el paso, a bailarlo en un determinado momento de una determinada marcha...».* En Cáceres, esta diferencia se acusa todavía más por la necesidad de picar las horquillas en el suelo a un son determinado, que coincide con el del bombo de las bandas musicales, y que se pierde cuando este calla. Al no tener un golpe de bombo que le sirva como referencia, el hermano de carga suele adoptar en estos casos una cadencia más apresurada. No se trata de algo premeditado: sale solo, a modo de tendencia natural. Un impulso azuzado, sin duda, por la agreste dificultad de los recorridos por donde transitan estas hermandades: irregulares, con fuertes desniveles y multitud de zonas estrechas en las que no es posible mantener un ritmo de paso regular.

En este escenario, todo lo envuelve un silencio espeso, trágico y doliente. Incluso los jefes de paso cambian sus maneras de dar las órdenes. Bajan la voz y menudean sus aspavientos. El ambiente es mucho más propicio para la oración, y el recogimiento permite captar sonidos que en una procesión normal pasan desapercibidos para el hermano de carga. El oído pegado a las andas asiste a la crujiente sinfonía de los traqueteos de la madera, que recuerdan a los de un antiguo galeón acunado con dulzura por el manto oscuro del océano. Tornillos que luchan contra la rosca y chirrían como queriendo en vano protestar por su derrota. El entrecortado jadeo de la respiración de otro compañero. La sacudida sorda de las flores al levantar el paso. Se atemperan las diferencias entre los tramos repletos de público y aquellos más solitarios. Cuando se carga en silencio, la mente está más predispuesta a reparar en detalles que pasan inadvertidos en un entorno con más estímulos: el cansancio de la mano que sujeta la horquilla, la colocación de los dedos índice y corazón para sostener el cuerno con mayor comodidad, ese pliegue del verduguillo hostigándote sin compasión, o la dificultad de golpear cada segundo todas las horquillas al mismo tiempo en el suelo, más por intuición que otra cosa, como un metrónomo todavía por ajustar. En las cofradías de silencio, el frío es más frío y el calor agobia hasta el hastío.

Bajo la imposición de silencio se desvanece la comunicación, circunstancia que los hermanos de carga notan especialmente a la hora de los relevos. Los cofrades que participan del relevo suelen emplear la mímica para indicarse, con los dedos de la mano, el lugar que ocupan en el varal, y de este modo poder encontrar a su par para cambiarse. Pero al ir con el rostro cubierto y no poder emitir palabra, es fácil que cualquiera se despiste al contar y no acierte a escoger su lugar correcto. O incluso que alguno no haya tenido la previsión de memorizar su posición antes de comenzar el desfile, y después no encuentre ya manera de situarse. Una vez debajo del varal, no poder decirle nada al compañero dificulta sobremanera el trabajo, ya que impide corregir errores, dar ánimos, o realizar peticiones de ayuda cuando surge cualquier necesidad.

¿Se disfruta más en las cofradías con música o en las de silencio? Pues esto ya es cosa de cada cual. Cargar en cofradías de silencio favorece la concentración, permite percibir más detalles y seguramente disfrutar de este oficio en crudo, gozando de su más pura esencia. Por el contrario, la emoción de moverse al compás de una marcha, la facilidad para *venirse arriba* en los malos momentos o el desahogo de poder comunicarse con los compañeros cuando surja la necesidad, hacen la labor del hermano de carga mucho más llevadera cuando pueden apoyarse en las notas del acompañamiento musical. Siempre podremos encontrar opiniones para todos los gustos: *«Yo prefiero cargar con música, aunque siempre con un estilo de marchas clásicas. La carga es un viaje interior, muy personal, y a mí la música me ayuda a sumergirme con más profundidad en él».*

26

Resumen y conclusiones del medio

HEMOS DADO EN LLAMAR *medio* al conjunto de todos aquellos factores, tanto ajenos como propios de la actividad cofrade, que influyen en el trabajo del hermano de carga -o en el resultado del mismo- sin guardar necesariamente una relación directa o física con el propio hermano. Conforman, si queremos llamarlo así, el oficio de la carga en segundo grado. Bajo esta denominación hemos recorrido una ingente colección de elementos, inconexos entre sí, a veces olvidados o imperceptibles tanto para el espectador como para los propios cofrades, y algunos, incluso, ausentes de entidad corpórea. Las relaciones con otros colectivos u órganos rectores de las cofradías, los condicionantes externos de los desfiles procesionales -clima, espectadores, duración, música...-, las características del terreno que se va a transitar, o las reuniones y eventos previos a la Semana Santa que actúan a modo de prolegómeno. Cada uno de estos agentes, además, puede manifestarse en distinta forma y medida no ya en cada procesión, sino en cada instante puntual de la misma. Pueden incluso interactuar limitándose o reforzándose entre ellos, desembocando así en una inmensa matriz de variables que se presenta intacta al inicio de cada estación de penitencia. El azar, la ciencia o la propia resolución de cada individuo son algunos de los encargados de rellenar los valores de sus entradas. El abanico de combinaciones que influyen en la labor del hermano de carga tiende, por tanto, al infinito.

V

PROCESIÓN

Cae, adarve, en tus paredes
una mano temblorosa
en las vegas de la Aurora
o en el manso lubricán.
Cuando el tiempo se detiene,
cuando Dios ni vive ni muere
ni se atreve a resucitar.

27

Parece que ya es la hora... y no es la hora

EXISTE UN TERRENO DE APROXIMACIÓN, confuso e inestable, donde uno se mueve todavía con torpeza. Comprende todo cuanto sucede cuando el cofrade aún no es hermano de carga, cuando los fervientes rugidos de la muchedumbre apenas son hebras de un eco medroso, cuando la cofradía es mitad añoranza y mitad sueño por venir. Aquellas horas tensas de frontera entre la tibia normalidad del hombre y la creciente efervescencia consustancial al ejercicio de la Semana Santa. Cuando sentimos que se acerca el momento, pero parece que no termina de llegar nunca. Cuando las descargas de emoción subjetiva todavía no alcanzan a nublar el juicio. Conozcamos los avatares del hermano de carga, antes de comenzar la procesión.

La Liturgia de las Horas

Son las cinco de la madrugada: que salga la procesión del Nazareno. Marcan ya más de las seis, aquellas manecillas enfrentadas en el campanario de San Juan. Brisas frías, competencia de aquilones, que horadan las tierras, que acuchillan a tirones. La orilla clara, y el rezo de los hombres. La claridad que despereza, y la luna que se esconde. Siete de la mañana, Santa Clara se convierte en el particular pórtico de nuestra gloria. Es un diminuto oasis que penetra en una máquina del tiempo construida sobre piedras, piedras pobres labradas bajo el sol duro y la encina atormentada. A las ocho, cuando triunfa el celeste sobre las estrellas, se presenta el Nazareno en Santa María. Poco que añadir a esta escena sin arriesgarnos a empañarla. A las nueve horas, el despertar y los desayunos cofrades de migas y porras. Un sueño anegado de emociones que llegan o que ya se han ido. Algunos ya recogen los bártulos, otros ultiman aprisa los detalles de su estación. Las diez del día, la hora que nadie ve, pues no apuramos el reloj en estas fechas de Pasión. Hervideros revoltosos de cofrades invaden los templos para preparar y colocar, construir y reparar, limpiar y recoger. En diario o en festivo. Hombres corrientes con su entrega por grandeza, pobladores de la herrumbre, cofrades del año todos los años. Las once horas traen una cena por la mañana. La hora del andar ceremonioso de la Expiración, Cristo recio y rectilíneo al encuentro del bullicioso pueblo, pueblo vertido por las callejas en glorias de Viernes Santo; día eterno, día a un tiempo alegre y doloroso. Vamos a ver a la burrina. No hace falta estrenar nada. Estrenamos Semana Santa, ¿para qué queremos más? Las doce del mediodía, hora agridulce de principio y de final. Los niños conquistan la calle. Hora del amarillo, del cordero y el apostolado. De armaduras relucientes y cascos emplumados. Palmas y resurrección. Borricos y estudiantes. Reverencia y bendición. La una de la tarde, aflora el compadreo, las masas, el fervor y el costumbrismo desparramados para acompañar a las cofradías de por la mañana. Cáceres, la dulzura de los árboles cayéndose en la acera. Árboles de brazos abiertos y retorcidos como los de Jesús perdiendo su vida a chorros en lo alto de la cruz. Globos, gritos y palomas al cielo que bien conocen su camino. Tantos recuerdos de una vida que van unidos a esta hora. Las dos se marcan siempre en un reloj de sol. Se acercan el hambre y las recogidas. Se riega la mañana con el cáliz de las cañas cofrades. Es la tertulia luminosa de primavera; regreso tembloroso y cada mochuelo a su olivo. Es la hora de la olimpiada en Clavellinas, cuando la cofradía busca su medalla de oro hacia la cumbre de San Pedro. Tres de la tarde, la hora solitaria del lancero. San Mateo, Gólgota de Occidente que preludia siestas de antología. Una cena exhausta baja ya de vuelta. Las cuatro. En la carne señalada la madera crujiente. Caigo recostado sobre el vientre del reposo adormecido. Y a las cinco el descanso pesado, la sobremesa fugaz, el tren que se acerca, el sentir que despierta. Son horas de guardia y calma incierta anunciando, otra tarde, la protestación de nuestra fe. A las seis dan comienzo los rituales. El ritual del cofrade, y el añejo ritual del descendimiento en la recoleta plazuela de San Pablo, rescatada para la Semana Santa. ¿Acaso no estamos ante lo que llamaron Liturgia de las Horas? Los aparejos, a la bolsa. La mano, al corazón. Inane la congoja. Vuela el segundero paralelo a la emoción. Acaban de dar las siete. Ciudadanos y autoridades, curiosos y cofrades, foráneos y locales se lanzan a la intemperie. Va siendo hora de llegar, de ver, de coger sitio. Nos atropella el reloj, y el aire desprende un aroma diferente. El paseo, cronometrado hasta el último segundo. Elegancia y rigor por la puerta nueva de Santa Gertrudis. Montaje laborioso bajo los arcos de Santiago. Ponemos en marcha el perfecto engranaje de un mecanismo secular. A las ocho de la tarde, la Semana Santa se funde con Cáceres como el magma con la mar. El pavimento se torna hormiguero movedizo, los templos se tiñen de colores, fragancias de años viejos que recuerdo con honores, quizá porque los viví de niño, no porque fueran mejores. No cambio ni un trocito de aquí por todo el oro y el moro que nos traigan desde otros lares. Majestad dolorosa entre historiales que meten miedo, palio verde y danzarín, nazarenos presos del perdón, turbantes hebreos, yacente sobrio bajo urna angelical, tarde cofrade en el vivero, la lección primera de humildad. Nueve, hora de batallas y salud, hora de anocheciendo, hora culmen del fervor cofradiero. Quisiera detener el tiempo aquí. En los instantes de penumbra trágica por la Cuesta de la Compañía. En el puente que nos tiende la mano hacia la victoria. En el caminar brumoso y escalonado a deshora. En los paisajes de roca pura coloreando del sol la clausura. Arco de la Estrella, que separas la historia del presente, qué poquitas madres osan cruzar bajo tu puente, puente forrado de espinas, espinas que forman en las esquinas guirnaldas con las parras, Parras que cobra vida una vez al año, por la gracia de su esperanza. Y es de ver el jardín de Cánovas a esta hora... traen la Misericordia hasta donde su consuelo más se añora: El hospital y la Hacienda. La Semana Santa abandona su refugio y visita al Cáceres pagano. Se asoma a múltiples avenidas, a cláxones y semáforos, a fuentes y pasos de cebra. ¿Qué te dan allí para trocar el asfalto con la hiedra? ¿Y las diez? A las diez siempre hay pasos en la calle. Arte, fe y tradición reptan por laberintos de balcones, arcos de fantasía, épicos torreones y otros escenarios que ya el medievo conocía. Y allá en la lejanía, ecos de solemne Vía Crucis al sur de la capital. Once de la noche. Observamos a lo lejos senderos empinados salpicados con puntos rojos. Baja el Amparo. Huele el brezo, la retama y el rastrojo. El Cristo gótico prolonga un clímax inacabable en un barrio con solera. Miramos al humilladero de reojo. Las doce en punto, ¿es ayer o es mañana? Son tres llamadas en el picaporte. Es cantinela de las once palabras. Rústicas teas de luz mortecina. Concierto fúnebre para bombo y esquila. Tintineos y golpes secos se entrelazan a compás. Él jamás cambiaba de repertorio, ni falta que le hacía. Una de la noche, hora negra y singular. La hora del patíbulo. Tiempo de calles inéditas. Caleros, Colombia, Bondad quedan atrás. Éste es su barrio, y ésa su hermandad, el abrupto asiento para el cofrade tradicional. Quedo a solas con mi reloj. No existen alcaldes ni alcaldesas con poder para gobernar en los pliegues de mi alma. No existe gobierno más que yo. Pasan las dos en la oscuridad más fría, solo rota por el resplandor de las cruces de cristal. Se cierran las puertas arriba en San Mateo y abajo en Santa María. Hermanos cabizbajos, con indumentos de otro tiempo, concluyen aquí la exposición pública de su creencia. Es la hora en que el silencio se hace fatiga, y la fatiga se marca tan rotunda en el blanco de los nudillos. Es la hora en que el templo se hace más templo que nunca. A las tres cruzamos el umbral que pregona el paraíso. Despedimos a la madrugada y nos abrazamos a la Madrugada. Túnicas gemelas se pasan el testigo. Antesala del gran sueño, vigilia prolongada. Un retoño de la mística me siento en este momento. Cofrades de mirada ceñida, con la sangre de cuajo y los hombros de cemento. Llegan las cuatro de la mañana. La hora de los turnos apresurados y las cuentas equivocadas. El reloj se acelera por momentos, los dígitos vuelan incontrolables, casi tanto como el bostezo. La vida ya no se rige por el tiempo. La medimos ahora en calles y en plazuelas, en bombos y en esquinas, en marchas y en relevos. Son las cinco de la madrugada. Todo empieza... ¿o todo acaba?

Llegada al templo

Por mucho que repitamos como afiladas letanías que la Semana Santa hay que vivirla todo el año, que los cultos de la hermandad son esenciales, que un cofrade no puede reducir su actividad a un parvo puñado de horas, el día de la procesión termina disfrazándose de proceloso cénit anual. La cúspide de nuestra montaña de doce meses. Tempestuosa, exagerada, brutal. Aquí mueren interminables días de espera, el tiempo al fin se detiene y los cofrades nos arrojamos sin mesura a la nueva Semana Santa para desnudarla, manosearla sin remilgos, roerla en crudo. Iniciamos la jornada procesional con una secuencia inalterable de ritos que se repiten cada año y componen la particular rutina de cada uno. Hay quien pasa este día en familia, o bien se acerca por la mañana al templo para ayudar en los preparativos de la cofradía. Otros prefieren más recogimiento. Si el horario es propicio, alguno se acerca incluso a ver el desfile de otra hermandad. Y todos, sin excepción, miran en algún momento al cielo sea cual sea el pronóstico. Distintos caminos para llegar a un mismo punto de reunión: el lugar de salida.

El hermano de carga cacereño gusta de acudir a las procesiones de forma relajada, bolsa en ristre o túnica bajo el brazo, paseando tranquilamente y muchas veces en compañía de otros hermanos, tras un café o un refrigerio de sobremesa. Estos paseos hacia el templo son ya un temprano aperitivo de la animada convivencia social que supone en Cáceres participar en una procesión de Semana Santa. Aquello de acudir por el camino más corto y en silencio, en nuestra ciudad no se estila. El recogimiento, la reflexión, la plegaria, se dejan para otros momentos.

Se da en Cáceres la peculiaridad de que los hermanos de la mayoría de cofradías deben dirigirse hacia la misma zona -la Ciudad Monumental- y, en consecuencia, atravesar también las mismas calles comunes en su recorrido. Este motivo traza en las tardes y noches de Semana Santa una estampa habitual y entrañable: la contemplación de un cadencioso reguero de cofrades con bolsa que se dirige, Cánovas abajo, hacia el templo de su hermandad. Una vez allí, pocos son los que dedican unos minutos a rezar o examinar su conciencia ante los titulares que van a sacar. Lo habitual, incluso para aquellos que llegan con tiempo, es pasar directamente al patio de carga y aguardar allí a que comience la formación de turnos. Y no es trivial, por cierto, la espera. Se presta el lugar para las primeras conversaciones, saludos, abrazos o apretones de manos. Los más madrugadores comienzan también a vestirse con el atuendo de la cofradía, pues el hermano de carga suele salir de su casa vestido de calle. Sacar la ropa de la bolsa, desliarla con mimo y acomodar el cuerpo en su interior es un breve y pintoresco ritual mediante el cual prologamos, de un modo silencioso y modesto, el arte de la carga.

Cada hermandad tiene sus propias normas, pero la mayoría de hermanos de carga suelen estar convocados con al menos sesenta minutos de antelación sobre el horario oficial de salida de la procesión. Una cita que no todos atienden con rigor, pero que las cofradías tampoco exigen cumplir a rajatabla. Desde muy temprano el goteo de hermanos es incesante, y no se detiene hasta escasos minutos antes de partir, con algún rezagado buscando hueco a toda prisa y preguntando si se han hecho los turnos ya. A uno le queda clavada aquella espina de pensar que, según cómo organice la cofradía la estructura del desfile, algunos hermanos puedan perfectamente completar la estación de penitencia y marcharse a su casa sin haber puesto una sola vez los pies dentro del templo. Cosinas de nuestro Cáceres.

Formación de turnos

El de la formación de turnos es uno de los ritos más propios e identificativos para un hermano de carga. Pocas experiencias encierran una simbología tan rica, y conceptualmente no hay proceso que lo iguale. A él acuden las personas, y de él salen los hermanos. Entra el hombre con el hatillo de su miseria y sale el cofrade, presto para su penitencia. Se presentan hordas de aprendices desdibujados y se marchan escuadrones de guerreros acendrados, revestidos, iguales, como del aire esperando el aliento y del paso la caída. De esa manera distendida, entrecortada, como el paciente goteo del rocío, los hermanos de carga van llegando al lugar designado para la formación. Normalmente -pero no siempre- antes de la hora indicada. Ya hemos dicho que en realidad la convocatoria no se cumple a rajatabla: suele concederse un tiempo prudencial para permitir la llegada de los más rezagados. Reunida por fin la marabunta, esa masa informe de hermanos se desliga en el instante mágico en que el jefe de paso da la orden de empezar a formar. Comienza entonces a situar a los hermanos en dos filas, correspondientes al varal izquierdo y derecho del paso, ordenadas según la estatura de los hombros: delante los más altos, detrás los más bajos. Aunque cada maestrillo tiene su librillo, y cada jefe de paso sus preferencias en estas lides, sigue a continuación una exposición de las fases que comúnmente componen el proceso de formación de los turnos de hermanos de carga.

Los primeros minutos se destinan a la revisión de estaturas, una etapa clave para asegurar una correcta distribución del peso durante la procesión. Para que un hermano de carga pueda dar el máximo de sus capacidades físicas, es imprescindible que todo su turno esté bien medido y alineado. No puede haber grandes *saltos* -diferencias de altura de hombro- entre dos hermanos consecutivos, y evitarlo es obligación del cofrade pero responsabilidad última del jefe de paso. Algunos jefes de paso revisan las estaturas de forma minuciosa, otros lo hacen más al vuelo o simplemente dejan que sean los propios hermanos de carga quienes se coloquen, se midan y determinen su lugar idóneo. Aquellos que han coincidido ya en muchas procesiones sabrán que su sitio exacto está delante o detrás de un determinado compañero. Otros, en cambio, tendrán que fiarse de su ojo clínico para encontrar su número de orden dentro de la fila. Por desgracia, no todos atienden esta función con la importancia ni el rigor que se merece. En este sentido, un hermano nos confiesa que a su juicio *«...por desgracia, sigue habiendo muchos jefes de paso que no colocan a los hermanos por altura: "Colocaos vosotros y si alguno va mal, en la calle os cambiáis"».* Aprovechando estos descuidos, puede darse el caso de que algunos hermanos se retrasen intencionadamente algunos puestos en su fila para entrar en los de cabeza del siguiente turno, en vez de quedarse en la cola del turno que le correspondería en realidad por altura. Esto ocurre desde tiempos inmemoriales, y seguirá ocurriendo mientras los responsables de los pasos toleren estos comportamientos o no presten la debida atención al proceso de medición de hombros. *«No debe ser tan difícil conseguir que prime el equilibrio sobre el lucimiento. Es increíble que aún haya descompensaciones derivadas del anhelo de ir más adelante cuando tu desajuste repercute muy perjudicialmente en los demás. Nada más natural que cambiar el sitio si no se va bien, y para eso es fundamental la labor de los jefes de paso, que muchas veces no dan la talla en este sentido».* Consideremos en este punto la dificultad añadida de que el pavimento donde se realizan los turnos no siempre es llano: los desniveles del terreno engañan a la vista y dificultan por tanto la correcta colocación de los hermanos.

Formadas y graduadas las filas, el jefe de paso o algún ayudante procede a contarlas, y a hacer los cortes necesarios en caso de que salgan varios turnos. Después se reordenan los varales -las dos filas- para ajustar, según el criterio del jefe de paso, el número de componentes de un determinado turno, o para igualar el número de hombros que cargarán en ambos costados. No a todos los hermanos les da lo mismo cargar en uno u otro lado. Por culpa de la acumulación de procesiones, algunos ya llegan con un hombro más castigado de lo normal, y otros sencillamente se agarran a uno de los varales *"porque yo con el otro hombro no sé cargar (sic)"*. El cálculo de hermanos se extiende por dos, tres o cuantas veces sea necesario hasta cuadrar las cuentas. Siempre hay alguno que realiza una visita apresurada al baño, o llega tarde y se mete en la fila a última hora con la consiguiente pataleta del sufrido contador. Debido a los rigores del espacio, hay veces que los hermanos están tan juntos que no son capaces de formar una fila india perfecta, y provocan que alguno pueda contarse de más o de menos sin que nadie se aperciba. Nos consta que no pocos pasos salen a la calle calzando en un costado dos o tres hombres menos que en el otro.

Cuando ya se han separado los grupos que van a formar cada turno, hay que colocar a los hermanos para formar los varales centrales de cabeza y los de cola. En Cáceres los pasos tienen normalmente tres, cuatro o cinco varales, de tal forma que siempre hay que completar uno, dos o tres centrales respectivamente, tanto en la delantera como en la trasera. El número de hermanos que cabe en cada uno de ellos varía: una o dos personas en los pasos más pequeños, y tres o más en las andas de mayor longitud. Lo habitual es que los hermanos necesarios de los extremos de cada fila se coloquen en el centro para cubrir los huecos que el jefe de paso disponga. Los hermanos de menor estatura, que ocupan los últimos lugares de cada varal -tanto exteriores como centrales- reciben el cariñoso y muy cacereño apelativo de *calderilla*[7]. ¿Qué sería de nuestros pasos sin la entrañable calderilla? Tras un último repaso a las estaturas, el turno está listo para salir. Las variaciones en el número de hermanos que acuden de un año para otro impiden al jefe de paso saber con exactitud de cuántos relevos dispondrá ese día. Suelen

---

7   Véase Apéndice II – Antiguo diccionario cofrade cacereño.

salir dos turnos, aunque hay pasos que llevan tres y otros que solo alcanzan a tener uno (y por tanto sus hermanos no descansan en toda la procesión).

Uno de los grandes problemas, y a la vez uno de los momentos más temidos por cualquier jefe de paso a la hora de hacer los turnos, es que le salgan *picos:* esto es, que el número de hermanos no sea suficiente para completar dos turnos, pero resulte excesivo para meterlos a todos en uno. Los picos, una burla malévola de la aritmética, pueden gestionarse de varias formas: intentando meter algunos hermanos a cargar debajo del paso -cosa que no a todos les gusta- para completar un solo turno muy amplio; enviar algunos hermanos a otro paso donde puedan tener cabida, si es que la hermandad saca varios; o la más controvertida de todas, salir con picos. Esta última alternativa suele ser garantía de confusión: el arreglo implica que en los relevos no se cambie el turno completo sino solo algunos de los hermanos -los que hayan quedado *de pico-.* Por consiguiente, algunos hermanos estarán más frescos mientras que otros harán toda la procesión sin descansos. La diferencia de fuerzas puede hacerse visible al final, aunque no siempre el turno queda descompensado. *«Cuando hay picos los jefes de paso se empeñan en cortar por alturas y dejar un pico de los bajos como relevo parcial. Pero cuando entra ese relevo en sustitución de aquellos que vayan a descansar, los restantes no son de su misma estatura. Entonces se producen desajustes que lo que hacen es cansar más a los que se quedan en el paso».* Pero la mayor problemática de trabajar con picos viene a la hora de hacer los cambios: los hermanos que están cargando deben saber exactamente si les toca salir del relevo, o si siguen en el paso pero tienen que cambiar de sitio -ya que los que entran nunca son de la misma estatura-. Por extraño que parezca, siempre hay alguno que se despista o que no sabe lo que tiene que hacer. En definitiva, la decisión compete siempre en exclusiva al jefe de paso, y cada con más frecuencia se opta por cualquier solución que no implique dejar hermanos de pico.

Muchas veces, la formación del turno no es la idónea o surgen imprevistos que hay que resolver sobre la marcha. En estos casos los hermanos se recolocan en el transcurso de la procesión, adelantándose o retrasando su posición en el paso hasta encontrar el sitio donde cojan el peso que les corresponde. Estas correcciones no necesariamente suceden por un descuido del jefe de paso, sino también porque hay veces que los turnos, como ya hemos dicho, no se realizan en un lugar plano y por tanto la percepción visual de la altura del trabajo -la clavícula- se falsea.

Patios de carga

Cada hermandad suele tener un lugar fijo todos los años para formar sus turnos, conocidos en Cáceres como *patios de carga*. Pueden estar situados en alguna dependencia de los templos, o en los exteriores del mismo, normalmente en las traseras o calles anexas donde no se aglomere mucho público. Así, los turnos de nuestros hermanos de carga se forman entre los cipreses y la hojarasca del patio trasero de la ermita del Amparo; el inclinado piso de las traseras de la Parroquia de Santiago, frente a la puerta del Peregrino; el trasiego de la calle Hornos (para el paso de Cristo) o la quietud de Cornudilla (para el paso de Virgen) en la salida de la Soledad; el bullicio de la Plaza de las Veletas en la tarde del Jueves Santo; el claustro del Centro Ágora Francesco, anexo a Santo Domingo; la columnata del enorme patio interior del Palacio Episcopal; la Plaza del Doctor Durán (traseras de San Juan) o el entrañable patio interior de Santa María entre cachivaches de mantenimiento y otros restos de los menesteres de la concatedral…

Cada vez que paso a su vera, noto cómo estos patios me regalan una mirada de complicidad, buscando a tientas un apoyo que ya pocos le brindan. Acurrucados en las entrañas de iglesias y palacios, abriéndose al aire de par en par sin remilgos, estos simpáticos rincones han visto pasar modas y épocas, personas y personajes, casi sin inmutarse. Hoy merecen que les hagamos un poquito más de caso. Son ellos la cocina misma de nuestro oficio, el fogón donde el arte de la carga comienza a bullir en su primer hervor. ¡Cuántas ideas derivaron de locura a realidad, cuántos proyectos, cuántos logros comenzaron a gestarse entre sus muros! Nidos de anécdotas, avisperos de tensiones y desencuentros de última hora, vestuarios para el hombre y para el alma, gol del Madrid, esencia del Cáceres concentrado. En vos se alumbra la Semana Santa. No muráis, patios de carga.

Manual de supervivencia:
de aseos y urinarios en el camino

Muchas veces cuando púber, y alguna también de mayor, hubiera deseado perderme y escudriñar cada recoveco de la guía que sigue a continuación. ¡Cuántas cosas nos explican y qué poquitas nos enseñan! Ahora, siempre dentro del respeto y el decoro que requieren estos menesteres, quiero lanzar desde estas páginas un humilde salvavidas en pos del cofrade desprevenido: aquél que arriba al templo apurado por la vejiga o se encuentra con un súbito apretón pocos minutos antes de salir en procesión. Quienes se dediquen a este oficio, incluidos muchos de vosotros, lectores todos de prolija trayectoria bajo las túnicas, sin duda sabréis reconoceros en este espejo. El que esté libre de pecado que tire la primera piedra... pero, por favor, que apunte hacia abajo.

¿Qué hacer en estos momentos borrosos? ¿Luchar o ceder? ¿Divagar o hacernos presas de la angustia? Aquí, seguro, no hallaremos oración que nos ampare. Para aliviar tal picajosa y acuciante sensación, conviene saber que entre sillares y crucerías de piedra, al fondo de una sacristía o a la vuelta de cualquier rincón, nuestros templos esconden los siguientes puntos de alto interés evacuatorio:

En **Santiago** gaste cuidado, pues al sacristán no le agradan las visitas y conviene que no se perciba de nuestro propósito. La sacristía dispone de un vetusto cuarto de baño, y tiene dos puertas de acceso: para la principal debemos cruzar las rejas y entrar hacia el altar, justo a mano derecha. Atravesaremos una alfombra, gruesa y mullida, de esa estirpe de alfombras olvidadas que han ido absorbiendo a lo largo del tiempo los ecos de los pasos de la gente. Una vez dentro de la sacristía, tras evadir al hosco guardián, volvemos a mirar hacia la derecha para encontrar la diminuta puerta en un rincón, suponemos que olvidado y de uso infrecuente. La segunda vía de acceso, más escondida, se encuentra en una esquina al fondo de la pequeña capilla donde está el Cristo de las Indulgencias durante todo el año, y el paso de Ntra. Sra. de la Misericordia en los días de procesión. Atravesamos una puertecilla y hallaremos el cubil a mano izquierda, en esta ocasión sin necesidad de atravesar las dependencias de la sacristía. Otra opción, fuera de Santiago, son los bares de la Matilda (en las traseras del templo, en pleno patio de carga) y el Chicha (en la parte baja de la plaza), perpetuo colaborador de la hermandad como muchos conocen. Será difícil, empero, encontrarlos abiertos en la tarde del Domingo de Ramos, y mucho más para la Madrugada, cuando recomendamos sin lugar a dudas venir muy liberados de nuestros domicilios. Si acudimos temprano a la cita con el Nazareno, podremos tantear previa investigación el bar o local donde la Hermandad Universitaria de Jesús Condenado celebra su desayuno post-procesional entre las tres y las cuatro de la mañana.

En *Santa María* lo tenemos más fácil, pues la sacristía es punto de paso obligado de camino al patio de carga. El baño se encuentra al fondo de la misma, a mano derecha si vamos en dirección al patio o a mano izquierda si vamos hacia la nave central del templo. Por su accesibilidad las colas son grandes, de modo que aconsejamos vivamente, si nos vemos en la urgencia, adelantar la micción lo máximo posible. Otra opción plausible es acercarse a la vecina Plaza de San Jorge para hacer uso de los urinarios públicos, situados en la margen izquierda de la plazoleta, a los pies de la escalinata.

Si algún año inicia usted su estación de penitencia desde el *Palacio Episcopal*, habrá de atravesar la estancia principal y bajar las escalinatas que conducen al amplio patio/garaje interior. Allí se encuentra la puerta del aseo, concretamente en la arista del cuadrilátero que une la cochera con la antedicha escalera. A mano derecha, según hemos bajado.

Los cofrades del *Amparo*, por el contrario, no encontrarán letrinas techadas en kilómetros a la redonda de la ermita. Actúan en nuestra contra la solitud del lugar y lo intempestivo del horario. Para solventar el apuro, o acaso asegurarse la tranquilidad durante la procesión, lo más práctico será irse algunas decenas de metros más arriba del templo, y buscar cobijo entre los árboles y ramajes que jalonan el margen derecho de la carretera de la montaña. Cierto es que deberán demostrarse aplomo e insolencia suficientes para consumar el acto a la intemperie. A cambio, el cofrade disfrutará de una simpar panorámica nocturna de nuestro Cáceres, que sin duda contribuirá a enaltecer y dignificar el momento. La imposibilidad de cometer escapatoria durante el recorrido hace sin duda de ésta una elección prudente, y diríase que recomendable, previo comienzo de la tortuosa estación de penitencia del Cristo del Amparo.

En **San Mateo** encontramos el auxilio del trono salvador detrás del altar, tras una pequeña puertecita que hay justo a mano izquierda del retablo. Tras descender un par de escalones accedemos a un trastero que, a modo de ancestral caverna, encierra en sí mismo cuatro improvisadas paredes de poca altura que dan forma al aseo, casi sin pretenderlo. Esta terna de habitáculos concéntricos nos deja una extraña sensación de improvisación forzada, como si pidieran perdón porque en sus orígenes no fueran concebidos para tal propósito. Aviso para navegantes y advenedizos: antes del desfile del Jueves Santo se celebran los oficios en la parroquia, con ingente afluencia de hermanos y devotos, de tal suerte que cruzar el recinto y alcanzar el preciado aposento supone más una epopeya que una misión factible. Si la urgencia aprieta, es aconsejable utilizar el baño, con rapidez, pasadas las ocho de la tarde, cuando estemos ya dentro del templo esperando el turno de nuestro paso para salir. Eso sí, los hermanos de la Oración y del Beso de Judas deberán apresurarse si quieren llegar a tiempo a sus varales.

La ermita de la **Soledad** también es plaza de ardua lidia. Este recoleto templo se encuentra siempre muy concurrido en los días de cofradías, y el trajín habitual previo a las procesiones se multiplica atrapado en las estrecheces del lugar. Aun así, podemos intentar acceder al inodoro situado a mano derecha del altar, tras cruzar el angosto habitáculo que hace las veces de sacristía en la ermita. Las garantías de éxito, sin excepción, disminuyen conforme las manecillas se acercan a las ocho.

Fuera de los templos, un recurso muy socorrido además de los mencionados baños de la Plaza de San Jorge es acudir a la oficina de turismo situada en la calle del Olmo, haciendo esquina con la Puerta de Mérida. Dispone de un aseo a la entrada que puede resolvernos más de un apuro de camino a nuestras estaciones de penitencia, si quizás hemos abandonado nuestro domicilio con más prisa de la debida. Debido a las especiales fechas que tratamos en este envite, el citado centro suele estar abierto a las horas de mayor concurrencia. El personal, decoroso y comprensivo, se encuentra muy al fondo del lugar, y no pondrá pegas. Aprovecho la ocasión para mostrar con justicia mi gratitud personal hacia ellos.

Si bien insistimos en que la primera recomendación es venir bien evacuado de casa, nadie está exento de verse sorprendido en combate contra el voraz imperativo de la natura. En estos casos, siempre será preferible atender cualquiera de las soluciones aquí propuestas, antes que abandonar la estación penitencial buscando arremangarnos las ropas al fondo de alguna oscura taberna.

Compendio práctico de maniobras

EN EL TRANSCURSO DE UNA PROCESIÓN, el trabajo del hermano de carga no se limita únicamente a andar de frente con su paso a cuestas. Seríamos injustos confinando su labor a un espectro tan reducido. Es el nuestro un oficio complejo, de hondura superlativa, que requiere un extenso periodo de formación y que se esculpe minuto a minuto, grito a grito, matiz a matiz. En lugar de gubia, horquilla; y en lugar de madera, calles detenidas en el tiempo. Su vasto bagaje técnico comprende diferentes maniobras o gestos derivados del genuino estilo cacereño de cargar pasos. Vamos a glosar en este capítulo aquellos que consideramos más relevantes.

Relevos

Procesión en marcha, manos enguantadas, horquilla en ristre, los hermanos, previamente organizados en uno o varios grupos y medidos según la altura de su hombro, se enfrentan a la terrible dualidad de conjugar el rigor de un acto de constricción personal con las necesarias y constantes directrices externas de organización del evento.

En Cáceres no todos los pasos cuentan con hermanos de carga suficientes para formar más de un turno. Sus hermanos, por lo tanto, deben cumplir su penitencia durante la procesión completa, sin más descanso que las breves paradas que se efectúen en cada recorrido. Un esfuerzo relativamente asumible, por cuanto las procesiones en nuestra ciudad no suelen prolongarse más allá de las tres o cuatro horas. Cuando hay gente suficiente para formar dos o más turnos de carga, uno de ellos va cargando el paso, y los demás deben aguardar su momento. Y aquí es cuando entra en juego la muy cacereña rueda de los relevos, un procedimiento que por particular también contribuye a fortalecer de las raíces y a preservar la pureza de nuestras formas de expresión en Semana Santa.

Los hermanos que van de relevo participan de la procesión como el resto de cofrades: deben ocupar un lugar preasignado y guardar las mismas normas de compostura que los demás. Desfilan normalmente delante del paso. Si hay más de un turno en el relevo, aquel al que le corresponda el siguiente tramo irá siempre más cerca de las andas. Del mismo modo, el turno que termina de cargar pasa a situarse delante del relevo existente. Con menos frecuencia, encontramos también cofradías que prefieren situar a sus hermanos de relevo detrás de los pasos con el fin de arropar la cola del cortejo y dar solidez a su impresión estética.

El orden de carga entre los turnos se determina según tres criterios: suerte, rotación o designación directa. En el primero de ellos se sortea qué grupo efectúa la salida del templo, con un representante de cada turno como testigo del proceso. Como segunda vía, otras cofradías emplean un sistema rotatorio de forma que cada año un turno saca el paso y al siguiente año lo recoge. Y en el tercero es el jefe de paso quien determina a su voluntad el orden de los turnos cuando le interese contar con determinados hermanos en lugares específicos del recorrido. Por ejemplo, es usual que se reserven los tramos más difíciles para los hermanos en los que el jefe de paso tiene más confianza, ya sea por su fortaleza, porque cuenten con más experiencia, o porque su altura facilite determinadas maniobras.

Los relevos cacereños duran poco tiempo, normalmente alrededor de treinta minutos. Por lo tanto, cuando se forman tres turnos de carga no es raro que a muchos hermanos se les haga corta la faena, o incluso demanden más recorrido, como ya ha sucedido en alguna cofradía. Ello nos lleva a plantear otra cuestión: ¿hasta qué punto afecta al trabajo la frecuencia de los relevos? Durante el relevo todos los cuerpos se enfrían, y lo hacen con mayor rapidez si no han estado excesivo tiempo trabajando. Está comprobado que cuando el cuerpo lleva ya un rato de esfuerzo y los músculos se acostumbran a realizar la función que se les requiere, el hermano suele ir más asentado y cómodo debajo del varal. Esto es lo que se conoce en el argot de la actividad física como *romper a sudar,* o sencillamente realizar un breve calentamiento preliminar, que en Cáceres no se produce sino una vez comenzada la procesión. Las apetencias, casi siempre, dependen de la persona y del tipo de paso: *«Yo en pasos muy duros prefiero relevos cortos y frecuentes; en pasos livianos prefiero disfrutar de "chicotás" largas con música».* Este otro cofrade opina que la frecuencia de los relevos debería regirse por un criterio esencialmente práctico: *«Es más cómodo para el hermano de carga que los relevos sean más cortos y más frecuentes. Evitan que uno se enfríe y, según mi punto de vista, al llevar más fuerzas debajo del paso, se tenderá a andar de forma más acompasada. No creo que sea una cuestión de gusto -en este sentido, entran ideas equivocadas o tradiciones inventadas-, sino física. El cuerpo humano tiene unos límites y un engranaje que es necesario conocer para que los pasos y los hermanos de carga se acoplen de la mejor forma posible».* Y en similar línea de opinión, un último testimonio: *«Yo prefiero los relevos más cortos. Hay veces que acabas un relevo muy largo ya un poco tocado para el siguiente, y eso es perjudicial. Lo arrastras para toda la procesión».*

El jefe de paso o la propia cofradía suelen tener planificados los lugares donde se van a efectuar los relevos. Se tiende a escoger calles o puntos específicos que posean la anchura suficiente para permitir el cambio de posiciones con la mayor comodidad y limpieza posible. Sin embargo, esta planificación inicial a menudo se ve alterada por circunstancias propias e imprevistas de la procesión: hermanos que van más castigados de la cuenta, retrasos inusuales, o modificaciones en los recorridos de última hora. La distribución de los relevos tampoco es necesariamente uniforme a lo largo del itinerario. Lo habitual es que al principio, cuando los hermanos están más frescos, los relevos sean más largos, mientras que al final de la procesión el jefe de paso prefiere hacerlos más cortos para no castigar en exceso al personal. Por último, debemos señalar que en los relevos de los distintos turnos no tiene por qué repartirse el itinerario de manera equitativa. Por ejemplo, si a un turno se le reserva la ejecución de los tramos mas duros (escaleras, tramos cuesta arriba, o bajadas a los brazos, por ejemplo) será normal que el otro turno disponga de relevos más largos para compensar el esfuerzo.

Levantar el paso

Levantar el paso que está apoyado en las horquillas es la acción que marca el inicio de una nueva marcha, y también por lógica la que más se repite a lo largo de un desfile procesional. Para los hermanos de carga, esta operación no reviste la misma dificultad y trascendencia que por ejemplo para un costalero. Conviene, en cualquier caso, que el hermano ejecute la maniobra con la espalda recta, y trate de imprimir la fuerza con las piernas en vez de con el tronco. Básicamente se trata de proyectar el máximo esfuerzo en el menor tiempo posible. Eso le hará ahorrarse, a la larga, bastantes consultas médicas.

El acto de levantar el paso no viene arropado por ritual alguno, ni reclama apenas preparativos previos. En Cáceres no existe la necesidad de avisar a la trasera antes de levantar un paso, como sí es costumbre en cofradías del sur donde los cargadores o costaleros viajan dentro de un cajón cerrado por sus cuatro puntos cardinales y se pueden desconectar con facilidad de lo que ocurre afuera. El llamamiento cacereño se realiza pues con una única voz general, ante la cual todos los hermanos se dan por aludidos. Para asegurar la efectividad de la llamada es importante, primero, que la voz sea potente para que nadie se despiste. En segundo lugar que el jefe de paso deje pasar ni más ni menos que el tiempo justo desde que avisa (a la voz de *"atentos"*) hasta que ordena levantar el paso (a la voz de *"arriba"*). Si tarda demasiado poco, la maniobra pillará desprevenidos a algunos hermanos, con el consiguiente riesgo de que algunas partes del paso se levanten antes que otras. Por el contrario, si el jefe de paso tarda demasiado en llamar, algunos hermanos de forma instintiva ya habrán retirado su horquilla y metido el hombro para levantar. No podrán aguantar mucho con las piernas flexionadas en esta postura, donde los segundos transcurren eternos como esperando ver caer un goterón de brea. Además, durante estos breves instantes el paso tenderá a venirse abajo por la falta de sujeción. Lo adecuado, por tanto, es dejar entre el primer aviso y la orden de subida un lapso de alrededor de dos segundos, suficientes para que todos los hermanos se preparen y encaren la maniobra por igual. Cuando no se siguen estas pautas básicas, la estética se resiente y lo que es peor, los hermanos de carga se incomodan. *«En muchos pasos el llamador no se escucha en condiciones, los hermanos de carga no han tenido tiempo de colocarse o el jefe de paso sólo ha avisado a la delantera. Es cada vez más frecuente ver los pasos levantarse en varios tiempos y escuchar el lamento generalizado de los hermanos».*

Resuelta la llamada, no es Cáceres amiga de los alardes ni sus costumbres proclives al folclore gratuito: el paso se levanta de las horquillas con la fuerza justa y necesaria para colocarlo sobre los hombros de sus hermanos; y nunca se eleva por encima de esta altura. En lo que dura este menester, es posible recibir sobre sus cabezas la bendición en forma de gotas de cera o fusca de las flores secas que, impulsadas por el brusco movimiento, abandonen la vertical de las andas y aterricen sobre las cabezas y túnicas de los desprevenidos hermanos situados en el piso inferior.

Bajar el paso. Apoyo en las horquillas

Hemos visto en capítulos anteriores que los pasos cacereños no están provistos de ningún tipo de pata o zanco en su estructura. Si bien en el templo los pasos descansan sobre gruesos soportes metálicos o de madera -llamados burrillas- hasta la hora de la procesión, existen obvios impedimentos logísticos para desplazarlos y sustentar las andas durante todo el recorrido de la cofradía. La solución para esta tesitura vuelve a hundir sus raíces en la más genuina identidad cofrade cacereña.

A la voz de *"atentos... abajo"*, los hermanos dejan caer el paso con suavidad, y como por arte de magia los kilos se sostienen danzando al alimón sobre un puñado de horquillas. Que nunca son todas, porque siempre hay alguna que cojea. Pero el vistoso truco tiene trampa: si el hermano no hace por sujetar el paso, todo el conjunto se va al suelo. No son las horquillas, sino los hermanos, quienes realmente están sujetando el paso durante los descansos. Siempre hay alguno que olvida este crucial cometido, pero esa es otra cuestión. La mística experiencia de cargar un paso en Cáceres no se vive completa sin escuchar el eco de las horquillas cayéndose y rebotando contra el suelo en alguna parada. Si la horquilla es de madera, el ruido aún se amortigua un poco, pero si la horquilla es de hierro el estruendo deja en evidencia sin miramientos a su descuidado responsable. *«A veces los cofrades nos quejamos sobre este asunto, pero es cierto que cuando no se cae ninguna horquilla casi que se echa de menos el ruido. Parece como que te falta algo».*

Cuando un paso descansa sobre las horquillas, y aunque los hermanos se afanen en sujetarlo con sus brazos, es inevitable que se produzcan movimientos en distintas direcciones por la inercia que ejerce la masa sustentada sobre un punto de apoyo inestable. En realidad, podemos afirmar con sólidos argumentos que un paso en ningún momento está quieto cuando descansa. Lo que sucede es que la mayoría de sus movimientos mueren en la frontera de lo perceptible. En el caso ideal, las horquillas deberían estar formando un ángulo recto sobre la vertical del paso (no sobre el suelo), pero esta situación apenas se da en la realidad. Porque el pavimento nunca es plano, y porque es materialmente imposible que todos los hermanos coloquen sus horquillas al mismo tiempo y en la misma posición. Cuando el ángulo se abre más de la cuenta, los hermanos deben corregir el paso tirando de él o empujándolo con sus manos hacia el lado contrario para compensar la inclinación de las horquillas y acercarlas de nuevo a los noventa grados tanto como sea posible. Este inexcusable impulso corrector desemboca en un repentino movimiento horizontal de las andas y suele alarmar a los espectadores profanos en la materia, ignorantes de que la maniobra está premeditada y perfectamente controlada. También asusta un poco, todo hay que decirlo, si te pilla cargando por debajo y no te has enterado de lo que han decidido hacer en el exterior. *«A mí me sorprende una barbaridad que no se caiga el paso con la cantidad de movimientos que se ven y los descuidos de muchos hermanos. Alguna vez, y no es broma, lo he pensado mientras estaba en un descanso debajo del paso: ¿en qué posición habría de colocarme, qué tengo que hacer si esto se viene abajo?».*

La consecuencia más inmediata de esta inquietante coreografía es el riesgo de que las horquillas de madera sufran daños, hasta el punto de partirse por la mitad si no se mantienen totalmente verticales. Al doblarse, pierden toda rigidez y se convierten en un juguete a merced de la gran mole que sostienen. Además de verse sometidas a la tiranía de los momentos de inercia, el percance más frecuente que sufren las horquillas consiste en que su cabeza se desprenda de su cuerpo y termine saltando por los aires, por culpa de los continuados golpes contra el suelo que logran desencajar la pieza superior. En otras ocasiones la cabeza no acaba de desprenderse por completo, sino que simplemente se desencola y termina bailando grácil sobre el resto del cuerpo, amenazando con irse de fiesta en cualquier momento. El riesgo de rotura es mayor cuanto más fuerte se golpee el palo, alarde que no es necesario para cargar pero que determinados pasos lo han incorporado a su personalidad y convertido en toda una seña de identidad. Los hermanos vinculados a estos pasos repiqueteadores son duchos en esta lid y afortunados de que alguna junta de gobierno no decida pasarles cualquier año la factura de la reparación en carpintería.

Existen dos corrientes de opinión claramente diferenciadas sobre la forma correcta de posar un paso en el firme. Algunos hermanos prefieren acercar primero la cuna de la horquilla y apoyarla en el varal, para asegurar el agarre, y luego dejarlo caer hasta el suelo. Si se escoge esta opción hay que estar muy pendiente de que la túnica, y sobre todo nuestros pies, queden fuera del alcance de la horquilla cuando su punta bese el suelo. La alternativa más segura, y preferida por la mayoría de hermanos, es apoyar primero la horquilla en el suelo y luego acompañarla para procurar que el paso caiga justo encima de ella y se duerma dulcemente en su abrazo confortador. Ante cualquier error o imprevisto, siempre resultará más sencillo corregir la posición de la horquilla que la de nuestro pie atrapado entre alaridos. «*Nunca presté atención a cómo realizar la maniobra de bajar el paso al suelo, hasta que un año me atrapé el pie con una horquilla. Me hice apenas un rasguño, porque por suerte el zapato amortiguó bastante la herida, pero el susto no me lo quita nadie. ¡Lo sorprendente es que el accidente no me ocurrió con mi propia horquilla, sino con la del compañero que iba detrás de mí!*».

A los brazos

En el transcurso de un desfile puede suceder que algún elemento aéreo de escasa altura, usualmente cables tendidos entre fachadas o extremos de vegetación arbórea, amenace el recorrido. La primera opción que tenemos para solventar este trámite consiste en elevar o apartar el obstáculo, por medio de alguna pértiga preparada a tal efecto, lo suficiente para que el paso pueda pasar por debajo sin esfuerzos adicionales. Cuando esto no es posible, el único remedio es que los hermanos bajen el paso del hombro y lo aguanten con sus brazos. Sujeta a un variable grado de improvisación, la operación se ejecuta como sigue:

A la orden del jefe de paso, los cofrades retiran su hombro para dejar que el paso descienda, y lo sostienen apoyado en sus antebrazos a una altura aproximada entre el pecho y la cintura, según sea necesario. De esta guisa los hermanos avanzan, casi se deslizan, los metros necesarios para sortear el obstáculo por completo. Algunos ayudantes o hermanos de otro relevo se encargan de recoger las horquillas para facilitar la maniobra, a no ser que los centímetros que hay que salvar en vertical sean pocos y baste entonces servirse de un solo brazo. La postura descrita es bastante incómoda, no solo para moverse sino sobre todo para hacer palanca y ser capaces de volver a subir el paso desde ahí. La dificultad es aún mayor si se trata de un palio, ya que en este caso el trayecto horizontal que hay que recorrer para sobrepasar el obstáculo es mucho más extenso que en un paso normal, y ello se traduce en que el esfuerzo de los hermanos de carga debe prolongarse por más tiempo. Al fin, a una última voz del jefe de paso, los varales vuelven de un tirón a la altura de los hombros, y los hermanos calzan de nuevo en la almohadilla. Si el obstáculo estaba muy bajo y por tanto el paso queda tras la maniobra a una altura escasa para subirlo de golpe, se procede a levantarlo en dos tiempos. Los ayudantes reintegran las horquillas y continúa la marcha.

Puede ocurrir que algún hermano novato o despistado se quede debajo del paso mientras éste baja, y pase un rato bastante regular hasta que su prisión retorne a una altura normal. Si se detecta que el espacio remanente entre el paso y el asfalto va a resultar manifiestamente reducido, la presa deberá avisar voz en grito de su presencia allí, y esperar que alguien se percate del incidente con la suficiente premura. En el peor de los casos optará por reptar hacia la primera rendija que encuentre, y saldrá gateando de manera apresurada y poco elegante.

Más allá de ramajes ocasionales o los réprobos cables que lancean nuestras calles de muro a muro, es habitual ver este tipo de maniobras en emplazamientos fijos, como por ejemplo el paso bajo el Arco de la Estrella o el arco de la calle Ríos Verdes, pero sobre todo en las entradas y salidas de los templos: las centenarias puertas de las iglesias cacereñas no fueron concebidas para el tránsito procesional, y sus dimensiones así lo atestiguan.

Entradas y salidas de los templos

En Cáceres, la mayoría de templos o emplazamientos desde los que salen cofradías presentan un problema común: las dimensiones. Concretamente, la altura. Muy pocos pasos pueden entrar y salir a hombros sin necesidad de practicar maniobra alguna. Es bajo estos dinteles, en estas puertas de ojiva, donde acontece cada año el milagro. La solución usual consiste en bajar el paso a los brazos, pero esta maniobra presenta aquí, a diferencia de lo que ocurre el espacio abierto de las calles, un nuevo escollo: la anchura de la puerta es escasa para que los hermanos puedan colocarse con propiedad y operar con holgura. Hay que convivir con la dificultad, y para ello existen prácticamente tantos métodos como jefes de paso distintos. La pauta común indica que todos los hermanos deben abandonar su puesto en los laterales del paso, y algunos de ellos concentrarse en la delantera y la trasera, para ayudar agarrando de los varales o donde buenamente puedan. El resto deberá esperar y recuperar la posición en la calle. Los escasos centímetros que quedan de margen entre las andas y el marco de la puerta en ocasiones no bastan para evitar roces o pequeños golpes, que van dejando su huella en la madera como el tiempo dibuja las arrugas en la piel. Si el paso es muy pesado, se suele dejar a algunos hermanos colocados en los varales laterales, sin salir, para ir aliviando el máximo peso posible a medida que la mole cruza la puerta. Ellos se irán quedando dentro del templo hasta que el paso está completamente fuera, y solo entonces saldrán para unirse al resto y recobrar su puesto bajo los varales.

Algunas hermandades encuentran en su sede canónica alturas o anchuras diferentes, no siempre alineadas entre sí, que deben sortear antes de poner sus pasos en la calle. Es el caso de la cofradía del Humilladero, que a las pequeñas dimensiones de la puerta del templo del Espíritu Santo debe sumar los arcos de los soportales en su exterior, o el templo de San Mateo, que apenas dos metros antes de la salida tiene una gran puerta de acceso interior que es unos centímetros más estrecha que el propio arco de piedra de la fachada. En otras ocasiones son la ciencia o el ingenio quienes ayudan a solventar lo imposible, como ocurre con las cofradías incardinadas en el templo de Santiago. La hermandad de la Sagrada Cena instala una rampa para salvar el desnivel de calle con respecto a la planta de la iglesia, mientras que la cofradía de Jesús Nazareno se ve obligada a montar el palio de la Virgen de la Misericordia una vez que las andas ya están en la calle.

Las maniobras de entrada y salida son señaladas de manera unánime por los jefes de paso como aquellas que les suponen una mayor preocupación y complicación técnica. El motivo principal es que para solventarlas con éxito, como ya hemos apuntado, necesitan prescindir por unos momentos de varios hermanos del turno, y quedarse con los mínimos debajo del paso. *«Es complicado porque, al no contar con el turno completo, el paso pierde fiabilidad y se está a merced de que los hermanos que quedan respondan adecuadamente. Para minimizar esto, lo que hago es meter un hermano más por cada varal delantero y trasero (quitándolos para esta maniobra de los laterales) y, si veo que el turno no es lo suficientemente fuerte, poner un hermano en cada punta del varal para que eche una mano».* Otro jefe de paso apostilla: *«La operación más difícil es aquella en la que tienes que quitar gente de los laterales. Como no coordines bien, se te quedan dentro más de la cuenta, o se salen antes de tiempo...».* Y también recogemos este interesante apunte: *«En estas maniobras se requiere destreza, tanto del jefe de paso como de los hermanos, aunque en cuestión de esfuerzo físico quizás no haga falta tanto como en otras. Al fin y al cabo se trata de maniobras cortas. Por ejemplo, entiendo que el esfuerzo físico de los hermanos es mayor cuando la Virgen de la Misericordia pasa por debajo del arco de Ríos Verdes, porque aunque no hay que quitar ningún hermano de debajo del paso, el arco es bastante ancho y la maniobra lleva más tiempo. Además esto sucede ya al final de la procesión y, generalmente, al final del tramo en que ese turno va cargando, que trae el paso desde la calle General Ezponda».*

Estas operaciones originan un curioso tumulto controlado, donde la voz del jefe de paso no siempre se escucha tan nítida como debería y todo el mundo, dentro y fuera de las andas, intenta aportar su granito de arena sin pedir permiso. Una costumbre que costará tiempo erradicar, si es que alguna vez lo ven nuestros ojos. Todo transcurre en segundos, intensos y fugaces, en los que el hermano de carga tiene la sensación de que le faltan ojos, manos y oídos para llegar a todos los sitios. Atiende a las órdenes del jefe de paso, baja un poco más, no tanto, cuidado con el escalón, no correr, arremángate la túnica no te vayas a tropezar, no os quedéis en medio, la banda que se pone a tocar antes de tiempo, hay que salir más afuera antes de levantar, atentos... espera que falta uno... ¿ya estamos todos?... ¡Venga arriba! A veces, la emoción de la salida se vuelve un violento estrés y el oficio exige de todos competencia y aplomo para hacer fácil lo difícil. A veces, también, entre todos contribuimos a impregnar la operación de un dramatismo mayor del que realmente tiene.

La saeta

La saeta se pierde en un momento incierto de la historia para brotar como un cántico popular cuyo objetivo raso ha sido, y sigue siendo, inclinar a los fieles hacia la devoción y a la penitencia. A mediados del siglo XIX, fruto de las muy particulares modificaciones que cada intérprete imprimía en estos cantes primitivos, nace la saeta tal como la conocemos hoy. Su propósito, igualmente piadoso, ya no era tanto llamar a la oración sino expresar la oración misma, el íntimo sentimiento religioso de aquel que la cantaba. La expresión artística del pueblo dio forma a las nuevas saetas, que de este modo adquirieron las señas de identidad propias de su lugar de origen, y florecieron en una ingente variedad de cantes autóctonos. Cáceres, cómo no, también posee su saeta. La saeta cacereña, llana, sencilla de estilo y ejecución, tiene personalidad propia gracias a un sinfín de voces que han sido con sus rezos depositarias de esta hermosa tradición oral: Simón "El Niño de la Ribera", Teresa Macías "La Navera", Juan Corrales "El Borrasca", Dieguino de Cáceres, y tantos otros que injustamente dejamos en el tintero. Decenas de buenas letras extraídas de la pluma del Conde de Canilleros, de Antonio Floriano Cumbreño o de la tinta invisible del legado popular, y que fueron derramadas sin mesura lo mismo sobre las entrañas de cada oyente que entre las sucias rendijas de cada almena.

Cuando una saeta cruza el viento, una primera duda asoma pronta a la cabeza del hermano de carga: ¿seguir o no seguir picando con la horquilla? La falta de consenso e indicaciones claras sobre esta cuestión provoca que algunos hermanos se guarden la horquilla para no hacer ruido, mientras que otros continúan con el golpeo acompasado hasta que el saetero termina su oración. Golpes espurios resuenan en la noche y convierten a la saeta en una suerte de atribulado martinete. Son esos pequeños detalles que a los cofrades cacereños, sin saber muy bien por qué, nos gusta dejar en brazos de la improvisación. No hay unanimidad tampoco en cuanto a si el paso debe detenerse o no cuando llega a la altura de la persona que está cantando. La opción escogida suele estar vinculada al carácter de la hermandad. Aquellas de corte más serio, por lo general, no detendrán la marcha de sus pasos aunque estos lleguen a la altura donde esté cantando el saetero. Todo lo más, disminuirán levemente su ritmo para aumentar el margen que tienen hasta que finalice el rezo. Este es un criterio que el jefe de paso se encarga de fijar de antemano. En otras cofradías se opta por esperar a la conclusión del cante para seguir avanzando, prolongando incluso la mecida del paso o girándolo frente a la persona orante. Incluso cuando se encadenan varias saetas consecutivas en un mismo punto, predomina en estos casos el respeto al saetero sobre el descanso de los hermanos o la conveniencia organizativa del cortejo. ¿Y los hermanos de carga? ¿Cómo las viven? «*Depende del momento. Hay veces que sí que te sumerges en la oración e intentas hacerla tuya. Las saetas son un momento idóneo para la pausa y la reflexión, porque durante el resto de la procesión siempre tienes a alguien hablándote o haciendo alguna indicación. Otras veces la verdad es que vas tan cansado que no puedes concentrarte, y lo único que deseas es que la saeta termine cuanto antes para poder parar un rato*».

Al cielo

Las levantás *al cielo* son maniobras particularmente complicadas para el hermano de carga. En ellas los cofrades levantan el paso a pulso por encima de sus cabezas, en una acción seca, y lo mantienen arriba con los brazos estirados tanto tiempo como les permitan sus fuerzas, o hasta que termine de sonar la marcha o himno correspondiente. Si es menester, se intenta incluso una leve mecida al compás de la música. En realidad solo son unos segundos de resistencia allá arriba, pero en ocasiones se hacen eternos. La dificultad de levantar un paso al cielo reside sobre todo en la forzada postura que adoptan los cofrades, en la que sufren especialmente brazos, trapecios, deltoides y, si se mete bien el cuerpo debajo del varal, también los grupos lumbares. Tampoco ayuda la diferencia de envergadura de los hermanos con sus brazos estirados, que no necesariamente coincidirá con el orden -definido por su altura de hombro- en que van situados bajo el paso. Esto provoca que un hermano pueda ir perfectamente igualado durante la carga, pero quizás apenas llegue a hacer fuerza con la yema de sus dedos si el paso se levanta al cielo. Los que sufren el caso contrario, estilizados y bracilargos ellos, pueden verse obligados a doblar los codos para poder aportar a la escena algo más que una dolorosa lesión. En definitiva: el esfuerzo cuando se levanta un paso al cielo nunca está tan bien repartido como ocurre en el transcurso normal de la procesión.

Es tradicional, por ejemplo, ver esta maniobra en diversos momentos del recorrido de la procesión del Encuentro entre Jesús Resucitado y la Virgen de la Alegría, en la Plaza de Santa María en determinados pasos de la procesión de la madrugada, o en diversas hermandades que la realizan cuando pasan frente a un templo, a modo de saludo o exaltación hacia otra cofradía.

Algunos sectores cofradieros no aprueban esta clase de movimientos, por considerarlos poco serios y excesivamente folclóricos. Empero, el problema no radica en la naturaleza de la propia maniobra, sino en el uso y abuso que se hace de ella y que ha terminado por desvirtuarla. Abusos que no solo están mal vistos, sino que han originado más de una disputa entre cofradías y jefes de paso. ¿Se persigue así el aplauso fácil, o la legítima pretensión de emocionar al devoto? Sea por tradición o por fervor, como casi siempre ocurre: *in medio virtus.*

Estrecheces, medias vueltas
y otras fuentes de conflicto

Las operaciones descritas en apartados anteriores se repiten con cierta frecuencia en todos los desfiles procesionales cacereños. Ninguna de ellas constituye inconveniente o rémora alguna para la marcha del paso, salvo accidentes o casos muy excepcionales. Existen, sin embargo, otras situaciones cuyo desempeño puede originar confusión entre los hermanos o faltas estéticas, normalmente de carácter leve, en el resultado del trabajo.

Trasladémonos a una calle tan estrecha que no presta espacio para que los hermanos sigan cargando en los laterales de las andas sin llevarse por delante restos de los muros aledaños, en forma de arenilla y polvo impregnado en la túnica. La única solución para avanzar por tal pasadizo pasa por que los hermanos cambien su posición y carguen en el interior del paso, en vez de seguir haciéndolo por fuera. La maniobra de cambio implica directamente a decenas de hermanos de carga, y dista de ser trivial. Cada uno debe cambiarse la horquilla de mano, agachar la cabeza, meter el cuerpo dentro de las andas, vigilar las condiciones del nuevo entorno y buscar el varal con el hombro contrario, todo ello en un solo movimiento y manteniendo la cadencia o la mecida. El jefe de paso debe velar por que los hermanos se vayan cambiando uno por uno, de manera ordenada y con el paso parado para evitar prisas innecesarias, detalle este último que se olvida con frecuencia. Para cambiarse, cada hermano de carga retira su hombro del varal durante unos breves segundos, y por tanto es preciso evitar que esto lo hagan muchos a la vez. Encontrar el apoyo en la almohadilla, además, no es una tarea que se pueda resolver siempre con inmediatez. La disposición interior de las andas suele ser territorio ignoto, y en este entorno hostil el hermano puede toparse con múltiples impedimentos: travesaños, estructuras, mesas muy bajas, y un sinfín de trampas que conviene tantear con antelación.

Pisotones, coscorrones y traspiés son moneda de uso común durante la ejecución de esta maniobra. Cuando se atraviesa un pasadizo estrecho no es posible mantener la mecida natural del paso, so riesgo de perfilarle una vistosa rozadura sobre las paredes. Quiérase o no, la cadencia de los hermanos se vuelve trompiconada y torpona. Los pies se arrastran y las horquillas parecen tartamudear en su otrora recto y monótono discurso. Otros motivos para que el hermano pierda el compás son la falta de espacio para moverse con comodidad, la dificultad de escuchar las órdenes del jefe de paso, y también el verse obligado a cambiar súbitamente el hombro de carga y la mano de horquilla con los que lleva trabajando muchos minutos. Transcurren unos incómodos segundos hasta que uno se acostumbra a la nueva postura y recibe en el hombro ese tibio picor primero, que te indica que todo va bien. Cuando el cofrade por fin consigue -en el mejor de los casos- medio adaptarse, ya le quedará poco tiempo para volver a cambiarse de sitio y regresar al familiar entorno exterior.

Cuando un paso necesita invertir su marcha y caminar "hacia atrás" durante varios metros, los jefes de paso ordenan a su gente darse media vuelta para poder realizar el trayecto con más comodidad. Los hermanos de la trasera pasan a ser los primeros de la fila, y viceversa. Esto sucede sobre todo en las recogidas de las procesiones, a la hora de encarar los pasos hacia las puertas de entrada para que las imágenes obedezcan a la costumbre de entrar siempre al templo de cara al público. Un hermano debe ejecutar la media vuelta con celeridad y siempre hacia dentro -girando hacia las andas y no hacia fuera- para evitar perder la referencia de su sitio y para que el varal se quede el menor tiempo posible sin punto de apoyo sobre el hombro. Al igual que la maniobra de meterse por dentro, la media vuelta se tiene que hacer de manera ordenada y con el paso parado, para evitar tropezones y descoordinaciones en la mecida, vulgo *cabeceos*.

Un desfile procesional es una caja de sorpresas donde nunca puede darse nada por seguro, y donde cada año jamás se desarrolla por completo igual que otro. Precisamente los hechos inesperados son a los que hay que prestar más atención. Acudimos a un jefe de paso que nos presenta con exactitud quirúrgica un ramillete cualquiera de estos temidos avatares, y la manera en que responden los hermanos ante ellos: *«En una procesión hay ciertos momentos que, aunque no son críticos, sí implican cierta gravedad: los giros cerrados y los suelos muy irregulares. En estos casos los hermanos de carga, sobre todo los inexpertos, pueden tender a perder el paso o quedarse colgados por unos instantes. Es peligroso que esa situación le suceda a muchos hermanos al mismo tiempo; entonces sí que tenemos un problema. En cambio, la gente se porta muy bien cuando bajamos cuestas mojadas -la prudencia hace milagros- o pasamos cerca de carteles comerciales que puedan amenazar el paso con su altura».* Otro de los jefes de paso entrevistados concluye: *«Cada paso es un mundo y sus problemas dependen, en buena medida, de sus propias características, de la calle, e incluso de si el turno está compuesto por gente experta o novel».*

Perfiles de conducta

En el varal

Sabido es que la comprensión de este oficio demanda copiosas dosis de psicología, y que para llevar pasos tanta importancia tiene el cuerpo como los designios del corazón y de la mente. Sobre esta trinidad de andar por casa recae la responsabilidad de pasear a Cristo por las calles. Lo aseveran maestros como D. Antonio Santiago, y lo constatan miles de hombres en sus carnes cada mes de abril.

Uno mientras carga no dispone de tiempo ni espacio para admirar paisajes de postal, deleitarse escuchando marchas, vivir el sueño de las torres sin campana o abrazar las estrellas que se asoman al balcón de la muralla. Esos privilegios, con suerte, duran apenas unos instantes. Breves segundos en los que uno se olvida del peso, del dolor y de cualquier otra sensación, y dialoga tan solo con sus pensamientos. Que no es poco, por cierto. El hermano se solaza en un lúbrico disfrute y por momentos parece que el paso flota, y que más que caminar, levita impulsado por fuerzas de origen desconocido. *«Los sentidos se agudizan y encuentras a tu alrededor sonidos, miradas que te empujan a lo trascendente. La imagen del Señor reflejada en los ojos de una persona que llora a su paso, o la misma soledad de portar al Señor subiendo los adarves generan una comunión con su presencia difícilmente comparable con cualquier aspecto de la vida».* Otro hermano nos relata así su experiencia:

«Casi siempre inconscientemente me dedico a disfrutar de lo que estoy haciendo: me gusta mirar arriba y ver el paso moviéndose, el contraste de la luz crepuscular... no soy de los que va buscando caras conocidas entre el público pero sí me gusta ver caras anónimas, las sensaciones, la cara de asombro de un niño, una genuflexión o una lagrimilla rememorativa entre los que nos contemplan al pasar. Hay veces que esas emociones se transmiten hacia ti y ayudan a que todo tu esfuerzo merezca la pena». Lo que aquí relatamos en varias líneas, sucede en realidad en un lapso de tiempo fugaz. Tan repentinos como llegan, se marchan. Y enseguida aparecen otros. Períodos de tiempo, o incluso procesiones completas, en las que el cofrade padece todos y cada uno de los instantes que su hombro besa la tela amorcillada del varal. Siente, en ese trance, todo el significado de la penitencia en su expresión más cruda y exacta. Y no le queda otra que apretar los dientes, sumergirse en la música si la hubiere, ir cambiando de postura de manera compulsiva -en maniobras imperceptibles para el espectador- o procurar relajar la mente cuanto sea posible. ¡Cuán poderosa y cuán traicionera es la mente de un cofrade en penitencia! Qué poco la conocemos, y qué lejano el día en que la habremos de conocer. Se transforma entonces el hermano de carga en una estatua insensible ante el cosquilleo de la gota de sudor, que resbala inerte por la mejilla como el rocío por el mármol, y viene a perderse por siempre entre los pliegues de la túnica. Un épico transeúnte. Un icono de lo estoico que aguanta una mecida eterna sin mover músculo alguno de su rostro.

El sufrimiento de los cargadores se recrudece a paso de tambor. Que los propios hermanos demanden más acción a la banda suele ser síntoma o de aburrimiento o de que las cosas se están poniendo muy feas. En las hermandades de silencio el esfuerzo es por lógica más contenido, aunque en Cáceres se da la circunstancia de que los pasos que en ellas procesionan no son especialmente exigentes. Del suplicio bajo las andas se ha escrito mucho, y se ha hablado más aún. Pero, con seguridad, no existe palabra ni trazo alguno sobre el papel capaz de expresarlo con la exactitud del hermano doliente. No se puede pasar por alto que cargar un paso implica, por encima de cualquier otra connotación, llevar a cabo una enmienda voluntaria. Es una labor dura que exige capacidad de sacrificio para sobrellevar los momentos malos. Miente aquel hermano que afirme que jamás se ha doblado debajo de un paso.

—«*Quién me habrá mandado a mí meterme aquí debajo...*».
—«*Ahora podría estar yo tomando una cerveza en una terraza o descansando tranquilamente en mi casa, y sin embargo estoy metido debajo de esto con otros cuarenta tíos sudando...*».
—«*Otro año yo no vuelvo...*».

Miente quien diga que no le ha venido alguna vez a la mente cualquiera de estas frases, o alguna de parecido pelaje. Pero más miente quien niegue que el esfuerzo, a la larga, compensa con creces las penurias, y que la verdadera penitencia consiste en quedarse algún año sin salir. Cualquier cofrade coincidirá en afirmar, por ejemplo, que salir de capuchón, con cirio y capirote, es mucho más sacrificado que hacerlo de hermano de carga. Interesante también la reflexión de un hermano que denuncia: «*Algunos mucho ánimo y mucho "vamos a arrimar el hombro", pero a la hora de la verdad se escaquean o se buscan la vida para colocarse dos o tres puestos por delante del que le corresponde. Todos sabemos que estas cosas suceden*».

Debajo de un paso también hay quienes viven su calvario como una particular expiación. Cofrades que se sumergen en la quietud y la reflexión personal, momentos para abandonar la conversación y acordarse de quien o de lo que cada uno quiera. Las cofradías de verduguillo obligatorio, o aquellas que permiten a un hermano cargar en el interior del paso, propician un espacio más adecuado para este fin. No falta quien logra concentrarse en sus oraciones -siempre para adentro, o en voz baja- aunque en el mundo de los pasos predomina el acuerdo tácito de que el año tiene otros 364 días para rezar, y en que esos momentos lo que uno tiene que hacer es meter bien el hombro, estar atento a las indicaciones y cumplir la responsabilidad adquirida con la cofradía. *«Yo suelo rezar, y creo que las cofradías deberíamos hacer más propuestas o recomendaciones para la oración. Siempre he dicho que se descuida la experiencia de Dios que supone una procesión y el ejercicio de la penitencia».* En contraposición, otro hermano confiesa: *«No soy de rezar cuando estoy cargando... aunque quiera intentarlo no soy capaz. Siempre tienes que estar atendiendo a otras cosas».* Y en la misma línea de este último: *«Creo que la espiritualidad se alcanza en el silencio de la oración, y ni la calle, ni el ambiente festivo, ni la música, ni la gente, ni el esfuerzo facilitan el rezo. Los hermanos que salgan en procesión por alguna promesa o alguna petición concreta puede que se acerquen a la divinidad mientras cargan, pero sin duda no serán un ejemplo de oración consciente y profunda. Otra cosa es el público. Quizá los pasos sí que generen una catarsis espiritual en quienes los contemplan, pero difícilmente lo harán en los hermanos de carga».*

Otros hermanos indican que las atenciones se dispersan hacia varios focos: *«Realmente, se encuentra tiempo para todo: para pensar que estamos haciendo un gran esfuerzo, que la gente te está viendo (aunque vayas con verduguillo), observando, y pueden mostrar en esos momentos devoción, admiración o indiferencia. O hasta el placer de apoyar la cabeza en las andas y dejarte mover al ritmo de la banda. Realmente llegas a plantearte si estás compartiendo el mismo sufrimiento que Cristo».*

Y bañándolo todo, la concentración. Uno no puede dejar de pensar en lo que está haciendo, no puede dejar de escuchar, no puede dejar de ver lo que ocurre a su alrededor. El paso de las horas transforma la férrea voluntad del hermano en rutina fatigosa, y lo convierte en un sonámbulo, una máquina inconsciente, un títere gobernado por actos reflejos. Acaso anide el origen de esta irregular conducta en la natural vulnerabilidad del ser humano frente a una causa repetitiva. El repicar de la horquilla recuerda vagamente al avance impenitente de las manecillas del reloj. La mirada, perdida en el horizonte. Los pulsos ralentizados. A cada latido, el corazón parece encogerse un poco más hasta perder la fe. Y el cofrade se ve, más que nunca, atrapado sin aliento en una solitaria senda.

El humor, siempre en su justa medida, también encuentra su espacio en el transcurso de una estación de penitencia. A veces se presenta de manera espontánea, pero otras se utiliza como una poderosa arma de estabilidad psicológica. Sabemos que no se puede ir todo el tiempo de cachondeo, primero por el lógico respeto al lugar donde se encuentra uno, y segundo porque el que mucho habla pocos kilos va cogiendo. Sin embargo, una broma o un comentario gracioso, en un momento determinado, pueden levantar el ánimo de los cofrades o impedir que el tedio haga mella en la coraza del grupo. Una intencionada distracción para desbloquear neuronas y oxigenar voluntades. Lastrados por el frecuente contacto con el dolor, la congoja o la titilante cerrazón de los sentidos ante cualquier estímulo exterior, los hermanos de carga se abandonan en brazos del aburrimiento y los pasos se terminan hundiendo miserablemente. Sus responsables deben luchar contra ello y regresar al cíclico combate contra la mente afligida. Francisco Polo "Galiche", mítico jefe de paso de nuestra ciudad, era y sigue siendo un maestro en este conspicuo proceder.

Más allá de los recovecos de la psique, de la oración, de las bromas o del talante que cada cual adopte bajo los varales, existe un grueso compendio, no escrito en ninguna parte, de movimientos y actitudes propias de la labor técnica del hermano de carga. En una imaginaria escuela de jóvenes cargadores, si tuviéramos que impartir la lección de "cómo moverse en una estación de penitencia" tendríamos tarea bastante para largos años. Cómo colocarse en cada maniobra, cómo reaccionar con rapidez ante fallos o situaciones imprevistas, qué hacer si te vas a quedar atrapado en alguna salida, saber dónde y cómo ponerse para no obstaculizar a otros compañeros, qué cosas molestan o ayudan a tu jefe de paso, qué actitudes están bien o mal vistas en el mundillo de los hermanos de carga... en suma, un sinfín de detalles que, por suerte o por desgracia, solo pueden aprenderse con el paso de los años y con la acumulación de horas y kilómetros apretando la almohadilla. Cuesta sostener, tras la digestión de tal análisis, que cargar un paso de Semana Santa consista tan solo en empujar un puñado de kilos hacia arriba.

En el relevo

Hemos visto que, en el transcurso de una estación de penitencia, el hermano de carga abraza un extenso abanico de emociones y encuentra momentos para el disfrute, para el recogimiento y también para la relajación. Tanto cargando, como en el tiempo de descanso. Un rasgo primordial del trabajo del hermano de carga cacereño es que cuando descansa (va de relevo) debe seguir formando parte del cortejo procesional. Los hermanos de relevo forman una escolta más para su paso y por tanto deben desfilar y comportarse como cualquier otro penitente. Esta es la teoría. Que se haga más o menos efectiva, ya es otro cantar.

Es en esta fase de relevo cuando los hermanos suelen aprovechar para destensar el espíritu e interactuar con otros miembros del cortejo o incluso del público. Por supuesto, siempre habrá quien lo haga también mientras carga, aunque esta actitud, por indecorosa, resulta por fortuna poco frecuente. Históricamente algunos han tomado ejemplo de sevillanía y han llegado a salirse del desfile para hacer una fugaz visita a la churrería o al bar más cercano, aunque esto ya cada vez pasa menos. *«Cuando no estoy cargando dedico el tiempo a hablar con el compañero o fijarme en el público, y no pierdo detalle del paso. Estos momentos no son recomendables para la oración. Nunca me ha tocado descansar en una hermandad con verduguillo, pero imagino que en estos casos el anonimato propicia más momentos espirituales».*

Los turnos que van en el relevo son terreno abonado para la conversación entre cofrades, no necesariamente con las cofradías como objeto del debate. Son centros de convivencia y tertulia social. Es habitual que muchos coincidan solo en Semana Santa y apenas se vean durante el resto del año, de modo que los corrillos, con frecuencia distendidos, tienen su propio encanto y también son importantes en la personal forma de vivir y entender la Semana Santa de estos hermanos. Aunque, por otra parte, resulten difíciles de defender ante la opinión pública y ante las propias juntas de gobierno. Este es otro ejemplo de la compleja dualidad psicosocial en que se ven envueltos tanto el fenómeno de la Semana Santa en general, como el trabajo del hermano de carga en particular, y lo arduo que resulta comprender determinados extremos desde una óptica alejada. Menos justificadas están, sin duda, las conversaciones con familiares o conocidos que los hermanos encuentran repartidos entre el público, aunque estas también se cuentan por docenas en cada procesión.

Como es lógico, a la hora de hacer valoraciones influye y mucho el carácter de cada hermandad. Cuando los hermanos de carga llevan la cara cubierta con un verduguillo se siguen produciendo interacciones de este tipo, pero en menor medida, y en cualquier caso las que hay quedan mucho más disimuladas. Quienes procesionan con hermandades que contemplan el voto de silencio en sus estatutos tienen incluso prohibida expresamente la comunicación verbal. Estos hermanos emplean la mímica para indicar, con sus dedos, cuál es la posición que ocupan dentro del varal y así saber con qué compañero deben relevarse, o bien para transmitir mensajes importantes a cualquier responsable de la hermandad, siempre por causas de fuerza mayor. Excepciones al margen, los hermanos que procesionan bajo voto de silencio admiten centrarse mucho más en la experiencia penitencial cuando no van cargando. *«[En las procesiones de silencio]... como no podemos hablar con nadie, ni siquiera girarnos para mirar hacia otro lado, es más sencillo concentrarse y saborear el recogimiento. A veces disfruto más yendo en la fila de relevo que cargando el paso».*

30

Comunicación

A LO LARGO DE UN DESFILE PROCESIONAL la comunicación entre los hermanos de carga es una constante. Pasa desapercibida a ojos y oídos de los espectadores, pero corretea de una punta a otra de los varales, se funde con el tremolante vaivén de la floresta, fluye entre cuchicheos, mímicas, toques con la mano de dentro y gritos en voz baja. Excepción hecha de las hermandades de silencio, el grupo de treinta o cuarenta hermanos que va debajo del paso constituye, durante la estación de penitencia, todo un parlamento. El proceso comunicativo se ciñe, normalmente, a indicaciones o comentarios sobre la procesión: conocer cómo va el paso, preguntar cómo están los compañeros, avisar de irregularidades del terreno, o realizar alguna inopinada observación de carácter técnico. Otras veces, las menos, brotan comentarios que no tienen nada que ver con el oficio que nos ocupa y que no entraremos a valorar aquí.

El hermano de carga es en el cortejo un ente bastante más receptor que emisor de información. Recibe constantes mensajes, orales en su mayoría, de todos los colectivos que participan del evento, ya sean ajenos o propios de la hermandad: órdenes de jefes de paso y directivos, saludos desde el público, o comentarios de otros hermanos de carga. Las comunicaciones que emite, por contra, van dirigidas principalmente hacia un grupo concreto de destinatarios: sus propios compañeros. De igual modo se establece, entre el hermano y el varal, un constante diálogo que se prolonga desde el inicio de la procesión hasta el mismo instante en que el paso se acuesta sobre las burrillas. El paso no cesa de enviar señales y el cargador debe, en primer lugar, escucharlas; en segundo lugar, saber cómo responder ante ellas; y por último, disponer de las facultades físicas apropiadas para hacerlo.

Corpus de paremias y locuciones del oficio

La herencia verbal es un rasgo identificativo de extraordinario peso dentro de cualquier celebración popular. La Semana Santa de cada ciudad del mundo construye con el paso de los años un vocabulario vivo, particular y único, capaz de definirla y caracterizarla de manera inequívoca. Cáceres, por supuesto, no es una excepción. Y dentro del universo cofrade, el oficio de la carga instituye también su propio dialecto. Presentamos a continuación algunas de las expresiones y formas variadas que a menudo pueden escucharse en el entorno de los pasos y de los hermanos de carga cacereños. El propósito de confeccionar tan abundante corpus no es otro que el de recopilar y aprehender la índole lingüística de un oficio profundamente enraizado en la sociedad y costumbres locales. Si algún año no escuchamos todas o la mayoría de estas frases durante la Semana Mayor, una de dos: o ha llovido más de la cuenta o es que nos hemos ido a ver las cofradías, pongamos por caso, a Pontevedra.

— ¡No sus fiéis de las horquillas!
— A mí el año que viene no me ven por aquí.
— Este jefe de paso no tiene ni idea.
— Ese chaval va totalmente colgado.
— Cámbiate tú con este.

— Tranquilos, que esto es por la inclinación de la calle...

— No podemos estar parando cada dos por tres.

— ¿Dónde hacemos el relevo?

— Cada año voy más atrás...

— Sujétame la horquilla un momento.

— ¡Subidlooo, que me he pillado el pie!

— Yo por debajo no cargo.

— Señores, vamos a callarnos un rato...

— Como esto siga igual, en el próximo relevo me salgo.

— Guárdame el sitio que voy a fumarme un cigarro.

— ¡No andéis para atrás!

— Los de la banda no tienen ni idea.

— Nos vamos a comer a los de alante.

— ¿Tú cómo vas?

— El paso va cuarteao...

— Cuidado con el cable.

— ¡Niñooo, mete el hombro!

— Yo vengo a cargar, no a que me vean.

— A ver, necesito dos tíos para el medio.

— Pues a mí me acaba de caer una gota...

— Ya llevamos las velas apagadas.

— ¡Páralo aquí, hombre!

— Este año me toca de calderilla.

— A ver si la banda nos toca algo ya...

— Este año vamos de pena.

— Métete la horquilla entre las piernas.

— ¡Bacheee!

— Te puedes echar para atrás si quieres.

— Luego ya nos colocamos cuando salgamos.

— ¿Han contado ya?

— Esto antiguamente nos lo hacíamos sin relevo.

— Sujetad bien que se va a subir uno.

— Lo mejor para cargar es la banda de los romanos.

— Aquí lo que tenían que hacer es poner verduguillo.

— Si es que no nos han colocado...

— Yo cargo con este hombro, que el otro lo tengo machacao de ayer.

— ¿Alguien tiene guantes de sobra?

— ¡Escalón!

— ¡Aquí atrás no se oye!

— ¿Otra vez la misma marcha? Joder con los gorriatos...

— Sujetad el paso que se va para atrás...

— Colocaos en dos filas, que os cuento.

— El año que viene me voy a la Virgen.

— No quiero a nadie en los laterales.

— ¡He dicho que fuera horquillas!

31

Secuelas físicas:
de la dolencia y los sudores

A LO LARGO DE LOS AÑOS, uno ha podido ver y escuchar abundante mitología alrededor de las secuelas físicas en los cuerpos de los hermanos de carga. Sabido es que el estilo de carga cacereño no es precisamente provechoso para la salud. Ninguno lo es, por descontado, pero el nuestro menos: el peso recae sobre un solo lado del cuerpo y el punto de carga no está alineado con el centro de gravedad corporal. Los esfuerzos son completamente desequilibrados, y los kilos de Cáceres harto incómodos de soportar. Calzar más de cuarenta o cincuenta kilos por cabeza, como sucede en otras ciudades u otros estilos de carga, no es sostenible si debemos llevarlos sobre un solo hombro y a la vez marcar el compás en el suelo con una horquilla.

Pese a todo, el daño corporal derivado de nuestro oficio es una consecuencia residual o un producto del dislate intencionado, más que una realidad constatable. Este humilde escribiente suma hasta la fecha alrededor de ciento veinte procesiones debajo de los varales, en catorce pasos diferentes y bajo circunstancias de toda índole. No me considero ni de lejos veterano, pero sí al menos facultado para emitir un juicio sensato. Intuyo que tampoco soy sospechoso de escurrir el hombro, a tenor de la gran cantidad de compañeros que todavía me dirigen la palabra. Confieso que en todos estos años jamás he visto una lágrima rota, un solo hilo de sangre o un moratón más feo de la cuenta en la clavícula de nadie.

Todo lo más, pieles enrojecidas, hombros tumefactos, erosiones o arañazos leves producto de algún desfile sin relevo, o la señal del cordón de la medalla que en algún momento quedara atrapado entre el músculo y la almohadilla. Es natural, en el transcurso de una penitencia, que por momentos se claven sobre la carne viva las garras del dolor. Sobrevienen fuertes daños, por supuesto, pero siempre de epidermis hacia dentro. Este no es territorio familiar para la tragedia grotesca, el drama ni las escenas sanguinolentas de serie B.

Las secuelas físicas de la carga suelen manifestarse en el corto plazo. Musculares, por más señas. Se concentran principalmente en el tren inferior, plantas de los pies, y en la parte baja de la espalda, aunque esto ya depende en buena medida del físico y la preparación de cada cual. En el largo plazo la penitencia, que tiene corta la rienda pero larga la memoria, cobrará su deuda en forma de lumbalgias o hernias en el peor de los casos. Los cofrades que sufran problemas en las cervicales, tal vez no provocados por la carga pero sí agravados por esta práctica, serán también pasto del sufrimiento o incluso de la forzada renuncia.

El sudor es caso aparte. Este acuoso pasajero no deja huellas sobre el cofrade, pero su presencia es consustancial a las celebraciones de Semana Santa. Cuando se trabaja bajo la cobertura del verduguillo, las gotas de sudor pueden ser un enemigo molesto y cansino a más no poder para los hermanos de carga. Resbalan por el rostro, se posan sin permiso en cualquier recodo facial, se condensan en la frente aplastando mechones de pelo contra la cara interna del verduguillo y componen un fétido amasijo, pastoso y arrugado, de cabellos, sudor y tela. No hay cosa más picajosa ni desagradable que la sarga revenida y humedecida por el salitre en una de esas noches templadas del abril cofradiero.

32

¿Fin?

EL TRANCE DE CONCLUIR UNA PROCESIÓN, desde el punto de vista del cofrade, no viene siempre revestido con el fasto que se aprecia en otras situaciones, ni con la carga emocional que cabría esperar tras una experiencia presuntamente espiritual. En Cáceres, el hermano de carga no gasta demasiado tiempo en despedidas ni saludos después de la procesión. Se desvestirá, recogerá sus cosas y se marchará a casa, las más de las veces con cierta prisa. Al día siguiente trabajará o intentará regatearle alguna hora de descanso a la almohada para acudir a otra cofradía. Pocos hermanos dedicarán siquiera un minuto a hacer una última oración ante el paso que han llevado encima, solazarse en sus adentros ante el gozo del esfuerzo y el deber cumplido, o acaso mirar a los ojos de las Sagradas Imágenes. En el trayecto de vuelta, unos en coche, a pie la mayoría, llegarán las primeras molestias una vez que los músculos comiencen a enfriarse. A mitad de camino entre la confusión y la pesadez, el cofrade atravesará unos minutos muy necesarios de recomposición mental. Tiene que regresar poco a poco al mundo real. Su memoria acogerá entonces, casi sin querer, algún momento concreto de la estación de penitencia. Comentará la jugada con otros hermanos que le acompañen en el trayecto; o quizá se acuerde de todo aquello que no tuvo tiempo de meditar mientras procesionaba. Puede que enganche incluso con la siguiente cofradía sin pasar por casa. O quién sabe si formará parte de esa calaña irrespetuosa y vil que abandona el desfile, a su hermandad y a sus compañeros antes de llegar al templo.

Sin embargo siempre queda gente, bien es cierto que los menos, conocedora de que el trabajo no acaba tras cruzar el último dintel, y capaz de aguantar un rato más para ayudar en las necesarias labores de recogida de la cofradía. Lo hacen a costa de su cansancio, a costa del sueño y quizá a costa de su condición física o del enésimo reproche en casa. Colocar algunos enseres en la iglesia, trasladar otros a la casa de hermandad, dejar todo guardado o dispuesto en su lugar correspondiente, colaborar en el desmontaje de algún efecto procesional que por cualquier circunstancia no pueda dejarse tal cual hasta el siguiente día, o ayudar a cerrar el templo, entre muchas otras, componen la extensa retahíla de tareas que deben atenderse tras concluir una hermandad su estación de penitencia. Largo tiempo después de que los demás hermanos y los espectadores buscaran la cama para reunirse con el merecido descanso, estos hermanos de carga se disponen para cumplir con el postrero relevo. Allí donde nadie observa, cuando calla el aplauso y cesa el clamor, cuando la magia se desvanece, cuando las agujetas vierten perlas de magma en cada poro de nuestro cuerpo errático, cuando la mente busca la evasión viajando a otros lugares mientras Ellos permanecen con sus ojos fijos sobre nosotros. Cuando los Dolores y la Buena Muerte, explicados con mimo en la madera, posan su mano sobre tu frente y susurran: *"Mañana nos veremos en una nueva lid"*.

EPÍLOGO

Pocas actividades del ser humano responden tanto a la querencia del yo interior como la ejecución de una penitencia. Los estudios podrán arrojar una serie de causas y circunstancias más o menos comunes, pero en última instancia la iniciativa de cargar pasos de Semana Santa responde a motivaciones exclusivas de cada individuo. Ser hermano de carga es una opción particular, casi una manera de entender la vida, que forma parte de la idiosincrasia de cada uno. La carga es una actividad que no puede desligarse de la psicología ni de los patrones de pensamiento de aquellos que la ejercen. Por esta misma dependencia de la causa personal, resulta imposible aventurar cuáles serán sus derroteros y su salud social en el transcurso del largo plazo. Pese a ello, se nos antoja quimérico vislumbrar siquiera el fin del camino. Los cofrades tenemos la necesidad de sentirnos partícipes de un proyecto sostenible, que de alguna forma se prolongue en el tiempo sin nuestro concurso. Eso nos crea sensación de estabilidad y seguridad, una necesidad tan primaria como puede resultar cualquier otra. Por ello arrastramos una deuda, no siempre reconocida, con aquellos que vinieron antes de nosotros. Y por ello adquirimos también un compromiso: el de procurar que las próximas generaciones tengan, como nosotros, una deuda que corresponder y un valioso legado que perpetuar.

El trabajo del hermano de carga abarca más allá de la razón y del tiempo. Sobre él actúa una plétora de factores de índole diversa: sociales, humanos, físicos, evolutivos, propios y ajenos al mundo de las cofradías, propios y ajenos a la persona del hermano de carga, y un largo etcétera. El resultado final, la ejecución plástica en la calle, es la confluencia de todos estos rasgos, que en cada individuo se dan en distinto grado y con distintas variantes. El objetivo de esta obra es factorizar y sistematizar, dentro de lo posible, esta inmensa matriz de variables para hacerla familiar al cofrade, y comprensible al lector ajeno al oficio de los pasos. Se pretende, así mismo, dar respuesta a numerosas preguntas necesitadas de un oportuno análisis, que por otra parte probablemente diste mucho de ser justo. Quizás fuera necesario escribir un libro por cada persona que saca un paso en Semana Santa. Quizás hiciera falta revisar lo escrito y actualizarlo con cada procesión o con las nuevas circunstancias de cada año. Es de justicia, sin embargo, reconocer que cuando el hermano de carga termina su tarea, cuando se despega por fin de la almohadilla, cuando busca ese necesario minuto de pausa en un banco o en un rincón despejado, deja en Cáceres una pequeña herencia que bien pudiera compilarse en cualquiera de estas páginas.

Hay que abrigarse, el sudor se adhiere al cuerpo y la noche viene fría. De camino a casa, los pensamientos son ya la única escolta que te acompaña. Duele el varal, pero más sabes que duele la espera que comienza en este preciso instante.

En la ciudad de Cáceres,
a día catorce de julio de 2013.
Intelligenti, pauca.

VI

APÉNDICES

APÉNDICE I

Zoología Magna
de la Semana Santa cacereña

Abundando en la figura de los hermanos de carga, protagonistas estelares de la presente obra, presentamos en este apéndice una animada selección de arquetipos de personajes, no necesariamente cofrades, pero sin lugar a dudas familiares y acostumbrados al paisaje de las celebraciones pasionistas, sin los cuales nuestra Semana Santa jamás podría dibujarse completa.

Resultará inevitable que tanto el autor como muchos lectores se vean reflejados en alguno o en varios de los pasajes subsiguientes. No por ello, sin embargo, haremos concesión alguna para edulcorar la exactitud descriptiva ni el rigor de la prosa. Cada uno de los diez lienzos de esta galería, simples actores secundarios dentro de una gran obra coral, escenifican la Semana Santa cacereña en crudo y despojada de cualquier filtro.

El comepipas

El comepipas es un espécimen necesariamente educable, mezcla de cochino e inofensivo roedor. Suscrito a un amplio rango de edades, que comprende desde púberes hasta protoancianos, este individuo gusta de tomarse con paciencia las tardes de Semana Santa, cazar buenos sitios y protagonizar largas y animadas esperas de los cortejos procesionales. No comulga con la prisa y la improvisación de esos imprudentes espectadores de última hora, condenados a la tercera fila.

Es frecuente ver al comepipas cacereño apostado en un bordillo o recostado en la pared, devorando una bolsa de frutos secos adquirida esa misma tarde en la primera sucursal de Sánchez Cortés que encontrara de camino. Disfruta de una dieta variada, aunque los ejemplares más comunes optan por las pipas de girasol, o en su defecto pistachos. En su versión más dañina y carente de escrúpulos, el comepipas no duda en arrojar despreocupadamente las cáscaras y detritos al suelo. En pocos minutos habrá conseguido sembrar un tupido alfombrado en el piso, para dolor de penitentes y pesadumbre de Conyser. En ocasiones, este tenaz sujeto prolonga su ritual pipero incluso durante el tránsito de la cofradía, con el consiguiente menoscabo de nuestra imagen como ciudad y como celebración internacionalmente reputada.

El comepipas es a las baldosas lo que el grafitero a una pared virgen. Quien no haya visto uno de estos singulares y crujientes charquitos en cualquier calle de nuestra zona centro, definitivamente no conoce Cáceres en Semana Santa.

El fotógrafo

Este espécimen irrespetuoso y cangrejero prolifera con inusitada violencia en nuestras calles durante los últimos años, al cobijo ex-aequo del progreso tecnológico y de la masificación de nuestra fiesta. Les resultará fácil reconocerle: pulula con impunidad por entre las filas de cofrades y se hace fuerte gracias al sutil camuflaje de la multitud, y al dudoso rango que le otorga llevar una cámara al hombro. Son, los fotógrafos, molestos advenedizos acoplados a una estación de penitencia. Interrumpen la visión de los espectadores, obstaculizan a los hermanos penitentes y deslucen la estética de los cortejos situándose sin pudor delante de las Sagradas Imágenes o bombardeando a diestro y siniestro con sus flashes y el estruendo de sus disparos. Sorprende la connivencia de las hermandades para con estos sujetos, mientras que a un cofrade que abona sin falta su cuota anual le prohíben desfilar si lleva un zapato de color terroso o un distintivo pasado de moda. *Hermano, vete a tu casa y tráete unos zapatos negros o una cámara de fotos, lo primero que encuentres a mano.* ¡Cosas veredes!

Debiéramos instar a los fotógrafos a permanecer fuera de los desfiles, o por lo menos a que no se paseen por ellos arriba y abajo con la libertad de quien pasea por el parque. A que guarden un mínimo de respeto y se abstengan de ir en manada charlando con otros colegas en mitad de una estación penitencial. A que no molesten ni se pongan delante de los espectadores que han sufrido una larga espera. O por lo menos, ya que desprecian todas las normas básicas de respeto y convivencia, al menos que hagan exposición pública del sucio botín de sus tropelías.

Reconozcamos en justicia que algunos de estos fotógrafos son ilustres cofrades, y esgrimen por tanto dos diferencias sustanciales respecto al resto: 1) Se ganaron previamente el respeto desde los varales, y 2) Divulgan más tarde la totalidad de su trabajo en la red. A estos, no hay más que agradecerles y reconocerles su tarea. Los demás constituyen una plaga dañina, susceptible de ser exterminada sin remilgos. La cosa se está saliendo ya de madre. Si quieren ir dentro de las procesiones, que se inscriban como hermanos y abonen la correspondiente tasa, como hacemos los demás. Si no, que se busquen un sitio en el acerado y aguarden con paciencia a que lleguen las procesiones, como hacen muchos otros.

Las autoridades competentes -suponiendo que todavía exista alguna autoridad competente- deberían tomar cartas en el asunto: hay que regular la presencia de estos intrusos dentro de las manifestaciones de fe. Si la UCP no lo hace, exijámoselo a nuestras cofradías. Todas se afanan en pedir orden y decoro a sus hermanos, mas yo pregunto: ¿por qué no se lo piden también a los incontrolados fotógrafos?

La mantilla astuta

La mantilla astuta no es cualquiera de entre todas las mantillas. Se trata de una figura íntimamente ligada a las intrigas cofradieras y a esas invisibles luchas de poder que suceden en el transcurso de un desfile procesional cacereño. Es parte indisoluble del catovismo cofrade. Hablamos de una mujer entrada en años, de abundantes primaveras e interminables kilómetros de experiencia en el paseo cofrade. Básicamente, va por libre. Hábil y escurridiza, tiende el negro a vestirla más de ninja que de luto. Persigue, como único objetivo, desfilar lo más cerca posible de su Virgen o de su Cristo, cualesquiera que sean las órdenes o el lugar establecido para ellas en el cortejo. Para ello no tiene reparo en obstruir a sus rivales, exponerse a un horquillazo en el juanete o verse vituperada por compañeras mantillas envidiosas. Su instinto de supervivencia es loable y digno de estudio. Año tras año se da maña para seguir ahí al pie del cañón, a sabiendas de que va en contra de todo el mundo. Nos encontramos de nuevo ante un problema de educación cofrade y respeto por la fe: si todos los participantes de una estación penitencial se creyeran con el derecho de estar más cerca que nadie de la Imagen, no tendríamos desfiles procesionales. Todo lo más, una suerte de peregrinación a La Meca en la que una marabunta deforme va dando vueltas alrededor de una improvisada Kaaba de faroles y almohadillas.

La mantilla astuta acecha y se esconde taimada al rebufo de alguna mantilla novata. Adelanta o retrasa su posición en la fila a conveniencia, con agilidad reptiliana. Ostenta la cátedra de hacerse la longui y desoír las indicaciones de los organizadores. —*«Adelante, adelante, no os quedéis ahí».* En su semblante, una mentira. La mantilla astuta descentra la mirada, sus ojos se pierden en el horizonte y vuelve la cabeza hacia otro lado, aminorando el paso como sin intención, hasta que ¡oh, sorpresa! en pocos metros ya la tenemos a la altura de la Sagrada Imagen. Cuando le obligan a alejarse de las andas para ocupar su lugar reglamentario, lo hace a regañadientes, musitando alguna malvada letanía en la lengua de Mordor. Pero no se descuiden, incautos amigos directivos: desde este mismo instante la mantilla muta, toma la forma de un huraño estratega y comienza ya a urdir el próximo plan para recuperar su sitio anclada junto al paso.

Los relevos de los hermanos de carga son el momento de mayor lucimiento en las pérfidas artes del escaqueo. En ocasiones, la organización ordena a las mantillas adelantarse más de lo normal y dejar hueco suficiente para ejecutar el cambio de relevo. En estas, la mantilla astuta exhibe toda su maestría para quedarse en el sitio o soltarse de la fila sin levantar sospechas. Ni en las etapas más míticas del Tour de Francia se ha visto a nadie hacer la goma de esta manera. Un oportuno saludo a cualquier familiar o conocido del público, una breve conversación, un distraído arreglo en el vestido *et voilà!* Cuando el paso echa a andar, la sibilina mantilla emprende de nuevo su camino como quien no quiere la cosa.

La maniobra está consumada, y nuestra mantilla no se ha separado un solo metro de las andas.

Este personaje, señero y zaino, se muestra en su más pura expresión al juntarse una hostil camada de mantillas a cada cual más astuta. Cuando esto ocurre, ejercen un poder dictatorial hasta el punto de dominar y casi ordenar a su voluntad los tiempos de la procesión. Se hacen fuertes junto a los varales y no hay directivo ni voluntad ajena que las someta. ¿Y qué me dicen del tormento en las calles estrechas? ¿Qué hermano de carga que se precie cacereño no ha lidiado alguna vez con una horda de mantillas remolonas? Allá en la angostura, donde no queda más que frenar la horquilla y maldecir para los adentros, ellas se obstinan en desfilar junto a la Imagen, aunque el ancho remanente resulte escaso para tantos cuerpos y los roces linden con la indecencia. Señoras mías: hágannos un favor a todos y respeten su lugar en la procesión, como sus demás compañeras y como el resto de los hermanos penitentes.

La abuela sabelotodo

Desde la óptica del espectador, las procesiones pueden verse como largas filas de personas y objetos que pasan ante sus ojos como artefactos de una cadena de montaje. Uno detrás de otro, diez, quince, veinte minutos. Todos vestidos igual, caminando al mismo ritmo, cortados por el mismo patrón. Desde el punto de vista del cofrade la secuencia es similar, con la diferencia de que los quince o veinte minutos se transforman en varias horas de exposición. Eternas sucesiones de rostros que dirigen su mirada hacia el mismo foco, rostros que cuchichean perdidos entre dimes y diretes, rostros que comentan y opinan acerca de todo lo opinable. Comentarios que, en más de una ocasión, provocan en el sufrido hermano de carga una gama de reacciones que van desde la sonrisa hasta el estupor, y pasan por la sorpresa, la confusión o la vergüenza ajena.

Quedémonos con esos comentarios. Proceden la mayoría de un arquetipo común de espectador semanasantero: femenino, parlanchín y pretendidamente instruido. Un molde de abuela, o en cualquier caso mujer de madura edad, que acompañada de sus nietos, maridos o coetáneas apostilla sin escrúpulos cualquier aspecto del desfile procesional, sin la menor inquietud por preservar la precisión de sus observaciones. Nótese que el matiz de verse acompañadas por personas conocidas es, en todo caso, accesorio.

Confinamos a nuestra protagonista en el perfil de abuela, y no abuelo, pues el macho suele ser tímido y asentidor, parco en palabras e inclinado hacia la indiferencia. Ignora las erratas derivadas de la profusa verborrea de su cónyuge, y cuando las detecta evita desautorizarla para ahorrarse un conflicto doméstico en el que tendría todas las de perder.

Abuelas y señoras, pues, que confunden imágenes y cofradías (—«...los costaleros esos nuevos de la Mejostilla»), equivocan nombres (—«Mira, hijo, a esta Virgen le llaman "La Zapatera"»), reinterpretan itinerarios (—«Pues yo creo que viene por aquí...»)... trocan, en definitiva, datos objetivos hasta sonrojar a cualquier oyente mínimamente informado. Puedo certificar que todos los ejemplos aportados son verídicos, escuchados a pie de procesión, y constituyen, sea como fuere, una lágrima minúscula ahogada en un océano de desatinos. Pero la mayor sorpresa de todas, cuando pensamos que no cabe mayor estupefacción, llega al bajar la mirada y observar cómo esa abuela resabida empuña, reluciente y enrollado sobre sí, un ejemplar sin estrenar de la guía oficial del año de turno.

Los del carrito

Algunos padres o abuelos desaprensivos se empeñan en torturar a los críos llevándoles a las procesiones, donde tienen que pasar frío, tolerar ruidos estridentes y horas interminables sin moverse del sitio. Me refiero, por supuesto, a las inocentes criaturas que todavía andan en carrito. Hasta aquí no es problema nuestro, de modo que allá cada cual con su conciencia. Pero a los cofrades la cuestión comienza a tocarnos de lleno, no menciono el qué, cuando los empujadores de carritos deciden que el mejor sitio para quedarse a ver cofradías es nada menos que en la calle más estrecha del recorrido, pongamos por ejemplo la confluencia de los adarves Santa Ana y la Estrella. Siempre hay alguien con un carrito en la parte baja de los adarves. Y sucede entonces la simpar fábula geométrica en la que una fila de personas viene ocupando cuarenta centímetros de fondo, excepto en el tramo donde está el carrito, que ocupa cerca de un metro. No importa siquiera que el carrito se coloque en paralelo a la pared, como en un vano intento de simular preocupación por el desastre subsiguiente: la fila seguirá ocupando más sitio del que le corresponde. Como hasta la fecha los pasos no tienen capacidad de contracción, el problema no se soluciona cambiando de posición el carrito; son los papás los que deben demostrar que tienen dos dedos de frente y saber que hay determinados sitios donde uno no puede quedarse a ver una procesión.

El ocupante del carrito es, en la mayoría de los casos, una persona de corta edad, frecuentemente un bebé que no se entera de nada de lo que ocurre a su alrededor y que se pregunta por qué no le han dejado pasar la tarde tranquilo y calentito en su casa. Apenas tiene conciencia de las cosas y su comportamiento es aséptico. Pero cuando el pasajero ya es un poco más mayor, corremos el riesgo de toparnos con uno de los personajinos más irritantes de todo el bestiario cofrade: el niño tamborilero. Horror de los horrores, nos preguntamos en qué santa hora al padre se le ocurriría comprarle al niño el dichoso tamborcito o la cornetilla de juguete, dentro de la amplia gama de productos que el quiosquero había puesto a su disposición. Bien podría haberle comprado el molinillo, el plastificado atuendo de sheriff o incluso el cartuchito de chufas para la merienda. El chiquillo, como es lógico, exhibe su espíritu imitador y se esmera en el aporreo justo cuando está pasando la banda de turno, protagonizando un horrísono espectáculo de muy bajo rasero. Las cofradías comportan una gran carga estética, y no hay sensación más fea ni mayor corte de digestión que cuando un niño con el tamborcito te impide disfrutar del trabajo de una banda. Es fundamentalmente una cuestión de educación musical.

Por último, no podemos dejar de mencionar el turbio episodio en que los del carrito y todo su séquito pretenden atravesar una fila de público que ya está cerrada. Nada molesta más a esa gente que después de esperar media hora de pie tiene que sufrir que cruce por su fila un barroco muestrario de individuos con diversos grados de educación y vergüenza. En estos casos, el carrito puede funcionar como ariete y el niño como eficaz instrumento de chantaje emocional para conmover al opositor y evitar dar un enorme rodeo. Hasta que cinco minutos antes de llegar la procesión la madre de turno ya se harta y se planta con mirada pétrea: —*«Ponte ahí y no te muevas, que ya no pasa nadie más».* Y entonces ya no hay carrito que valga.

¡No temáis, somos amigos!

No puede faltar en este desigual animalario la exposición de una figura controvertida, tan admirada como vituperada en el mundillo semanasantero. Camuflado entre la masa corretea el directivo, vara en ristre, gesto adusto, puente colgante entre dos aguas. Apiádense de este cofrade, más o menos prudente en la palabra, más o menos atinado en sus gestiones, pero siempre abnegado y consagrado a su labor. Un sirviente condenado a sufrir en primera persona el choque de intereses entre la estabilidad mental del hermano de a pie y el rigor que la hermandad requiere en el cumplimiento de sus normas.

Por lo que uno escucha en las procesiones, año sí y año también, un inquietante rebaño de cofrades persiste aún en la arcaica teoría de que estos cargos recaen sobre un grupejo de mortales, de ahora en adelante *los elegidos,* por mera gracia divina. Y que, conchabados en comités secretos, aviesamente arman una liga de forajidos, onanistas y pretenciosos cuyos anhelos quedan reducidos a: 1) Ufanarse en público de su posición de jerarcas, y 2) Ostentar los símbolos que les describen como tales.

Nada más lejos de la realidad.

Sospecho que tan pútrida marea de iniquidades solo puede proferirse desde la tribuna de la ignorancia y el ensañamiento gratuito. El azote al muñeco, confesémoslo, es un recurso pueril y socorrido que todos hemos empleado en alguna ocasión. Debo decir, avalado por el conocimiento de causa, que la función del directivo no precisa de estas especiosas triquiñuelas para enaltecer su figura. Su responsabilidad, voluntariamente aceptada, le sitúa sin remisión a los pies de los caballos. Las migajas de tiempo que día tras día hurta a su familia las invierte afanosamente en su hermandad. Su trabajo y dedicación rara vez son reconocidas por la multitud. Antes bien, el tío de la vara se convierte en blanco de las iras y del dedo acusador frente a cualquier desajuste en su cofradía o discrepancia con algún hermano, tenga o no tenga cartas en el asunto. El cordón dorado le delata.

Plegados los ánimos ante tal sarta de improcedencias, no ha de extrañarnos que las elecciones en nuestras cofradías resulten, las más de las veces, en un nublado desierto donde los oasis de las candidaturas, conforme llega la fecha límite, se esfuman como espejismos desmayados en la arena.

El rezagado

Se trata este de un perfil de espectador común a la par que traicionero, pues muchos de nosotros nos veremos reflejados en él en algún momento. Seamos pues sensatos y rigurosos en el análisis. ¿Quién no se ha visto, vencido por el reloj, yendo a buscar una procesión en sentido contrario a su recorrido? Caminando con paso presuroso, contemplando con desazón cómo las filas pobladas de muchedumbre engordan a izquierda y derecha con cada metro que dejamos atrás. Pese a ello, y ya con los tambores resonando, un extraño impulso nos hace arriesgar una última apuesta, avanzar unos metros más, doblar la siguiente esquina, al acecho de ese hueco milagroso donde cobijarnos y disfrutar de las cofradías sin la aburrida espera que soporta estoico el pueblo llano.

Es en este punto donde los rezagados ponen de manifiesto su condición, y a la vez su experiencia en la liza del último minuto. Algunos espectadores acaso se conforman con cazar un lugar en segunda o tercera fila; pero otros, más ambiciosos, son capaces de estirar cuarenta centímetros de pared hasta límites que la imaginación no alcanza. Son estos rezagados muy hábiles en el manejo de su cuerpo, y profieren una sonrisa de falsa amabilidad mientras operan. ¡Ojo avizor! No se confíen ni se dejen engatusar por su apariencia no precisamente grácil. Ellos aprovecharán cualquier descuido para hurtar unos valiosos centímetros a sus legítimos y esforzados propietarios. Los pasajes más estrechos de nuestra ciudad antigua, y muy especialmente los adarves, conforman el hábitat natural de estos furtivos cazadores de sitio.

Cuentan además los rezagados con una subespecie adicional, cerril y despiadada, propietaria del más alto grado dentro de la escala de peligrosidad de este animalario. Ella es la responsable directa del tan cofrade y pintoresco diálogo que así comienza: —«...*oiga, no irá a quedarse usted ahí, ¿verdad? ¡Que llevamos una hora esperando!*». La escena se prolonga por un período inversamente proporcional a la capacidad de vergüenza del ejemplar que damos en llamar rezagado salvaje o asilvestrado, pariente directo de nuestros ínclitos protagonistas y del cual recomendamos encarecidamente huir tan pronto acertemos a olfatear su presencia. En la próxima Semana Santa no olviden recordar estos párrafos cada vez que se topen con uno de estos por las calles de nuestro casco antiguo.

El del capuchón gigante

Cada vez es más difícil avistar en Cáceres filas de capuchones. Sí, capuchones, porque aquí los *nazarenos* no viajan más que encima de los pasos, y los *antifaces* nos los ponemos únicamente en Carnaval cuando nos damos una vueltina por Badajoz. En Cáceres, los capuchones se llaman capuchones. Ahora y siempre, incluso remontándonos a etapas pleistocenas, existe una figura común en la estética capuchonera que pervive inmune al paso del tiempo: el penitente del capuchón gigante.

Todos hemos visto alguna vez algún penitente dueño de un capuchón gigantesco, hiperbólico, a todas luces desmesurado. Algún extraño designio provoca, para más inri, que el enorme capuchón coincida con el portador de mayor estatura, engendrando una figura grotesca y carente de toda proporción. En un dispendio de la causalidad, los capuchones gigantes se muestran enhiestos y desafiantes al cielo. No son esos capuchones flácidos, cartulineros de poca monta, incapaces de dibujar un auténtico ángulo recto con la calzada, como Dios manda. El capuchón gigante, terror de grajos y gorriatos, se yergue siempre robusto como el roble y longilíneo como el ciprés. Y como los capuchones cacereños no apoyan los cirios en el suelo sino que los portan sujetos en diagonal desde la cadera, el penitente del capuchón gigante viene a rematar el cuadro y compone una figura digna de las novelas de caballerías, esgrimiendo altivo su instrumento cual lancero en La rendición de Breda.

Respetamos el anonimato del penitente pero... ¿no tienen curiosidad por saber qué persona se oculta debajo de esa perversa torre de comunicaciones forrada en tela? Posiblemente un ejemplar masculino, joven, quizás adolescente. Un muchacho sin la experiencia suficiente para poder gestionar o al menos decidir sobre la confección y medida de su propio capuchón. No será culpa suya. Muy al contrario, debemos agradecer su esfuerzo y su presencia en unos tiempos oscuros y mal encarados para esta singular expresión de la penitencia, la más pura de las que conoce la Semana Santa. Seguramente su madre le construyera el capuchón al modo artesanal y se lo probara por primera vez la misma mañana de la procesión. A lo mejor no es ni siquiera consciente de las verdaderas dimensiones de su alzado. Desconocemos, en fin, las causas que alimentan este misterio, pero sí podemos asegurar, sin temor a la duda, que el próximo año veremos de nuevo por nuestras calles al entrañable tipo del capuchón gigante.

El meteorólogo

— *Pues he visto en una web que dan lluvia a partir del Domingo de Ramos.*

— *Venga ya, hombre... todos los años estás igual, además de aquí a dos semanas es imposible que acierten.*

— *Que sí, lo he visto en una página especial de la NASA, que es la que usan los marines para saber si puede salir a coger espárragos a la pradera, y no se equivoca nunca. Aciertan el 99% de las veces que tienen razón. Además este año es impar, y los años impares siempre llegan con mal tiempo.*

— *Pero...*

— *Veremos si sale alguna este año. Solo digo eso.*

Esta familiar conversación tiene lugar el tercer domingo de Cuaresma de un año cualquiera, en una barra cualquiera con dos cofrades cualquiera. Bueno, uno de ellos no es exactamente *cualquiera*. Es nada menos que el cofrade meteorólogo, temido y respetado a partes iguales; apreciado en otras épocas del año, pero audaz y peligroso tan pronto se despide Don Carnal. Confesemos: todos volvemos la cara y nos cambiamos de acera cuando lo divisamos por la calle después del Miércoles de Ceniza. Internet, en sus garras, se convierte en un diabólico instrumento de tortura, y en su presencia sabemos que la conversación derivará en algún momento hacia aquello que nunca deseamos oír. Maneja teorías para todos los paladares, algunas con robusto basamento científico y otras, digamos, más... entrañables. Las posibilidades de que alguna acierte son, por lógica, elevadas. Así, con las leyes probabilísticas como fieles aliadas, nuestro meteorólogo se hace fuerte con cada temporada de lluvias. Quince años atrás, cuando no disponíamos de Internet ni de un acceso a la información tan meridiano como ahora, las vísperas de Semana Santa eran mucho más plácidas. Los cofrades nos preocupábamos más de disfrutar, y no prestábamos tanta atención a unos pronósticos que, por otra parte, eran tan inciertos como en la actualidad. Como inciertos serán en cualquier momento de la primavera.

El cofrade meteorólogo alberga un variado muestrario de tipologías, aunque podemos destacar una sobre todas las demás. Persona ya muy vivida, no sabemos si poco viajada, este espécimen es una enciclopedia viva del cacereñismo en su más rancia estirpe. El meteorólogo es un cofrade de la vieja usanza, omnisciente y custodio de nuestras más ancestrales tradiciones. Pertenece a ese reducto de auténticos que reclaman menos carpaccio y más serrín en los bares. Detesta la fruta escarchada del Roscón de Reyes. No se pierde una

313

excursión de cofradías. Guarda en su memoria anotaciones sobre el tiempo que hizo el Lunes Santo de 1991 a la hora de la siesta. Conoce incluso la edad de la vieja que vende orégano en la calle Pintores. Despliega, en suma, un poderoso abanico de virtudes ante el que cuesta no rendir honores y mostrar justo respeto. Es uno de los nuestros.

El cofrade meteorólogo no se amilana frente a las predicciones, y la sombra de la duda es su eterna pareja de mus. ¿Bajan las temperaturas por la noche? Pues eso es que mañana llega la borrasca. ¿Cambia la dirección del viento? Puede cubrirse el cielo en cuestión de diez minutos. ¿Tiempo seco y soleado? Cuidado, que por Trujillo se están formando tormentas. Diríase incluso que nuestro amigo conserva en lo más hondo una especial querencia por la escritura cursiva de la lluvia. Cuando las nubes descargan vigorosamente y corroboran su fatal augurio, el cofrade meteorólogo esboza una maléfica expresión mezcla de gozo, resignación y autocomplacencia.

— *¿Lo ves? Ya te lo dije...*

El bloguero solitario

Érase un hombre entreverado en la soledad de su habitación. El rostro encendido por los píxeles retroiluminados del LED, los ojos muy abiertos y la pupila fija en el negro sobre blanco, el resto del cuerpo difuminado en la penumbra. Lo envuelve un hondo silencio, tan solo roto por el castañeteo de las teclas que envían flujos de bits sin respiro, unidas mediante conectores invisibles a la mente en ebullición del pájaro carpintero. Escarba en su imaginación en busca de nuevos contenidos, lucha a muerte contra el paso del tiempo y la fecha de caducidad que se cierne inexorable sobre ellos. A la natural inclinación social que exhibe cualquier cofrade, el bloguero añade una inquietud adicional por compartir sus pasiones con el resto de habitantes digitales. Expone su visión del mundo, de manera gratuita, al juicio de sus semejantes, aun consciente de que poco tiene que ganar en el envite más allá de alguna bien merecida reprimenda. Funambulista sin red, transeúnte de veredas estrechas, el bloguero es consciente de que el maravilloso mundo de Cofradelandia aún guarda tabúes y manías polvorientas en el viejo arcón, y que con su osadía puede crear debates y corrientes de opinión allí donde reinan la comodidad y la indiferencia. En su particular universo, los aplausos se convierten en retweets y menciones en Facebook. Un comentario positivo equivale a una palmadita en la espalda. La jauría de agoreros y derrotistas se disfraza de trolls y persiste en su sucio empeño por los canales de la red.

Se divide esta especie en dos ramas no excluyentes entre sí: el informador y el censor. En la primera vertiente, esforzada y periodística, encontramos al bloguero hiperactivo y omnipresente en cuantos actos de cofradías se celebren en su ciudad. Tomando notas, grabando, fotografiando, sus dedos son ágiles y no se le escapa ni un detalle para saciar la voracidad de sus visitantes. En la segunda, de más subjetivo perfil, el bloguero sacude sus entrañas y expone sin miramientos cuantos juicios, reproches o críticas acudan a su alcance. La transparencia de su estilo y la mesura de su pluma dictarán sentencia cuando la opinión pública decida si encumbrarle o enterrarle por su atrevimiento.

Airoso y tenaz, el solitario bloguero es en nuestro tiempo una especie en expansión. Su ecosistema se regenera a velocidad de vértigo y encuentra condiciones cada vez más favorables para su reproducción. Mas no existe fórmula mágica alguna para crear y mantener una web de éxito, y la incertidumbre de escribir para un público invisible resulta un enemigo difícil de combatir. Todos los blogueros cofrades han sucumbido alguna vez ante su sombra colosal. Quién sabe si acaso no es usted uno de ellos... quién sabe si no dará el paso para serlo algún día

APÉNDICE II

Antiguo diccionario cofrade cacereño
(Ed. 20-XI-1988)

Nota: Este diccionario es una compilación escrita de dichos y bromas de la época, elaborada por varios cofrades en el año 1988. Es uno de los escasos testimonios vivos que se conservan de un período glorioso en la historia de las cofradías en nuestra ciudad. Para conmemorar sus bodas de plata, se publica de manera íntegra, literal -mayúsculas incluidas- y con expreso consentimiento de los autores con los que se ha podido contactar.

AÚPA: Grito de ánimo dirigido a los hermanos de la Caída.

BARQUERO: Dícese de aquel que usa una colonia muy personal e intransferible, olor que no lo abandona.

BATERÍA: Cajita que todos los años nos hace acordarnos de su familia.

BOMBÓN:
1. Cierto Ex-hermano Mayor que no deja de comerse.
2. Guapo por fuera y blando por dentro.

CALDERILLA:
1. Conjunto de pitufinos o gnomos que cierran un paso.
2. Enanos asquerosos que no llegan a la vara.
3. Novatos.
4. Duros y pesetas.
5. Bajos, hondos y profundos.

CALVA-RIO: Paco, Ángel y Vicente.

CANCANEAR: Curiosidad cofradiera que generalmente no pasa de ahí.

CAPERUCITA: Estandarte del Cristo de las Batallas.

CARPINTOS:
1. Grupo escultórico que procesiona con la Peineta.
2. Poderío de los cofrades.
3. Aderezos.
4. Pendientes de la Peineta.

CLAVEL: Pregúntese a la madre de los hermanos (mala sombra)

COLOCAOR: Individuo que echa chininas en el caldero.

CRUZ GUÍA: Elemento que todos siguen y nadie alcanza.

DIRECTOR ESPIRITUAL:
1. Persona discordante en cualquier cofradía, salvo raras excepciones.
2. Anticofrade por excelencia.

DOLOROSA: Más Calvario todavía.

EFECTIVIWONDER: Si bebes, no cargues.

EL BLANDO: Sí, sí, sí.

EL COCHE DE LA HERMANDAD: Vehículo de los cofrades que aman el cancaneo.

EL DURO: No, no, no.

ELEFANTE:
1. Auténtico Calvario.
2. Tanque.

ESPIRI: Mata cofrades.

ESTACA: Destroza turnos.

FERNANDAZO: Miiiiiiimimimimimimimi¡ostras!¡Bommmm!

FLAGELARSE: Estación de penitencia en el primer bar que encontremos.

FOFINO:
1. Adjetivo aplicado a cierto objeto procesional cuando está fláccido.
2. Insulso, sin gracia.

FRAYCOJONES:
1. Bla, bla, bla.
2. Missvara.
3. Pastor de Piara.
4. Reunión con otro pastor, perdición de la Piara.

GASTOS NO: Tesorero que antes empeña a la mujer que da un duro. Por no gastar, ni peine.

GGGRRRUUU: Dícese de aquellos que dicen GGGR-RRUUU.

GOMITAO: Cantinero jarto de magdalenas.

HACHÓN: Instrumento al que el penitente reza para que no se apague.

HERMANO COPE: Dícese de aquel cofrade que en lugar de una horquilla lleva un micrófono.

HERMANOS CHISPAS: Cofrades que se ponen el paso por montera.

HERMANO DEL HERMANO: Dícese de aquel hermano que tiene otro hermano.

HERNIA DISCAL: Enfermedad de los cofrades.

HORQUILLA:
1. Utensilio que no se pone en el pelo.
2. Rompe alcantarillas.

INCENSARIO: Instrumento que coloca a la gente.

INTERMITENTE: Cobrador de recibos con ideas cachondas, pero sólo cachondas, las ideas.

INX-NXTITUCIÓN: Cofrade que habla en parábola y bebe Pepsi- Cola por un tubo.

ISIDORO:
1. Dícese de aquella persona que no tiene nada y lo tiene todo.
2. Teodoro, Eulogio, Alfredo, Sandalio, Serapio, Eufrasio, Eustaquio, etc.

ISOFLAUTO: Ya.

JURISPEÓTICO: Hermano jurista que interviene en las asambleas, en estado de flagelación.

LAZARILLO: Adjetivo del gato de yeso, fofino.

LOS ROCANROLEROS DE PIEDRADURA: Conjunto Heavy-Cofrade, integrado por los siguientes componentes: Estaca, Nerviótico, Polémico e Inx-nxtitución, y al Hermano COPE, que le zurzan con hilo verde, pa que aprenda, por enteradillo, por no mandar el saludillo.

MANTILLERO: Listillo de turno al que se le nublan los ojos cuando coloca a las preciosidades.

MANTILLO: Gusto raro que tienen algunos cofrades cuando visten el uniforme de las preciosidades.

MAYORMONO: El Mayor Mono de la Cofradía.

MUERTO: Dos hermanos en cabeza del Calva-rio.

¡MUJERES!: Grito de guerra de los cofrades cuando ven ¡MUJERES!

MURALLA CHINA: Súper Hércules que cuando carga con la Dolorosa se arruga como cualquiera.

NEGAO: Dícese del que monta el numerito en todas las Cofradías.

NERVIÓTICO:
1. Estado anímico que presentan los cofrades una hora antes de la procesión.
2. Individuo que contagia su nerviosismo a los demás con la mayor maestría y profesionalidad.

NO: Credo anticofradiero del Cabildo Catedral.

OSO: Plantígrado con túnica que hiberna en cuaresma.

¡OSTRAS!: Cuando vas hasta los carpintos.

PATITO DE GOMA:
1. Persona que no sabe presentar al Obispo.
2. ¡Que entren los jóvenes!
3. Cierto directivo que desde hace veinte años se está yendo y todavía no se ha ido.

PEINETA:
1. Parte del cuerpo que se estira cuando ve a las preciosidades.
2. Minipimer.

PIARA:
1. Conjunto de enanos asquerosos que cuidan de fraycojones.

2. Rebaño incontrolable.

PIRAÑA: Escuálido cofrade con hambre atroz, descendiente de intermitente.

POLÉMICO: Cofrade que no está de acuerdo con nada.

PRECIOSIDADES: ¡Mantillas!

PRECIOSO:
1. Individuo muy guapo y bien parecido que desfila representando a otra Cofradía.
2. Bonito.

REFISTOLEAR: Churneteo cofrade. Metomentodo.

REPRESENTACIONES: Véase precioso.

REVERENDO:
1. Aguafiestas de la acera de enfrente que pulula por Santa María.
2. Apagavelas, peloto, correveidile, chupóptero.

STANCONE: Cofrade fuerte, al que le gusta invitar a tabaco para luego venderlo.

SIETE SIN SACARLA: Virilidad de la peineta.

TARZÁN: Dícese de aquel que se cuelga del paso.

TELEÑECOS: Jefes de paso del Elefante.

TIMBRE: Se compra por Semana Santa. Todos los años se estrena.

TO PECHITO:
1. Dícese de aquel pecho que dice: Corrales, ¿dónde me pongo?
2. Rano, bibliotecario.

TORO PLAYERO: Voluntario de la Cruz Roja que cuando desfila mete los pies en los zaguanes.

TUDOR: Dícese de todo Obispo que es de Pilas.

UNO, DOS, TRES: S.O.S. de Preciosidad.

URTÁIN: Cofrade que ve menos que un gato de yeso fofino.

¡VAMOS!: Grito de ánimo para hacer lo que muchos no se atreven.

YUNTA: Conjunto de estacas.

APÉNDICE III

Estudio pluviométrico de la Semana Santa de Cáceres

HAY SEMANAS SANTAS que recordamos más o menos lluviosas, frías o calurosas de lo que realmente fueron, según la sensación térmica, la hora del día en que cayera el chubasco o se esfumaran las nubes, o las circunstancias personales que cada cual atravesara. Pero casi nunca contamos con estadísticas reales para comprobarlo.

La recopilación que sigue no incluye mediciones oficiales, pero sí recoge las referencias más fiables que tenemos hasta la fecha. Se trata de los datos de precipitaciones recogidas en Cáceres durante los días de Semana Santa, desde el año 2000. No disponemos de datos fidedignos sobre años anteriores. De propina, indicamos también las temperaturas máximas y mínimas registradas cada día.

De este estudio pueden extraerse conclusiones interesantes. Salvo excepciones, la cantidad de lluvia recogida en un día completo suele ser pequeña, aunque sabemos que una llovizna de quince minutos a veces es suficiente para aguarnos la fiesta a los cofrades y los sufridos espectadores. En el período referido, los días en que menos veces ha llovido son el Jueves Santo y el Domingo de Resurrección (solo cuatro jornadas con lluvia en los últimos catorce años), y los días en que más veces ha llovido son el Lunes y el Sábado Santo, con nueve. Atendiendo a la cantidad de agua recogida, la palma se la lleva el Viernes Santo (52.6 mm), mientras que el Jueves Santo es la jornada con menos litros por metro cuadrado recogidos en

325

total (11.0 mm). Si consideramos ejercicios completos, el año con la Semana Santa más lluviosa de este período reciente ha sido 2013, con 65.5 litros recogidos, mientras que 2001, 2002 y 2004 no registraron ninguna precipitación. También podemos concluir que los años en que la Semana Santa coincide con la segunda quincena de abril han sido los más lluviosos, o que únicamente un 21% de los años ha quedado *limpio*; esto es: no ha llovido ningún día de toda la semana. Respecto a las temperaturas, y aunque hay años manifiestamente más fríos que otros, los valores máximos y mínimos alcanzados durante cada semana no presentan variaciones importantes.

Incluimos a continuación el listado completo de los datos para un análisis más pormenorizado de cada ejercicio.

Datos de recogida: Cáceres (405 m. de altitud - 39 28N - 06 20W). 1 mm = 1 litro por metro cuadrado.

Año 2000 (Semana Santa del 16 al 23 de abril)
Domingo de Ramos: 6.0 mm - T. Máx: 13.6 C°. T. Min: 9 C°
Lunes Santo: 3.0 mm - T. Máx: 15.2 C°. T. Min: 7.4 C°
Martes Santo: 3.0 mm - T. Máx: 14.8 C°. T. Min: 9.2 C°
Miércoles Santo: 0.0 mm - T. Máx: 19.4 C°. T. Min: 12.6 C°
Jueves Santo: 0.0 mm - T. Máx: 19.4 C°. T. Min: 11 C°
Viernes Santo: 3.0 mm - T. Máx: 18.4 C°. T. Min: 11.6 C°
Sábado Santo: 5.0 mm - T. Máx: 14.5 C°. T. Min: 11 C°
Domingo de Resurrección: 0.0 mm - T. Máx: 15.4 C°. T. Min: 6.6 C°

Año 2001 (del 8 al 15 de abril)
Domingo de Ramos: 0.0 mm - T. Máx: 18.6 C°. T. Min: 6.9 C°
Lunes Santo: 0.0 mm - T. Máx: 22.4 C°. T. Min: 5.8 C°
Martes Santo: 0.0 mm - T. Máx: 24.0 C°. T. Min: 11.4 C°

Miércoles Santo: 0.0 mm - T. Máx: 23 C°. T. Min: 10.4 C°
Jueves Santo: 0.0 mm - T. Máx: 19.8 C°. T. Min: 7.4 C°
Viernes Santo: 0.0 mm - T. Máx: 20.7 C°. T. Min: 7.2 C°
Sábado Santo: 0.0 mm - T. Máx: 20 C°. T. Min: 6.6 C°
Domingo de Resurrección: 0.0 mm - T. Máx: 23.1 C°. T. Min: 11 C°

Año 2002 (del 24 al 31 de marzo)

Domingo de Ramos: 0.0 mm - T. Máx: 25.6 C°. T. Min: 10.5 C°
Lunes Santo: 0.0 mm - T. Máx: 25.6 C°. T. Min: 10.4 C°
Martes Santo: 0.0 mm - T. Máx: 22.2 C°. T. Min: 10.2 C°
Miércoles Santo: 0.0 mm - T. Máx: 21.6 C°. T. Min: 10.6 C°
Jueves Santo: 0.0 mm - T. Máx: 17.6 C°. T. Min: 7.8 C°
Viernes Santo: 0.0 mm - T. Máx: 17.8 C°. T. Min: 5.2 C°
Sábado Santo: 0.0 mm - T. Máx: 19.2 C°. T. Min: 5.6 C°
Domingo de Resurrección: 0.0 mm - T. Máx: 20.8 C°. T. Min: 7.4 C°

Año 2003 (del 13 al 20 de abril)

Domingo de Ramos: 3.0 mm - T. Máx: 19.8 C°. T. Min: 11.5C°
Lunes Santo: 0.7 mm - T. Máx: 16 C°. T. Min: 9.6 C°
Martes Santo: 0.4 mm - T. Máx: 17.2 C°. T. Min: 9 C°
Miércoles Santo: 0.0 mm - T. Máx: 18.8 C°. T. Min: 7 C°
Jueves Santo: 0.0 mm - T. Máx: 20.8 C°. T. Min: 11.8 C°
Viernes Santo: 12.0 mm - T. Máx: 17.6 C°. T. Min: 13.4 C°
Sábado Santo: 9.0 mm - T. Máx: 14.2 C°. T. Min: 9.5 C°
Domingo de Resurrección: 0.2 mm - T. Máx: 21 C°. T. Min: 7.2 C°

Año 2004 (del 4 al 11 de abril)

Domingo de Ramos: 0.0 mm - T. Máx: 20.5 C°. T. Min: 6 C°
Lunes Santo: 0.0 mm - T. Máx: 22.2 C°. T. Min: 9.6 C°
Martes Santo: 0.0 mm - T. Máx: 24.5 C°. T. Min: 10.2 C°
Miércoles Santo: 0.0 mm - T. Máx: 22.3 C°. T. Min: 11 C°

Jueves Santo: 0.0 mm - T. Máx: 19 C°. T. Min: 9.2 C°
Viernes Santo: 0.0 mm - T. Máx: 15.6 C°. T. Min: 5.6 C°
Sábado Santo: 0.0 mm - T. Máx: 14.4 C°. T. Min: 2 C°
Domingo de Resurrección: 0.0 mm - T. Máx: 14.6 C°. T. Min: 2.4 C°

Año 2005 (del 20 al 27 de marzo)

Domingo de Ramos: 0.1 mm - T. Máx: 24 C°. T. Min:10.4 C°
Lunes Santo: 0.1 mm - T. Máx: 21 C°. T. Min: 14.8 C°
Martes Santo: 3.0 mm - T. Máx: 19.4 C°. T. Min: 11.2 C°
Miércoles Santo: 3.0 mm - T. Máx: 17.8 C°. T. Min: 11.8 C°
Jueves Santo: 0.0 mm - T. Máx: 19.6 C°. T. Min: 9.2 C°
Viernes Santo: 1.3 mm - T. Máx: 20 C°. T. Min: 12.4 C°
Sábado Santo: 8.6 mm - T. Máx: 17.8 C°. T. Min: 10.7 C°
Domingo de Resurrección: 0.0 mm - T. Máx: 16.4 C°. T. Min: 8.6 C°

Año 2006 (del 9 al 16 de abril)

Domingo de Ramos: 0.0 mm - T. Máx: 20.4 C°. T. Min: 9 C°
Lunes Santo: 0.0 mm - T. Máx: 20.4 C°. T. Min: 9.4 C°
Martes Santo: 0.0 mm - T. Máx: 19.4 C°. T. Min: 8 C°
Miércoles Santo: 0.0 mm - T. Máx: 20.8 C°. T. Min: 10.4 C°
Jueves Santo: 0.0 mm - T. Máx: 22.4 C°. T. Min: 7 C°
Viernes Santo: 4.7 mm - T. Máx: 21 C°. T. Min: 13.2 C°
Sábado Santo: 5.0 mm - T. Máx: 18.3 C°. T. Min: 9.6 C°
Domingo de Resurrección: 0.0 mm - T. Máx: 17.4 C°. T. Min: 9.2 C°

Año 2007 (del 1 al 8 de abril)

Domingo de Ramos: 3.4 mm - T. Máx: 14.4 C°. T. Min: 3.6 C°
Lunes Santo: 0.1 mm - T. Máx: 14.5 C°. T. Min: 6.6 C°
Martes Santo: 12.0 mm - T. Máx: 14.2 C°. T. Min: 5.5 C°
Miércoles Santo: 2.0 mm - T. Máx: 17 C°. T. Min: 6.2 C°
Jueves Santo: 1.0 mm - T. Máx: 13 C°. T. Min: 5.4 C°

Viernes Santo: 0.1 mm - T. Máx: 13.8 C°. T. Min: 4.8 C°
Sábado Santo: 0.1 mm - T. Máx: 14.4 C°. T. Min: 5 C°
Domingo de Resurrección: 7.0 mm - T. Máx: 11.6 C°. T. Min: 4 C°

Año 2008 (del 16 al 23 de marzo)
Domingo de Ramos: 0.0 mm - T. Máx: 17 C°. T. Min: 7 C°
Lunes Santo: 0.7 mm - T. Máx: 17.4 C°. T. Min: 8.2 C°
Martes Santo: 0.1 mm - T. Máx: 16.4 C°. T. Min: 6.6 C°
Miércoles Santo: 0.5 mm - T. Máx: 14 C°. T. Min: 5.4 C°
Jueves Santo: 0.0 mm - T. Máx: 14.8 C°. T. Min:6.7 C°
Viernes Santo: 0.0 mm - T. Máx: 18.2 C°. T. Min: 3.2 C°
Sábado Santo: 2.0 mm - T. Máx: 15.4 C°. T. Min: 7.7 C°
Domingo de Resurrección: 0.4 mm - T. Máx: 12.4 C°. T. Min:
1.2 C°

Año 2009 (del 5 al 12 de abril)
Domingo de Ramos: 0.0 mm - T. Máx: 23.8 C°. T. Min: 8.8 C°
Lunes Santo: 0.0 mm - T. Máx: 21.8 C°. T. Min: 11 C°
Martes Santo: 0.0 mm - T. Máx: 17.1 C°. T. Min: 6 C°
Miércoles Santo: 0.0 mm - T. Máx: 20.8 C°. T. Min: 6.5 C°
Jueves Santo: 0.0 mm - T. Máx: 21.4 C°. T. Min: 6.8 C°
Viernes Santo: 1.0 mm - T. Máx: 14.4 C°. T. Min: 7.2 C°
Sábado Santo: 0.0 mm - T. Máx: 26.8 C°. T. Min: 5.8 C°
Domingo de Resurrección: 0.0 mm - T. Máx: 17.7 C°. T. Min:
6.5 C°

Año 2010 (del 28 de marzo al 4 de abril)
Domingo de Ramos: 0.0 mm - T. Máx: 19.6 C°. T. Min: 6.2 C°
Lunes Santo: 5.5 mm - T. Máx: 15.1 C°. T. Min: 9.2 C°
Martes Santo: 0.0 mm - T. Máx: 13.6 C°. T. Min: 7 C°
Miércoles Santo: 0.0 mm - T. Máx: 14.2 C°. T. Min: 5 C°
Jueves Santo: 0.0 mm - T. Máx: 14.4 C°. T. Min: 5.4 C°
Viernes Santo: 0.0 mm - T. Máx: 15.7 C°. T. Min: 5 C°
Sábado Santo: 0.5 mm - T. Máx: 14.2 C°. T. Min: 8 C°

Domingo de Resurrección: 0.0 mm - T. Máx: 16.6 C°. T. Min: 4.4 C°

Año 2011 (del 17 al 24 de abril)
Domingo de Ramos: 0.0 mm - T. Máx: 24.6 C°. T. Min: 13.4 C°
Lunes Santo: 1.0 mm - T. Máx: 23.2 C°. T. Min: 11 C°
Martes Santo: 2.0 mm - T. Máx: 18.2 C°. T. Min: 13.4 C°
Miércoles Santo: 3.0 mm - T. Máx: 19.8 C°. T. Min: 14 C°
Jueves Santo: 9.0 mm - T. Máx: 17.6 C°. T. Min: 12.2 C°
Viernes Santo: 17.0 mm - T. Máx: 14.6 C°. T. Min: 9 C°
Sábado Santo: 0.2 mm - T. Máx: 18.4 C°. T. Min: 10.2 C°
Domingo de Resurrección: 0.0 mm - T. Máx: 22 C°. T. Min: 8.4 C°

Año 2012 (del 1 al 8 de abril)
Domingo de Ramos: 1.3 mm - T. Máx: 17.8 C°. T. Min: 12.2 C°
Lunes Santo: 1.0 mm - T. Máx: 19.8 C°. T. Min: 10.2 C°
Martes Santo: 0.0 mm - T. Máx: 18.5 C°. T. Min: 10.9 C°
Miércoles Santo: 0.1 mm - T. Máx: 15 C°. T. Min: 6.3 C°
Jueves Santo: 0.8 mm - T. Máx: 15.8 C°. T. Min: 8.1 C°
Viernes Santo: 0.5 mm - T. Máx: 12.9 C°. T. Min: 3.1 C°
Sábado Santo: 0.5 mm - T. Máx: 14.4 C°. T. Min: 5.2 C°
Domingo de Resurrección: 0.0 mm - T. Máx: 20.5 C°. T. Min: 3.6 C°

Año 2013 (del 24 al 31 de marzo)
Domingo de Ramos: 1.5 mm - T. Máx: 13.6 C°. T. Min: 6.9 C°
Lunes Santo: 1.0 mm - T. Máx: 13.3 C°. T. Min: 7.9 C°
Martes Santo: 11.0 mm - T. Máx: 15.2 C°. T. Min: 12.3 C°
Miércoles Santo: 3.8 mm - T. Máx: 16.1 C°. T. Min: 11.4 C°
Jueves Santo: 0.2 mm - T. Máx: 15.2 C°. T. Min: 9.7 C°
Viernes Santo: 13.0 mm - T. Máx: 15.9 C°. T. Min: 11.2 C°
Sábado Santo: 0.0 mm - T. Máx: 17.9 C°. T. Min: 10.6 C°
Domingo de Resurrección: 35.0 mm - T. Máx: 14.4 C°. T. Min: 9.7 C°

AGRADECIMIENTOS

Han participado en el libro con sus generosos testimonios los siguientes hermanos cofrades: Ignacio Arjona, Pedro Camello, Antonio Javier Corrales, Ángel Falero, Carlos Javier García, Eloy Hernández, Inmaculada Hernández, Juanjo Jiménez, Juan Ramón Jiménez, Fernando Montes, Julián Paniagua, Francisco Pizarro, Antonio Ramos Lillo, David Remedios, César Rina, Francisco Ríos, Juan María Rufo, Francisco Javier Sellers y José Ignacio Sellers. Mi sincero agradecimiento también a diversos cofrades que me prestaron sus opiniones de manera anónima, y cuyos nombres quedan por tanto omitidos en este listado por respeto a su voluntad. Todos ellos han soportado estoicamente decenas de interrogatorios de naturaleza dispar -desde inocentes minicuestionarios hasta macroencuestas carentes de todo escrúpulo o forma de compasión- a través del correo electrónico, han accedido a participar en animosas entrevistas personales, o han compartido con al autor charlas y tertulias de cierta densidad en diferentes cafeterías de la capital cacereña.

Debo subrayar con especial énfasis las contribuciones de Francisco Javier Sellers, inestimable instructor y corrector del duodécimo capítulo de la obra, y de David Remedios como autor del prólogo y de dos relatos incluidos en el décimo octavo capítulo.

La fotografía de la portada pertenece al archivo fotográfico de Juan Guerrero Ramos, y la que ilustra la solapa pertenece a Francisco Javier Sellers.

Además, y por variados motivos, no podría haber escrito esta obra si los siguientes acontecimientos no se hubiesen dado con anterioridad:

- Institución de la Comisión Pro-Semana Santa de Cáceres, en el año 1957.
- Nuevo impulso de la Semana Santa cacereña en la primera mitad de la década de los ochenta del siglo XX.

Como autor, por tanto, estoy en deuda con muchas más personas de las que pueden nombrarse en una página convencional de agradecimientos.

Referencias y consideraciones

En diversos momentos de la elaboración de esta obra, el autor utiliza como fuente documental las siguientes publicaciones:

José Sánchez Herrero. *Orígenes y evolución de las hermandades y cofradías*, 2000.

Jens Záhorszky y Hanno Wagner. Documental *Los hombres fuertes de María*, 1997.

José Manuel Martín Cisneros. *Real y Fervorosa Hermandad de Nazarenos y Cofradía de los Ramos, Cristo de la Buena Muerte, Virgen de la Esperanza y San Juan Bautista. 1946 – 2012.* 2012.

Manuel Pedro Floriano Bravo. *Historia y vivencias de una cofradía cacereña.* Anpe Cáceres, 2002.

Francisco Acedo. *Cáceres, la tierra de los diez mil siglos.* TDL, 2006.

José María Ávila Román. *Semana Santa de Cáceres: los años perdidos (1970-1986).* Ediciones QVE, 2012.

Guías oficiales de la Semana Santa de Cáceres, años 1991, 1995, 1997, 2003, 2004 y 2005.

El Periódico Extremadura. Diversas ediciones.

Web oficial de la cofradía del Stmo. Cristo del Humilladero (Cáceres): *http://www.humilladerocaceres.org.*

Web oficial de la cofradía de los Ramos (Cáceres): *http://cofradia-ramoscaceres.com.*

Web oficial de la cofradía de Ntro. Padre Jesús Nazareno (Cáceres): *http://www.nazarenocaceres.com.*

Servicios de Información Meteorológica: *Ogimet* (http://www.ogimet.com) y *Mundomanz* (http://www.mundomanz.com)

Los versos que introducen cada bloque llevan la autoría de Antonio Lucas, Ignacio Montaño, David Remedios, José Ignacio Sellers y el propio autor de este libro.

Sin que puedan considerarse referencias directas, otras fuentes de inspiración que de algún modo han contribuido a mejorar diversas partes de *No sus fieis de las horquillas* han sido:

El principio de razonamiento de la navaja de Occam, formulado en el siglo XV, cuyo rastro salpica continuamente un ensayo tan repleto de hipótesis, conjeturas y análisis como este.

La idea del dominio causal, expuesta por Neal Stephenson en su *Anatema (*Nova, 2008*),* que bebe a su vez de múltiples fuentes filosóficas anteriores.

El perfil psicológico que Moisés Ríos y Rafael Moreno trazan de la figura del costalero en *¿Locos del Costal?* (ABEC Editores, 2012).

La articulación del libro en seis bloques diferenciados responde a la necesidad de ordenar toda la información disponible conforme a los siguientes criterios:

Bloque I. El hermano y sus orillas: Introducción a los conceptos principales de la obra.

Bloque II. Retrato psicológico: Determinación mental de una persona para desempeñar el oficio de la carga.

Bloque III. Anatomía: Descripción física y anatómica de los actores protagonistas de esta historia, el paso procesional y el hermano de carga.

Bloque IV. Medio: Conjunto de elementos o situaciones con los que el hermano interactúa durante su trabajo, o que influyen en el resultado del mismo.

Bloque V. Procesión: Conjunto de elementos o situaciones que se dan durante el transcurso de un desfile procesional.

Bloque VI. Apéndices Píldoras de información complementaria.